消費者の価格判断のメカニズム

――内的参照価格の役割――

白 井 美由里 著

千 倉 書 房

まえがき

　本書は，消費者の価格判断において重要な役割を果たす「内的参照価格」の性質を解明することを試みた研究書である。内的参照価格は消費者が価格判断をするときに基準とする価格である。消費者がある商品の販売価格を割高，あるいは割安であるというように判断するときは，この内的参照価格との比較から行われる。したがって，内的参照価格のメカニズムを理解することで，消費者が販売価格に対してどのように反応するかの理解を深めることができる。例えば，メーカーや小売業者が消費者に受容されると考えて設定した販売価格が受容されなかったり，高めに設定した販売価格が予想に反してすんなりと受容されたりするような現象を理解できる。また，同一製品の価格に対する同じ消費者の反応がTPOによって異なる現象や同一製品の同一価格に対する反応が消費者間で異なるような現象も理解できる。ただし，内的参照価格はメーカーや小売店が設定した販売価格の影響を受けるだけでなく，販売価格を消費者がどのように解釈し記憶したかなど，消費者自身に関連する要因の影響を受けるため，そのメカニズムは複雑である。それを理解するためには広範囲にわたる詳細な分析が必要とされる。これまでに行われた内的参照価格に関する研究は相当な数にのぼる。ところが，これらの多くは内的参照価格の購買意思決定における重要性を示すことに焦点を当てているので，内的参照価格自体の理解につながるものは限られているのである。本書はこの点に着目し，内的参照価格について詳細に分析している。具体的には，基礎的概念を説明し，先行の実証研究を展望し，そしてより一層の解明を目的として私が行った一連の実証研究を詳細に解説している。さらに，効果的なマーケティング戦略を追求している。本書を通して内的参照価格の重要性とそのメカニズムをご理解いただけるものと信じている。

まえがき

　本書は，消費者行動を研究する大学院生や研究者の参考書としてだけでなく，大学での消費者行動論講座でのテキストやゼミの演習教材としても利用できる。また，メーカーや小売店が商品・サービスの価格設定を考えるときの参考書としても有用であると思う。消費者の価格判断を詳しく説明している専門書は極めて少なく，特に内的参照価格を分析したものはあまりない。本書が契機となって，学生，研究者，実務家など多くの人々が内的参照価格に関心を持ち，そして消費者の価格判断のメカニズムをより深く解明したいと考える人々が増加すれば幸いである。

　本書を執筆するにあたり，お世話になった方々にここに記して深謝したい。最初に，私が東京大学大学院経済学研究科博士後期課程で研究していたときに指導を受けた片平秀貴先生に心より感謝の意を表したい。片平先生には問題提起の仕方や進め方など，幅広いご指導をいただいた。また，マーケティング・サイエンスを中心とする研究分野に私を導いてくださった。さらに，先生のマーケティング研究者としてのご活躍を間近に拝見し，多くの知的刺激を与えられた。片平先生の熱心なご指導がなければ，研究者としての今日の私はなかったかと思う。また，本書の原形となった博士論文の執筆にあたり，方向性や方法論について大変貴重な助言をいただいた東京大学の阿部誠先生に心より感謝の意を表したい。さらに，横浜国立大学の阿部周造先生には本書の出版についてご配慮をいただき，衷心より感謝の意を表したい。私が95年～96年にペンシルバニア大学ウォートン・スクールに留学していたときに指導していただいたロバート・E・マイヤー先生にもお礼申し上げたい。マイヤー先生には共同研究および執筆を通して様々な助言をいただいた。マイヤー先生は大変親切な方で，ご自宅にもご招待していただき，奥様である同大学のバーバラ・カーン先生の手料理をご馳走になったこともある。99年～01年に客員研究員としてデューク大学フークア・ビジネススクールで研究していたときには，ジェームス・R・ベットマン先生に大変お世話になった。ベットマン先生には共同研究を通して様々な助言をいただいただけでなく，

一連の実験を行う上で様々なご配慮をいただいた。今日でも電子メールなどを通してご指導をいただいており，先生のご好意には感謝してもしつくせないほどである。価格研究の第一人者である学習院大学の上田隆穂先生には私の研究に対し普段から様々な助言をいただいており，心からお礼申し上げたい。最後に，本書の出版をお引き受けいただいた千倉書房の編集部　塚越俊治氏に感謝の意を表したい。

2004年12月

白　井　美　由　里

目　次

まえがき

第1章　内的参照価格と消費者の価格判断……………………1
1．はじめに……………………1
2．内的参照価格の定義……………………1
3．内的参照価格の購買意思決定への影響プロセス……………………3
4．内的参照価格の購買意思決定への影響に着目した研究の動向…5
5．内的参照価格の精度に関する研究の動向……………………22
6．本書の構成……………………30
7．研究の方法について……………………34

第2章　内的参照価格の多面性……………………37
1．はじめに……………………37
2．内的参照価格の多面的性質に着目した研究の動向……………38
3．本研究の位置づけ……………………43
4．研究1：価格判断で用いられる内的参照価格の数と
　　　　　タイプの分析……………………46
5．研究2：内的参照価格の基本的評価……………………55
6．本章のまとめ……………………60

第3章　内的参照価格の形成プロセスの進化……………………63
1．はじめに……………………63
2．内的参照価格形成の認知的代数……………………64

3．調　　査 …………………………………………………69
　　4．分　析　結　果 ……………………………………………72
　　5．本章のまとめ ………………………………………………77

第4章　セールス・プロモーションが内的参照価格に
　　　　与える影響 ……………………………………………………79

　　1．は　じ　め　に ………………………………………………79
　　2．セールス・プロモーションの影響に着目した研究の動向 ……80
　　3．本研究の位置づけ …………………………………………88
　　4．研究1：最終的値引きコストが一定であるときの
　　　　　　　値引きパターンに関する研究 ………………………89
　　5．研究2：値引きの個々の特性に関する研究 ………………100
　　6．本章のまとめ ………………………………………………107

第5章　価格比較広告が内的参照価格に与える影響 …………109

　　1．は　じ　め　に ………………………………………………109
　　2．外的参照価格の水準の効果 ………………………………110
　　3．価格比較広告の一貫性と識別性 …………………………122
　　4．外的参照価格のタイプの効果 ………………………………126
　　5．そ の 他 の 要 因 ……………………………………………132
　　6．本章のまとめ ………………………………………………135

第6章　製品広告が内的参照価格に与える影響 ………………137

　　1．は　じ　め　に ………………………………………………137
　　2．研究1：販売価格の表示方法の効果 ………………………138
　　3．研究2：製品情報の効果 …………………………………146
　　4．本章のまとめ ………………………………………………155

第7章　内的参照価格に影響を与える消費者特性 …………159

1．は　じ　め　に ……………………………………………………159
2．研究1：製品態度と利用経験の効果……………………………159
3．研究2：追加的価格情報探索の効果……………………………167
4．本章のまとめ ……………………………………………………172

第8章　内的参照価格と消費者によるセールス・
　　　　プロモーションのカテゴリー化 ……………………175

1．は　じ　め　に ……………………………………………………175
2．SPのカテゴリー化とその基準 …………………………………176
3．カテゴリー化が知覚価値に与える効果 ………………………183
4．本章のまとめ ……………………………………………………188

第9章　価格交渉における内的参照価格の役割 ……………191

1．は　じ　め　に ……………………………………………………191
2．価格交渉で用いられる参照価格 ………………………………191
3．参照価格が価格交渉に与える効果 ……………………………194
4．本章のまとめ ……………………………………………………214

結　章　内的参照価格研究の課題と展望 ……………………217

1．本書のまとめ ……………………………………………………217
2．インプリケーション ……………………………………………222
3．課　題　と　展　望 ………………………………………………224

参　考　文　献 ………………………………………………………1〜17

第1章　内的参照価格と消費者の価格判断

1. はじめに

　本章では，まず内的参照価格の定義を示し，内的参照価格の形成および影響プロセスについて説明する。次に，内的参照価格が購買意思決定に与える影響を分析した先行研究を概観することで，内的参照価格の重要性を確認する。続いて，内的参照価格の精度に関連する先行研究を概観することで，内的参照価格の形成のされ方について考える[1]。そして最後に，本章の構成について説明し，研究の方法について述べる。

2. 内的参照価格の定義

　内的参照価格とは，消費者が自分の記憶から想起する価格であり，ある商品の販売価格を観察する際にその価格が妥当であるかを判断するための基準として用いられる価格である。消費者の価格判断は相対的であり，販売価格が内的参照価格よりも高いときには高い，好ましくない，あるいは妥当でないなどの否定的な評価が，反対に低いときには安い，あるいは好ましいなどの肯定的な評価がなされる。Thaler (1985) は，このような価格判断を商品の取引効用 (transaction utility) と呼んでおり，商品の取得費用と期待される商品価値のトレードオフである取得効用 (acquisition utility) と区別している。内的参照価格は，消費者が過去に観察した価格の水準とその記憶の仕方に依存するので消費者間で異なる。そこで，心理的という意味で「内的」という言葉がつけられている。これに対して，買物環境にある価格が価格判

断で参照される場合がある。このような参照価格は客観的であり消費者の経験や記憶とは無関係なので，外的参照価格と呼ばれている。ところで，この外的参照価格には2つのタイプがある。ひとつは，購買環境において消費者が選択する他の商品の販売価格で，同一カテゴリーに属するブランドの中で最も高い価格や最も低い価格，あるいはそれらの平均的な価格，特定ブランドの販売価格などである。もうひとつは，販売価格の他に，それよりも高い価格を同時に提示するという価格比較広告（comparative price advertisements）における高い方の価格である。この場合の外的参照価格としては，メーカー希望小売価格，通常価格，過去の販売価格，他店の価格などが用いられている。この2タイプの外的参照価格が大きく異なる点は，前者は消費者が数多くある価格の中から自発的に選択するため情報取得により多くの努力を必要とするのに対し，後者は消費者の注意を引きやすいように作成された広告（POP広告など）に提示されているために情報取得は前者に比べて受動的であり多くの努力を必要としないことである。

　内的参照価格は，ブランドごとに形成される場合もあるし，カテゴリー全体として形成される場合もある。例えば，腕時計の内的参照価格が，「シチズンの腕時計の価格はこのぐらい」，「ロレックスの腕時計の価格はこのぐらい」などと形成される場合はブランド・レベルの内的参照価格であり，「腕時計の価格はこのぐらい」，「ブランドものの腕時計の価格はこのぐらい」などと形成される場合はカテゴリー・レベルの内的参照価格である。また，内的参照価格は対象とするカテゴリーと異なるカテゴリーのレベルで形成されることもある。例えば，ケーキの購買決定をするときに，価格をゼリーなどの代替的なカテゴリーの内的参照価格と比較することが考えられる。さらに，内的参照価格は商品レベルではなく，店舗レベルになることもある。例えば，同じブランドでもディスカウント店で販売されている場合とデパートで販売されている場合とでは，内的参照価格が異なることがある。このようにひとつの価格判断において消費者が形成する内的参照価格のレベルは様々である。

3. 内的参照価格の購買意思決定への影響プロセス

内的参照価格はどのように購買意思決定に影響を与えるのだろうか。Dickson and Sawyer (1990) は Jacoby and Olson (1977) の刺激―生体―反応モデルを拡張し，消費者が販売価格に基づいて内的参照価格を形成する

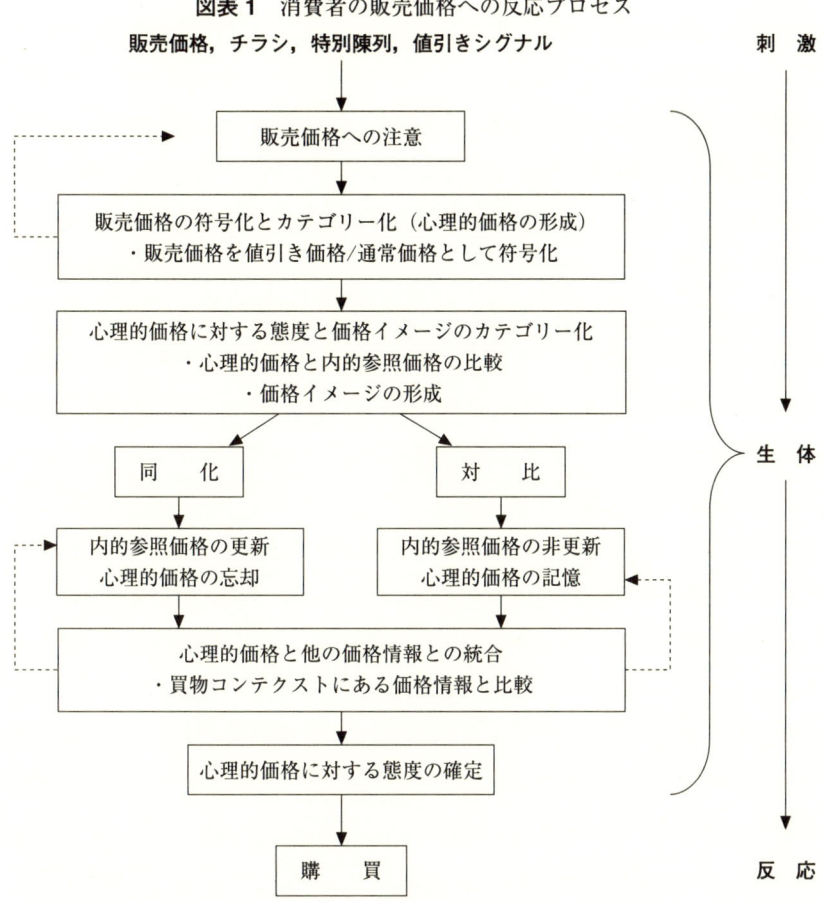

図表1 消費者の販売価格への反応プロセス

出所：Dickson and Sawyer (1990), p. 44 を加筆修正。

プロセスと販売価格を知覚するプロセスをモデル化している。図表1はこのモデルに若干の修正を加えたものである。刺激―生体―反応モデルは，外的な刺激は外的刺激の知覚・符号化プロセスを経て間接的に人間の行動に影響を与えることを説明する。刺激とは消費者が選択的に注意を向ける販売価格，チラシ，特別陳列などの情報であり，生体とは取得した情報の処理や他の情報との統合を行う一連の心理的プロセスであり，反応とは消費者の購買意思決定である。生体の中では価格のカテゴリー化が2回行われる。最初のカテゴリー化は販売価格の知覚に関するカテゴリー化であり，販売価格を値引き価格や通常価格として符号化する。この符号化された価格は消費者の「心理的価格」であり，数量的推定値や主観的イメージで表現されている。このとき消費者は，実際の販売価格を観察していなくても，店内の特別陳列や値引きシグナルなどのプロモーションによって，商品が特売中であることを理解できる。これらのプロモーションを観察することで初めて，販売価格に注意が向けられることもある。ただし，このような店内情報探索の程度は情報源に依存しており，例えば，広告やチラシに掲載されている値引き価格を入店前に観察することによって購買意図が生起した場合にはそれほど行われない。販売価格への関心の程度，販売価格の記憶のしやすさ，および購買意思決定における価格の重要度は，販売価格の記憶への符号化と記憶からの想起能力に影響を与える。心理的価格は，内的参照価格が過去に一度も形成されていない場合には内的参照価格として記憶されて将来の価格判断に用いられる。この場合は次のカテゴリー化を経ずに心理的価格と他の価格情報との統合が行われる。

　次に行われるカテゴリー化は心理的価格への態度に関するカテゴリー化であり，心理的価格の受容性が評価される。心理的価格は，想起した内的参照価格と比較することによって肯定的，否定的，あるいは中立的のいずれかに評価される。心理的価格が長期的に記憶されるかどうかはこの比較の結果に依存する。もしも心理的価格が値引き価格であって，比較の結果，割安感と

いう対比が生じて肯定的に評価されるのであれば，この心理的価格は覚えられ易い。つまり，この心理的価格は既存の内的参照価格とは別の新しい内的参照価格として記憶されるのである。反対に，日常的な値引きや通常とそれほど変わらない価格などと解釈される同化が生じた場合には，心理的価格の記憶痕跡は内的参照価格の調整後に直ちに失われる。つまり，心理的価格は既存の内的参照価格と統合されて長期記憶に保持されるのである。

想起される内的参照価格は様々である。過去に観察した大幅な値引き価格かもしれないし，よく目にする価格かもしれない。販売価格が値引きされている場合には推定通常価格になるかもしれない。この内的参照価格の多面的性質は消費者の価格反応を複雑にする。この性質については第2章で詳しく説明する。心理的価格と内的参照価格の比較が正確かどうかは，消費者が過去に販売価格を観察したときにそれらの価格にどの程度の関心を向けたかに依存する。もしも高い関心をもって販売価格を観察したならば，その価格は比較的鮮明に記憶されるので現時点の内的参照価格はかなり正確になり，したがって価格の比較もかなり正確になる。反対に関心が低かったならば，その比較はかなりバイアスのかかった不正確なものとなる。このことは価格比較が買物環境，消費者特性，商品特性など多くの影響を受けることを示唆している。価格の比較が終了すると消費者は，必要に応じて心理的価格を，サイズの異なる同一ブランドの価格，他ブランドの価格，他店の価格といった購買環境で入手可能な価格情報（外的参照価格）と比較することで心理的価格に対する態度を確定し，価格判断を終了する。そして最後に，その判断結果に基づいて商品を購買するかどうかの意思決定を行う。

4．内的参照価格の購買意思決定への影響に着目した研究の動向

この節では内的参照価格が購買意思決定に影響を与えることを分析した研究を概観する。これらの研究の多くは，数量的な消費者行動モデルに内的参

照価格を説明変数として含め,そのモデルをパネルやPOSなどの2次データを用いて分析することで,内的参照価格の効果を説明している。当然のことながら内的参照価格は非観察変数なので,仮定した数量的モデルから推定されている。過去の研究において採用されてきた内的参照価格の推定モデルは多様であり,現段階では,最適なモデルについてのコンセンサスは得られていない。データとの適合度を複数のモデル間で比較することで,最適なモデルの探索を試みた研究はいくつかあるものの,過去に採用された全てのモデルを対象としていないという問題点があり十分とはいえない。これらの研究,および各研究が採用した内的参照価格の推定モデルは,レビューの中で説明する。

レビューの対象となる研究は多数あるので,ここではこれらをさらに4つに分類してレビューする。最初に,販売価格と内的参照価格の差に焦点をあてた研究テーマを取り上げる。次に,この差が消費者行動に与える影響の大きさは差の方向に依存するという価格反応の非対称性を考慮に入れた研究テーマを取り上げる。続いて,内的参照価格の他に,前述の外的参照価格の影響も考慮に入れた研究テーマを取り上げる。ここでは,価格比較広告で用いられる外的参照価格は対象としない。最後に,内的参照価格を範囲として扱った研究テーマを取り上げる。

4-1. 内的参照価格と販売価格の差に着目した研究

既に説明したように消費者は,販売価格についてそれが内的参照価格よりも高いときには割高に感じ,逆に低いときには割安に感じる。したがって,消費者による価格判断の結果は内的参照価格と販売価格の差によって表すことができる。この差を用いて購買意思決定との関係を分析した最初の研究はWiner(1986)によって行われている[2]。内的参照価格はブランド・レベルで,その推定モデルとして外挿的期待モデル(extrapolative model)と合理的期待モデル(rational expectation model)を採用している。外挿的期待モ

4. 内的参照価格の購買意思決定への影響に着目した研究の動向

デルでは前期のブランドの価格と時間トレンド (time trend) を説明変数としているが，合理的期待モデルでは，内的参照価格は消費者が学習した企業の価格設定ルールに従って形成されると仮定し，前期に企業が設定した価格，ブランドの前期の市場シェア，および時間トレンドを説明変数としている。時間トレンドは，購買を連続的に順序付けしたものである (sequential ordering)。そして，ブランド選択モデルの説明変数として，内的参照価格と販売価格の差，販売価格，前回の購買における対象ブランドの購買の有無，相対広告露出度を含め，コーヒーのパネル・データを用いて分析した結果，ブランド選択モデルの適合度は，内的参照価格を含めたモデルの方が販売価格のみを用いる標準的な需要モデルよりも良いことが示されている。また，内的参照価格を推定するのに用いた外挿的期待モデルと合理的期待モデルの適合度に有意な差がないことが明らかにされている。さらに，消費者は，市場シェアの高いブランドでは，販売価格が内的参照価格よりも低いときに購買意欲を喚起するのに対し，市場シェアの低いブランドでは，内的参照価格は用いずに販売価格に直接反応する傾向にあることが明らかにされている。

Lattin and Bucklin (1989) は，消費者が販売価格だけでなく値引きについても内的に参照する水準（以下，内的参照値引き）に基づいて評価を行い，その評価をブランド選択決定に用いることを実証している。内的参照価格はブランド・レベルで，指数荷重平均法 (exponentially weighted average) によって推定している。内的参照値引きは，過去の値引きへの露出量（指数荷重平均法で計算）がある閾値（グリッド探索法で計算）を上回るときには値引きが実施されるという期待に，逆に下回るときには実施されないという期待になる。ブランド選択モデルに，内的参照価格と販売価格の差，販売価格，内的参照値引きと実際の差，値引きの有無，販売価格と値引き有無の交互作用，前回の購買における対象ブランドの購買の有無，前回の購買で対象ブランドを値引き価格で購買したかどうかを示すダミー変数，およびブランド・ロイヤルティを説明変数として含め，コーヒーを対象として分析した結果，

内的参照価格と内的参照値引きの両方がブランド選択決定に影響を与えることが示されている。また，値引きの頻度が高すぎる，あるいは値引き幅が大きすぎるとブランド選択行動に負の効果をもたらすことが明らかにされている。

Bell and Bucklin (1999) は，ブランド・レベルの内的参照価格を対象とし，それがブランドの前期の販売価格であると仮定している。Bell and Bucklin は，ブランド・ロイヤルティ，前回のブランド購買の有無，サイズ・ロイヤルティ，前回のサイズ購買，販売価格，内的参照価格と販売価格の差，チラシ，特別陳列を説明変数とするブランド選択モデルから推定したブランド別の効用を指数変換してから合計し，さらにそれを対数変換したものを世帯のカテゴリー価値としている。さらに，この値が期待カテゴリー価値よりも低い場合をカテゴリー価値ゲイン，逆に高い場合をカテゴリー価値ロスとしている。カテゴリー購買決定モデルの説明変数を，カテゴリー価値ゲイン，カテゴリー価値ロス，カテゴリー価値，カテゴリー使用率，カテゴリーの相対買い置き量として，クラッカーと洗濯用洗剤のパネル・データを用いて分析した結果，内的参照価格がカテゴリー価値を通してカテゴリーの意思決定に影響を与えることが示されている。また，カテゴリー意思決定モデルは，カテゴリー価値のゲインとロスを考慮に入れた方が適合度は改善すること，およびカテゴリー意思決定へのインパクトはカテゴリー価値ゲインよりもカテゴリー価値ロスの方が大きいことも示されている。さらに，店舗ファミリアティがカテゴリー価値反応の非対称性の影響要因であり，店舗ファミリアリティが低いときに，カテゴリー価値ゲインよりもカテゴリー価値ロスの方が強くなることが示されている。

以上の研究から，内的参照価格は消費者の購買意思決定の重要な要因であり，内的参照価格を価格判断の基準として考慮することで消費者の行動をより詳細に理解できることが示されている。内的参照価格はブランド選択だけでなく製品カテゴリーの購買決定に対しても影響を与え，その役割は多面的

である。また,参照点を基準とする判断は価格だけでなく,値引きについても行われているのである。

4－2. 価格反応の非対称性に着目した研究

4－1項において説明した研究は,内的参照価格と販売価格の差をモデルに含めることで内的参照価格の効果を明らかにしたが,販売価格が内的参照価格よりも高いとき(価格ロス)と低いとき(価格ゲイン)の反応の違いを考慮していない。実際に,消費者は値下げよりも値上げに対してより敏感に反応するということが古くから多くの研究で指摘されており(例えば Doob et al. 1969, Uhl and Brown 1971, Della et al. 1974, Bultez 1975),これらを区別することは必要であろう。また,このような非対称的価格反応の現象はプロスペクト理論 (Kahneman and Tversky 1979) などの心理学の理論でも説明される。プロスペクト理論では,利得よりも損失への反応の方が大きいとし,この現象を損失回避 (loss aversion) と呼んでいる。この項ではこの価格反応の非対称性を考慮して購買意思決定を分析した研究を概観する。

価格反応の非対称性の仮説を最初に検証した研究は Kalwani et al. (1990) である。Kalwani らは,ブランドとサイズによって異なる内的参照価格を合理的期待モデルで説明できると仮定し,過去5期の価格の荷重対数平均 (weighted-log mean),値引きの頻度,時間のトレンド(購買機会の週であり,インフレあるいはデフレの影響をとらえる),消費者の値引きへの反応の性向,購入店舗タイプを説明変数とする線形モデルで推定している。そして,価格ゲイン,価格ロス,サイズ・ロイヤルティ,ブランド・ロイヤルティ,販売価格,および値引きの有無を説明変数とするブランド選択モデルを構築し,コーヒーのパネル・データを用いて分析した結果,消費者は価格ゲインよりも価格ロスにより敏感であり,ロスを回避する傾向にあることが示されている。

Putler (1992) はカテゴリー・レベルの内的参照価格を,過去5期の販売

価格の分布ラグ・モデル（distributed lag model）から推定している。需要モデルに，平均価格ゲイン，平均価格ロス，25産業の週次平均収入，販売価格，卵の需要に影響を与える他の製品カテゴリーの価格（セブンボーン・ロースト，ベーコン，フライ用鶏肉，シリアル），その月の第1週目かどうかを示すダミー変数，月次ダミー変数を説明変数として含め，卵の週次販売データを用いた分析の結果，価格ゲインと価格ロスは卵の需要に影響を与えるが，ゲインとロスに対する反応の非対称性は需要モデルの関数型に依存することが示されている。トランスログ型（Translog）を採用した場合には価格ロスへの反応は価格ゲインよりも大きくなるが，クレイン・ルビン型（Klein-Rubin）を採用した場合にはそれらの大きさに有意差が見られない。価格ゲインと価格ロスを区別して計算した価格弾力性は，価格ロスが-0.78，価格ゲインが-0.33となり，価格ロスへの反応は価格ゲインの2.4倍となっている。

続いて，Krishnamurthi et al. (1992) は，ブランド・レベルの内的参照価格がブランドの前期の販売価格であると仮定し，価格ゲインと価格ロスがブランド選択決定と購買数量決定に与える影響を分析している。ブランド選択モデルでは対数参照価格，価格ゲイン，価格ロス，所得，ブランドの選択シェア，チラシ，および特別陳列を説明変数とし，購買数量モデルでは買い置きがあるときの価格ゲインと価格ロス，買い置きがないときの価格ゲインと価格ロス，内的参照価格，前期の購入数量，世帯数，およびブランド選択から生じる選択バイアス（ブランド選択と数量決定が同時にモデル化されないときに生じるバイアスを修正するもの）を説明変数としている。Krishnamurthiらは，ブランド選択モデルで用いる販売価格と内的参照価格を，消費者の用いる主観的価格尺度には対数的な性質があるという Gabor and Granger (1966) や Monroe (1990) の発見とモデルの適合度の良さという理由から対数変換している。日用消費財のパネル・データを用いて分析した結果，ブランド選択決定については，ブランド・ロイヤルな消費者は価格ゲインと価格

ロスに同程度に反応するが，ブランド・スイッチをする消費者は価格ロスよりも価格ゲインに反応することが示されている。購買数量決定については，ブランド・ロイヤルな消費者は，買い置きがある場合には価格ロスにより強く反応するが，買い置きがない場合には価格ゲインにより強く反応すること，およびブランド・スイッチをする消費者は買い置きの有無に関係なく価格ロスにより強く反応することが示されている。

Kalwani and Yim (1992) は実験室実験を行い，ブランド・レベルの内的参照価格を直接測定している[3]。測定した内的参照価格は，過去10週間の液体洗濯用洗剤の価格とプロモーション情報を被験者に観察させた後に測定した今週の期待価格である。また，内的に参照とする値引き（内的参照値引き）も考慮しており，値引きを期待していたが実際には実施されていない場合を値引きロス，値引きを期待していなかったが実際には実施されている場合を値引きゲインとしている。ブランド選択モデルに，ブランド選好，販売価格，値引きの有無，価格ゲイン，価格ロス，値引きゲイン，値引きロスを説明変数として含めて分析した結果，価格ゲインは重視されないが価格ロスは重視されること，および値引きゲインは重視されないが値引きロスは重視されることが示されている。また，価格ロスよりも値引きロスの方が重視されることが示されている。

Hardie et al. (1993) はブランド・レベルの内的参照価格を指数荷重平均法によって推定している。Hardieらは品質評価もまた，内的に参照する品質（内的参照品質）に基づいて行われると提案している。内的参照品質は前回購入したブランドの品質と仮定し，コンシューマー・レポート誌が公表している客観的評価を用いている。また，品質反応にも非対称性を仮定しており，品質が内的参照品質よりも高い場合を品質ゲイン，低い場合を品質ロスとしている。ブランド選択モデルに，価格ゲイン，価格ロス，品質ゲイン，品質ロス，チラシ，ブランド・ロイヤルティを含め，冷蔵オレンジ・ジュースを対象として分析した結果，内的参照価格も内的参照品質もブランド選択

決定に影響を与えることが示されている。また，価格ゲインは品質ゲインよりも重要で，品質ロスは価格ロスよりも重要であることも示されている。

Bridges et al.（1995）はブランド・レベルの内的参照価格を，前期において同世代だった全製品の平均価格，および前期と比較した相対技術，および時間（1986年を1とする）の関数モデルで推定している。分析対象は，個人レベルの消費者行動ではなく，集計レベルの相対的市場シェアである。また，ダイナミックな市場で競争するハイテク製品では，内的に参照する技術（以下，内的参照技術）に基づく技術評価も市場シェアに影響を与えることを指摘し，内的参照技術を前期において同世代だった全ブランドの平均技術，前期と比較した相対価格，および時間の関数モデルで推定している。さらに，技術反応に非対称性を仮定し，技術ゲインと技術ロスに区別している。相対的市場シェア・モデルに，前期の相対市場シェア，相対価格，相対技術，価格ゲイン，価格ロス，技術ゲインを含め，パソコンの販売データを用いて分析した結果，価格ゲイン，価格ロスだけでなく技術ゲイン，技術ロスも市場に影響を与えることが示されている。また，技術ゲインは価格ゲインよりも重要で，価格ロスは技術ロスよりも重要であることが示されている。

Greenleaf（1995）は動的計画法を用い，市場需要の制約のもとで期待利潤を最大化するように販売価格の経路を決定するという小売店の問題を解いている。ブランド・レベルの内的参照価格は指数荷重平均法によって推定している。スーパーで販売されているピーナッツバターのPOSデータを用い，需要モデルに価格ゲインと価格ロスを考慮するモデル，参照価格を考慮しないモデル，および一定価格を用いるモデルの間で比較した結果，小売店の利潤の正味現在価値と需要の予想は内的参照価格を含めたモデルが最も高くなり，内的参照価格を含めて価格を変動させる戦略が最適であること，および市場は価格ロスよりも価格ゲインに強く反応することが示されている。

Natter and Hruschka（1998）もまた動的計画法を用いた分析をしている。

Natter and Hruschkaは，競争を考慮に入れ，競合企業の利潤の重要度（競合企業の利益や損失は重要かどうか）によって企業の行動を攻撃的，強調的，および超愛他的に分類している。洗濯用洗剤の3メーカーを対象とし，これらのメーカーが製造する7ブランドを分析している。ブランド・レベルの内的参照価格は前期の価格と時間トレンドの線形モデルで推定している。利潤モデルは全ブランドの価格と攻撃性の関数とし，ブランド・シェア・モデルは，前期の市場シェア，価格，他ブランドの価格，自ブランドの価格ゲイン，他ブランドの価格ゲイン，自ブランドの価格ロス，他ブランドの価格ロスの関数としている。攻撃性を上記の3つの企業行動に分類し，この値を変化させて推定することで利潤の変化を分析している。同一チェーンの4小売店のPOSデータを用いて分析した結果，強調的行動が最適となることが明らかにされている。攻撃的行動がとられる場合には価格と利潤が低下して最高価格と最低価格の差は拡大するが，超愛他的行動がとられる場合には利潤が協調的行動よりも低下することが示されている。

　白井（1999）は前述のGreenleaf（1995）を拡張し，販売価格，価格ゲイン，価格ロス，非価格プロモーション（エンド陳列，チラシ），および競合ブランドの価格を考慮に入れたときに最適となる価格設定戦略と利潤の現在価値を分析している。マヨネーズと醬油のPOSデータを用いた分析の結果，競合ブランドが存在しブランド・スイッチがよく行われるブランドでは非定期的に価格を変動させる戦略（Hi-Lo戦略）が常に一定の低価格を設定する戦略（EDLP戦略）よりも最適となり，内的参照価格や非価格プロモーションを考慮に入れて価格設定をした方が利潤は高くなることが示されている。また，それほど競合ブランドを意識する必要のないブランドでは最適となる価格設定戦略と利潤を最大化するために考慮すべき要因はブランドによって異なるので，小売店はそれぞれのブランドの特徴をよく理解した上で妥当なモデルを選択すべきことが示唆されている。ここでいうブランドの特徴とは販売価格の弾力性，非価格プロモーションが与えるインパクトの大きさ，お

よび内的参照価格に基づく価格判断の影響の受け易さである。

　Erdem et al. (2001) は，内的参照価格を用いる消費者の特性を明らかにしている。ブランド・レベルの内的参照価格は指数加重平均によって推定している。ブランド選択モデルの説明変数として，価格ゲイン，価格ロス，販売価格，チラシ，特別陳列，ブランドの使用経験，および，世帯数（4人以上かどうか），所得（4万ドル以上かどうか），雇用（世帯主が正規雇用されているかどうか），学歴（世帯主が大卒かどうか）という4つのデモグラフィックス変数とこれらのデモグラフィックス変数それぞれと販売価格，価格ゲイン，価格ロスとの交互作用を含めて，ケチャップ，ピーナッツバター，ツナ缶のパネル・データを用いて分析している。その結果，価格ロスに敏感な消費者は，販売価格，陳列，およびチラシに強く反応すること，過去に使用したブランドの影響を受けないこと，世帯数が大きいこと，および世帯主は正規雇用されていないという特徴をもつことが明らかにされている。価格ゲインに敏感な消費者については，販売価格，陳列，チラシに強く反応するが，価格ロスに敏感な消費者ほど大きくないこと，過去の使用ブランドの影響を受けないこと，明確なデモグラフィックス特性がないことが明らかにされている。

　Han et al. (2001) は，ブランド・レベルの内的参照価格を指数加重平均で推定し，それを確率的に計算した閾値に基づいて価格ゲインと価格ロスに区別している。価格ゲインと価格ロスの基準となる確率的閾値は，ブランドの価格変動性，競合ブランドの値引き，および消費者の値引きへの反応傾向に基づいて推定している。そして，ブランド選択モデルに，価格ゲイン，価格ロス，販売価格，ブランド・ロイヤルティ，前回の購買における対象ブランドの購買の有無，前回の購買で対象ブランドにプロモーションが行われていたかどうかを示すダミー変数（チラシ，特別陳列）を説明変数として含め，コーヒーのパネル・データを用いて分析した結果，価格ロスと価格ゲインの決定には決定的な閾値よりも確率的な閾値を用いた方がモデルの適合度が良くなることが示されている。また，消費者は，ブランドの価格変動性が高く

なると価格ゲインにより敏感になるため価格ロスにより鈍感になること，競合ブランドの値引きが大幅に行われると価格ロスにより敏感になるため価格ゲインには影響しないこと，および値引きに反応する消費者はブランド・ロイヤルティの高い消費者よりも価格ゲインと価格ロスにより敏感であることが明らかにされている。

　以上見てきた研究をまとめると次の通りである。消費者の価格反応は非対称的であり，価格ゲインと価格ロスへの反応が異なる。ただし，どちらの反応が大きいのかについては一貫した結果が得られていないという点に注意する必要がある。大部分の研究は，消費者は価格ゲインよりも価格ロスにより敏感であるというロスの回避傾向を示しているが，Greenleaf (1995) の集計レベルの分析からは価格ロスよりも価格ゲインの方が強いという結果が示されている。また，価格反応の非対称性は，価格変動性や他ブランドの値引き活動 (Han et al. 2001)，消費者特性 (Erdem et al. 2001)，購買意思決定のタイプ (Krishnamurthi et al. 1992) などに依存することも発見されている。さらに，次項において説明される Bell and Lattin (2000) の研究では，ロスの回避傾向は世帯の異質性を考慮しなければ存在するが，異質性を考慮に入れると市場には価格ゲインのみに反応するセグメントとロス回避傾向を示すセグメントに分かれること，および後者のセグメントで見られるロス回避傾向はかなり小さくなることが示されている（価格ロスのパラメータ値は，異質性を考慮しないときは6.93，考慮したときは3.35である）。このように，価格反応の非対称性は市場の定義の仕方に依存するところがあり，この存在についてては更なる研究が必要とされる。ここで概観した一連の研究から明らかになったもうひとつの点は，非対称的反応は価格だけでなく，値引きや品質についても存在するということである。消費者は価格や値引きだけでなく品質に対しても参照点を基準として相対的に評価するのである。

4—3. 内的参照価格と外的参照価格を考慮した研究

2節において説明したように，消費者は内的参照価格の他に，外的参照価格を価格判断に用いることがある。外的参照価格とは，消費者が価格判断をする際に，買物環境の中から自発的に注意を向ける価格である。買物環境において外的参照価格として用いられる価格は多々あり，類似製品の中で最高の価格や最低の価格，平均的価格などがある。チラシやPOP広告などで値引きの価値を強調するために販売価格と一緒に表示されるメーカー希望小売価格や小売店の通常価格なども外的参照価格と呼ばれるが，ここではこのような外的参照価格は対象としていない。このような広告は価格比較広告と呼ばれており，第5章において取り上げる。内的参照価格は記憶に保持されている消費者固有の主観的な価格であるのに対し，外的参照価格は様々なブランドの価格を容易に観察できる状況において消費者が探索する客観的な価格である。この節では，内的参照価格と外的参照価格の両方を考慮に入れた研究のレビューを行う。

Mayhew and Winer (1992) は先駆的研究であり，ブランド・レベルの内的参照価格を前回の買物での販売価格，外的参照価格を対象ブランドの通常価格であると仮定している。ブランド選択モデルに，説明変数として，対象ブランドの前回の買物での選択の有無，価格ゲイン，価格ロス，外部参照価格と販売価格の差，販売価格，チラシ，クーポンを含め，ヨーグルトのパネル・データを用いて分析した結果，内的参照価格も外的参照価格もブランド選択に影響を与えることが示されている。ただし，価格ロスは外的参照価格よりも重視される傾向にある。また，外的参照価格の代わりに値引きが実施されているかどうかを示すダミー変数をモデルに含めたときに，モデルの適合度が若干改善したことから，消費者は外的参照価格に基づく価格判断よりも値引きのシグナルにより強く反応することが示唆されている。これは，値引きの大きさよりも値引きのシグナルの方が重要であるという Inman et al. (1990) の主張と一致する。

Rajendran and Tellis (1994) は，ブランド・レベルの内的参照価格を過去3期の販売価格の単純平均 (simple mean) と幾何平均 (geometric mean) の2つのモデルから推定している。ブランド選択モデルに，内的参照価格と販売価格の差，外的参照価格と販売価格の差，ブランド・ロイヤルティ，前回のブランド選択の有無，特別陳列，チラシ，クーポンを説明変数として含め，クラッカーのパネル・データで分析した結果からは，内的参照価格と外的参照価格の重要度には差がないことが示されている。ただし，消費者が様々なブランドの消費経験をもっている場合，ブランド・ロイヤルティが低い場合，および購買頻度が低い場合には，外的参照価格の方が内的参照価格よりも重視されることが示されている。また，外的参照価格として店舗内のブランドの最高価格，最低価格，および平均価格を比較したところ，最低価格が一番良い結果をもたらしたことが報告されている。さらに，内的参照価格を推定する2つのモデルには有意な差がないことが示されている。

Mazumdar and Papatla (1995) は，ブランド・ロイヤルティの高い消費者は外的参照価格を用い，ブランド・ロイヤルティの低い消費者は価格を重視するため内的参照価格を用いるという仮説を立て，それを検証している。ブランド・レベルの内的参照価格は指数荷重平均法によって推定し，外的参照価格は考慮集合に入る全ブランドの価格をブランド・ロイヤルティによって荷重平均することで求めている。販売価格，内的参照価格，および外的参照価格は対数変換している。マーガリンと液体洗濯用洗剤のパネル・データを用いて分析した結果，内的参照価格と外的参照価格の両方を含むモデルの適合度が，内的参照価格のみを含むモデル，外的参照価格のみを含むモデル，および参照価格を含まないモデルよりも良いことが示されている。市場には外的参照価格のみを用いるセグメントと内的参照価格のみを用いるセグメントが存在すること，および外的参照価格を用いるセグメントはブランド・ロイヤルティが高い消費者である（購買の60%が単一ブランドで占められる）ことが明らかにされている。

Briesch et al. (1997) は，内的参照価格を含むブランド選択モデルと外的参照価格を含むブランド選択モデルを比較し，それぞれの内的参照価格の説明力を分析している。内的参照価格は，前回購買したブランドの価格に基づいた指数加重平均で推定されるカテゴリー・レベルの内的参照価格，前回のブランドの価格であるブランド・レベルの内的参照価格，および前回のブランドの価格，時間トレンド，チラシ，および特別陳列の線形関数で推定されるブランド・レベルの内的参照価格の3つである。外的参照価格には，ランダムに選択したブランドの今期の価格と前回購買したブランドの今期の価格という2タイプを採用している。ブランド選択モデルに，各々の参照価格に基づく価格ゲインと価格ロス（外的参照価格ベースのモデルでは外的価格ゲインと外的価格ロス），チラシ，特別陳列，およびブランド・ロイヤルティを説明変数として含め，ピーナッツバター，液体洗濯用洗剤，ティッシュ，コーヒーのパネル・データを用いて分析した結果，ブランドの前期の価格を内的参照価格としたモデルの適合度が最も良くなることが示されている。

Kumar et al. (1998) は，内的参照価格と外的参照価格を同時にモデルに含めて，消費者はどちらの価格をより重視するのかを分析している。カテゴリー・レベルの内的参照価格は最後に支払った価格，外的参照価格は全競合ブランドの今期の販売価格の中で最低の価格であると仮定している。ブランド選択モデルに，説明変数として，内的参照価格と販売価格の差，外的参照価格と販売価格の差，販売価格，ブランド・ロイヤルティ，前回の購買でのブランド購買の有無，チラシ，特別陳列，クーポン，買い置き状態を含め，クラッカーとベーキング・チップスのパネル・データを用いて分析している。その結果，内的参照価格よりも外的参照価格の方が重視される傾向にあることが示されている。ただし，この現象は家に買い置きがないとき，あるいは値引きの影響を受けやすい消費者について見られ，買い置きがあるとき，あるいは値引きの影響を受けにくい消費者は内的参照価格と外的参照価格に同程度の反応をすることが示されている。

Bell and Lattin (2000) は，内的参照価格を含めたモデルと外的参照価格を含めたモデルを世帯の異質性を考慮に入れない場合と入れた場合で比較分析している。内的参照価格はカテゴリー・レベルで最後に支払った価格，外的参照価格は最後に購入したブランドの今期の販売価格であると仮定している。ブランド選択モデルに価格ゲインと価格ロス（外的参照価格ベースのモデルでは外的価格ゲインと外的価格ロス），チラシ，ブランド・ロイヤルティを説明変数として含め，冷蔵オレンジ・ジュースのパネル・データを用いて分析した結果，世帯の異質性を考慮しないモデルも考慮するモデルも，内的参照価格モデルの方が外的参照価格モデルよりも適合度は良くなることが示されている。また，異質性を考慮に入れた場合の最適セグメント数は，両方のモデルとも2つであること，および，異質性を考慮するときには価格反応の非対称性が消失することが示されている。

Mazumdar and Papatla (2000) は，ブランド・レベルの内的参照価格を指数荷重平均法で推定し，外的参照価格を全ブランドの販売価格をブランド・ロイヤルティで重み付けをしたロイヤルティ加重平均としている。外的参照価格についても対象ブランドの販売価格が外的参照価格を上回るかどうかで，外的価格ゲインと外的価格ロスに区別している。ブランド選択モデルに，価格ゲイン，価格ロス，外的価格ゲイン，外的価格ロス，販売価格，特別陳列，チラシ，ブランド・ロイヤルティを説明変数として含め，液体洗剤，ケチャップ，ヨーグルト，およびトイレットペーパーのパネル・データを用いて分析した結果，全てのカテゴリーにおいて両方の参照価格が用いられることが示されている。また，内的参照価格をよく用いる消費者は価格ゲインに敏感であるのに対し，外的参照価格をよく用いる消費者は価格ロスに敏感であること，内的参照価格を使う消費者は少数のブランドに絞ってから購買をすること，内的参照価格は高価格の商品でより多く用いられること，外的参照価格はチラシや特別陳列などのプロモーションが多い商品や購買間隔の長い商品でより多く用いられることが明らかにされている。

以上見てきた研究から消費者には，内的参照価格を重視するタイプ，外的参照価格を重視するタイプ，そしてその両方を重視するタイプがあることが分かる。外的参照価格を重視する消費者には，値引きに反応しやすい，買い置きがない，購買頻度が低いという特徴がある。また，参照価格を使用するかどうかは商品特性にも依存し，内的参照価格は高価格商品に，外的参照価格は購買間隔が長くてプロモーションの多い商品により多く用いられる傾向にある。

4-4．内的参照価格の範囲に着目した研究

これまで見てきた研究は参照価格を単一の数値（○○円）として扱っているが，参照価格は範囲（○○～○○円）で存在するという指摘がある。心理学の分野では，Sherif (1963) の同化-対比理論が参照価格の範囲の存在を支持している。この理論によれば消費者は，受容可能な価格範囲（latitude of acceptance）を意識内に持っており，観察した価格は，その範囲内にあれば同化が生じてほとんど意識されないが，範囲外にあれば価格範囲との対比が行われるため強く意識される。この受容可能な価格範囲は参照価格が範囲として存在することを意味している。つまり，この範囲内に入る販売価格は内的参照価格と一致し，価格ゲインでも価格ロスでもないのである。この価格範囲の幅は，価格意識（Lichtenstein et al. 1988），価格知識（Kosenko and Rahtz 1988），および購買頻度（Urbany and Dickson 1991）と負の相関関係が，ブランド間の差別化と正の相関関係（Sorce and Widrick 1991）があることが発見されている。また，価格範囲の上限と下限の水準は，価格知識と正の相関関係があることも分かっている（Kosenko and Rahtz 1988, Rao and Sieben 1992）。

Winer (1989) は，内的参照価格についての確信度が購買意思決定モデルにおいて有意になるかどうかで内的参照価格が範囲であるかどうかを検討している。ブランド・レベルの内的参照価格は前期の販売価格と仮定している。

内的参照価格の確信度には内的参照価格の標準偏差を用いている。Winerは，最初にブランド選好が形成され，次に世帯ブランド・シェアが決まるという多段階ブランド選択モデルを提案している。ブランド選好モデルは，広告露出量，内的参照価格，内的参照価格の確信度，チラシ，デモグラフィックス変数（家族数，所得），前期の世帯ブランド・シェア，および液体洗剤であるかどうかを示すダミー変数を説明変数としている。世帯レベルのブランド・シェア・モデルは，ブランド選好，販売価格と内的参照価格の差，特別陳列を説明変数としている。洗濯用洗剤のパネル・データを用いた分析の結果，内的参照価格の確信度は有意となり，内的参照価格を中心とする±標準偏差の範囲で存在していることが確認されている。

　Kalwani and Yim（1992）の研究もまた，価格ゲインを決定する閾値と価格ロスを決定する閾値それぞれを内的参照価格の範囲の下限値と上限値とし，範囲の幅を測定している。ブランド・レベルの内的参照価格は被験者から直接測定した期待価格である。ブランド選択モデルに，ブランド選好，販売価格，値引きの有無，価格ゲイン，価格ロスを説明変数として含めて分析した結果，モデルの適合度は，範囲の上限と下限を値引きがない場合の平均販売価格から±6％の値で設定したときに最も良くなることが示されている。したがって，内的参照価格の範囲は平均通常価格を中心とする±6％の範囲ということになる。

　Kalyanaram and Little（1994）は，内的参照価格の範囲をパネル・データから推定することを試みている。Kalyanaram and Littleはブランド・レベルの内的参照価格を指数荷重平均法で推定し，推定した内的参照価格と販売価格との差を標準偏差と類似した計算で求めた価格範囲で割ることで内的参照価格を範囲で求め，それを基準にして価格ゲイン，価格ロス，価格ニュートラルの3タイプに分けている。ブランド選択モデルに，価格ゲイン，価格ロス，価格ニュートラル，内的参照価格，ブランド・ロイヤルティ，チラシ，特別陳列を説明変数として含め，飲料カテゴリーのパネル・データを用

いて分析した結果，価格ニュートラルの効果は有意にならなかったが価格ゲインと価格ロスの効果が有意となり，内的参照価格は範囲として存在することが示されている。また，ブランド選択モデルは，内的参照価格を範囲で定義した方が適合度は良くなることが示されている。さらに，価格範囲の幅は，平均内的参照価格の高い消費者の方が低い消費者よりも広いこと，購買頻度の高い消費者の方が価格の多様性に関する知識が高いため購買頻度の低い消費者よりも狭いこと，および平均ブランド・ロイヤルティの高い消費者の方が低い消費者よりも広いことが明らかにされている。最後に，消費者は価格ゲインよりも価格ロスにより敏感であることも示され，ロス回避傾向が確認されている。

　以上の研究から，価格変化に無反応となる範囲（受容可能な価格範囲）の存在が明らかになっている。しかし，この範囲は，消費者が単に価格変化に気がつかない範囲であるのか，それとも気がついているが受容範囲内であるため無反応な範囲であるのかがはっきりしない。また，内的参照価格は曖昧な範囲で形成されるのか，あるいは下限値，上限値，平均値で構成される複数の価格で形成されるのかが明確になっていない。したがって，受容可能な価格範囲については更なる研究が必要とされる。

5．内的参照価格の精度に関する研究の動向

　この節では，内的参照価格の精度に関連する研究を取り上げる。最初に，複数の内的参照価格の推定モデルを比較検討する研究を取り上げる。前述したように4節で取り上げた研究のいくつかは，内的参照価格を推定する複数のモデルの説明力を，それを含むブランド選択モデルの適合度の比較から判断している。Winer（1986）の研究からは，ブランド・レベルの外挿的期待モデルと合理的期待モデルには差がないこと，Rajendran and Tellis（1994）の研究からは，過去3期の販売価格を用いるブランド・レベルの単純平均モ

5. 内的参照価格の精度に関する研究の動向

デルと幾何平均モデルには差がないこと、そして、Briesch et al. (1997) の研究からは前期の購買ブランドの価格をベースにしたカテゴリー・レベルの指数荷重平均モデル (PASTCHBR)、ブランド・レベルの指数荷重平均モデル (PASTBRSP)、および前期の価格、値引き頻度、時間トレンド、値引き反応の性向を変数とするブランド・レベルの線形モデル (PASTINFO) の中では PASTBRSP モデルが一番良いという結果が示されている。ここで対象とする研究はこれらの研究とは異なり、内的参照価格を直接測定し、それを従属変数として複数の内的参照価格の推定モデルを比較することで、各々の内的参照価格モデルの精度を検討している。したがって、ここで取り上げる研究は精度が高い内的参照価格の推定モデルの探索に焦点を当てているのに対し、上記の研究は消費者の購買意思決定をよりよく説明できるモデルの探索に焦点を当てているということになる。

まず、Jacobson and Obermiller (1989) は、内的参照価格の推定モデルの比較により説明力の高いモデルを探索している。実際の内的参照価格は期待価格で測定しており、被験者にツナ缶の5つの実在ブランドの8週間にわたる販売価格を1週ずつ提示した上で次週の販売価格を予想してもらっている。内的参照価格の推定モデルには、前期の価格を用いた系列相関モデル (serial correlation model)、前期の内的参照価格と価格の差、ならびに前期の内的参照価格を用いた適応期待モデル (adaptive expectations model)、および過去2期の価格差と前期の価格を用いた外挿的期待モデル (extrapolative expectations model) の3つを採用している。分析の結果、内的参照価格を最もよく説明できるモデルは系列相関モデルであることが示されている。続いて行われた Jacobson and Obermiller (1990) の研究は、今期の内的参照価格を用いた合理的期待モデル (rational expectations model) を上述の Jacobson and Obermiller (1989) の3モデルに加え、同一データを用いて比較している。その結果、系列相関モデルの説明力が一番高いことが確認されている。

Biyalogorsky and Carmon (1996) もまた，内的参照価格の推定モデルを比較し，説明力の高いモデルを探索している。実際の内的参照価格は，2つある仮想的ブランドのうち価格観察前の選好が高い方のブランドについて測定しており，シリアル，ヨーグルト，およびドッグ・フードの16週間にわたるブランドの販売価格を1週ごとに提示してブランド選択をしてもらい，16週間後に次週の期待価格を予想してもらうという方法で測定している。選好が高い方のブランドをターゲット・ブランドとして，16週にわたる値引きパターンの規則性，値引きの頻度，および値引き幅を実験法により操作している（水準の詳しい記載はなされていない）。内的参照価格の推定モデルは，前期の選択ブランドの価格を用いたモデル，前期の購入価格と内的参照価格の差，ならびに前期の内的参照価格を用いた適応期待モデル，および過去2期の購入価格差を用いた外挿的期待モデルの3つである。分析の結果，ヨーグルトの内的参照価格の効果は各モデルにおいて有意となり，適応期待モデルで最も強くなったが，他のカテゴリーについては有意になったモデルはなく，モデルの一般化に問題があることが指摘されている。また，Biyalogorsky and Carmon は，通常価格，大幅の値引きサイズ，小幅の値引きサイズ，大幅値引きの頻度，小幅値引きの頻度などを操作した別の実験を行っている。内的参照価格は，値引きの実施予想で異なると考え，16週間にわたるシリアルの価格の観察後に予想通常価格と予想値引き価格を測定し，それに値引きの実施可能性で加重平均したモデルを提案している。実際の内的参照価格を次週の期待価格として分析した結果，内的参照価格の精度は，通常価格，値引き価格，および値引きの実施される可能性の測度それぞれについて，実際値よりも消費者による推定値（知覚）を使用したモデルの方が高くなることが示されている。

続いて，直接測定した内的参照価格の精度に関する研究のレビューを行う。これらの研究の大部分は，消費者の価格想起能力（リコール）を調査している。価格想起能力の調査はGabor and Granger（1961）の研究が発端となり，

5. 内的参照価格の精度に関する研究の動向　25

以降よく行われてきているが，内的参照価格との関連ではなく消費者の価格知識の正確さを調べることを目的として行われてきた。内的参照価格は記憶から想起される価格なので，これらの調査を内的参照価格の精度に関する調査ととらえることが可能である。高橋（1988）は1983年までの研究の大部分をレビューしており（Brown 1971, Gabor and Granger 1961, Goldman 1977, *Progressive Grocer* 1964, 1975, 1980, Zeithaml and Fuerst 1983），それらの研究からは，想起価格の精度は商品によって異なること，および商品の使用者，有職者，独身者，低所得者，男性で高くなることが示されている。ここでは，高橋（1988）がレビューしていない1983年以降の研究を取り上げる。

　まず，Zeithaml and Graham（1983）はアンケート調査を行い，専門的サービスに対する内定参照価格の精度を分析している。内的参照価格は，5種類の歯科治療費（健康診断，X線，親知らずの抜歯など），5種類の医療費（健康診断，X線，血液検査など），および5種類の弁護料に対する期待価格で測定し，個々の内的参照価格についての確信度も測定している。実際の価格は，地元の歯医者，医者，および弁護士に対して行った電話インタビューによる回答の平均値としている。内的参照価格の精度の尺度は｜内的参照価格―実際の価格｜／実際の価格で求められる誤差比率である。分析の結果，内的参照価格の精度は6.7％～259.13％とサービスの内容によってバラツキがあるが全体的に高くないこと，および内的参照価格が不正確であるという消費者自身の認識は高くないことが明らかにされている。

　Canover（1986）は，スーパーの買物客に対し，商品選択後でまだ同じ通路にいる間にインタビューを行って想起される価格を測定している。製品カテゴリーは牛乳，パン，マヨネーズ，コーラ，マーガリン，コーヒー，洗濯用洗剤，冷凍濃縮オレンジ・ジュース，ペーパータオルである。精度の尺度には誤差比率を用いている。分析の結果，誤差比率は範囲が2.8％～9.9％，平均が6.1％となった。Canoverは調査をもうひとつ行い，商品選択の直後と2日後の2時点で想起価格を測定し，精度の変化を分析している。製品カ

テゴリーはコーラ，小麦粉，練り歯磨き，ピーナッツバターである。分析の結果，商品選択直後の誤差比率は範囲が12.3％～26.1％，平均が16.5％，2日後は範囲が11.5％～15.7％，平均が13.4％，および両時点の誤差比率の相関係数は範囲が0.52～0.77であることが示されている。選択直後の精度が高い消費者は時間経過後の精度も高い傾向にある。

Helgeson and Beatty (1987) は，内的参照価格が将来行われる価格想起に与える効果について分析している。最もありがちな価格 (most likely expected price)，最高期待価格 (highest expected price)，最低期待価格 (lowest expected price) という3つの内的参照価格を測定し，それらに基づいて算出したベータ分布の近似値を最終的な内的参照価格としている。調査は3段階で行っている。まず，石鹸，練り歯磨き，自転車，およびジーンズの内的参照価格を回答してもらい，その2日後に各製品の価格を観察してもらっている。このとき提示する価格は16タイプ（±0.5 SD, ±SD, …, ±8SD）ある価格のひとつであり，被験者の内的参照価格をベースに計算されている。さらにその2～4日後に想起価格を測定している。したがって，この調査は4（製品カテゴリー）被験者内要因配置×16（価格）被験者間要因配置デザインである[4]。分析の結果，想起価格の誤差の方向は，過去に生じた内的参照価格と販売価格の差の方向と一致しており，想起価格は価格ゲインが生じた場合には実際より低くなるが，価格ロスが生じた場合には実際より高くなることが示されている。また，この傾向は製品関与が高い場合よりも低い場合の方が強くなることも示されている。

高橋 (1988) はアンケート調査を行い，2つのスーパーにおける食肉，鮮魚，野菜，加工食品，日用雑貨から2品目を選び，通常価格と特売価格の精度を調べている。精度の尺度は価格を正確に答えた回答者の比率である。調査の結果，±5％以内を含めても正答者は1.2％～49.4％で，想起価格の精度が総じて低いことが示されている。ただし，この調査には対象としたスーパーの買物客でない人がサンプルに含まれているという問題点がある。高橋

はさらに，想起価格の精度の規定要因も分析しており，精度は，加工食品が高いこと，特売価格の方が通常価格よりも高いこと，年齢が低い人の方が高いこと，専業主婦の方が有職主婦よりも高いこと，チラシの利用や特売品の比較など理性的な買物をする消費者が高いことが示されている。続いて行われた高橋（1989）の研究は精度の尺度を誤差比率に変更し，高橋（1988）と同様の分析をしている。その結果，想起価格の精度は，専業主婦と理性的な買物をする消費者が高いことが示され，高橋（1988）の結果の一部が支持されている。

Dickson and Sawyer（1990）もまた，スーパーの買物客の想起価格の精度を調べている。精度の尺度は誤差比率である。コーヒー，練り歯磨き，マーガリン，およびシリアルを対象とした調査からは，商品選択直後でさえも消費者の想起価格の精度はそれほど高くないことが示されている。買物客の20.9％が正確な想起を，26.2％が±5％以内の誤差で想起を，31.8％が±15％以内の誤差で想起をしているが，価格を想起できなかった人が21.1％もいる。

Mazumdar and Monroe（1990）は実験を行い，選択目的と学習のタイプを操作することで価格想起能力への効果を調べている。実験のデザインは3×2被験者間要因配置である。選択目的は友人のために選択することとして友人のタイプを操作しており，カロリーと栄養のバランスで選択をする健康志向の人，最も栄養のあるものをできるだけ安く選択する主婦，価格志向の人の3水準を設定している。ただし，この要因の効果は実際の分析には用いていない。学習のタイプでは，ブランド選択後に別の店に行って価格を比較するため，選択ブランドの価格を覚えておかなければならないという意図的学習と店舗間の価格比較のない偶発的学習の2水準を設定している。想起価格の精度の尺度は価格を正確に答えた回答者の比率である。対象とした製品カテゴリーは，マーガリン，冷凍オレンジ・ジュース，缶スープ，シリアル，パスタ・ディナー，およびドレッシングである。各カテゴリーには6ブランドの選択肢があり，被験者は各カテゴリーにつき1ブランドを選択して

いる。ただし，想起価格の測定ではそのうちの4カテゴリーのみを回答させている。分析の結果，想起価格の精度は，意図的学習では平均47.8%，偶発的学習では平均20%となり，意図的学習の方が高いことが示されている。また，選択ブランドの価格ランクの精度については，意図的学習は平均35%，偶発的学習は平均39.4%となり，偶発的学習の方が高いことが示されている。これらの結果は，意図的学習では買い手の注意や処理が特定価格に向けられるのに対して，偶発的学習ではブランド間の価格連想を展開させる機会を買い手に与えることを示唆している。

Krishna and Johar (1996) は実験法を用い，複数期間にわたる規則的な値引きパターンを観察させた後に測定した平均値引き価格を分析対象としている。ソフト・ドリンクを対象とし，一要因，3水準で構成される被験者間要因配置デザインの実験を採用している。実験では値引きパターンを操作しており，1種類の値引き幅，差が小さい2種類の値引き幅，および，差が大きい2種類の値引き幅を設定している。精度の尺度は，被験者が回答した平均値引き価格と実際の平均値引き価格との差の絶対値である。分析の結果，内的参照価格の精度は，1種類の値引き幅を設定するパターンよりも複数の値引き幅を設定するパターンの方が低くなることが示されている。Krishna and Johar はさらに，スーパーで2リットル・サイズのペプシを過去8週間観察した消費者を対象とした調査も行っている。この8週間に設定された値引き価格は2種類である。分析の結果，平均値引き価格は実際よりも高く推定されること，および，2種類の値引き価格を想起した消費者は38%であり，62%が値引き価格をひとつだけ想起したことが報告されている。

中村ほか (1997) はインタビューを行い，スーパー，ディスカウント・ドラッグストア，および酒類ディスカウントストアの想起価格を次の売り場へ移動した直後に測定している。精度の尺度は価格を正確に答えた回答者の比率である。スーパーでは調味料，ドライ飲料，菓子，酒類，シャンプー，練り歯磨き，洗剤を，ディスカウント・ドラッグストアではシャンプー，練り

歯磨き，洗剤を，酒類ディスカウントストアでは日本酒とビールを対象としているが，想起価格の精度についてはカテゴリーごとの分析ではなく店舗タイプごとに集計している。分析の結果，正確な想起はスーパーでは37.8%，ディスカウント・ドラッグストアでは55.4%，酒類ディスカウントストアでは53.3%であること，誤差が±5%以内の想起はスーパーでは19.3%，ディスカウント・ドラッグストアでは10%，酒類ディスカウントストアでは13.4%であることが示されている。また，スーパーについてはエンド陳列されている商品の購入者と特売商品の購入者の想起価格も調べており，正確な想起と誤差が±5%以内の想起は，前者では62%と9%，後者では60.4%と13.5%となり，想起価格の精度はプロモーションが行われているときに高まることが示されている。

McGoldrick et al. (1999) は，想起価格の精度に対する影響要因を分析している。精度の尺度は正答者の比率である。分析対象とした要因は，店舗タイプ，製品カテゴリー，ブランド・タイプ，および消費者特性である。店舗タイプはディスカウンターとスーパーストアの2タイプ，製品カテゴリーは，インスタント・コーヒー，紅茶，缶トマト，ベークトビーンズ，シリアル，玉子，バター／マーガリン，パン，ジャム，オレンジ・ジュースの10カテゴリー，ブランドはナショナル・ブランドとプライベート・ブランドの2タイプ，消費者特性は店舗ロイヤルティ，価格間比較の性向，および社会的クラス，世帯サイズ，性別，学歴，年齢のデモグラフィックスである。分析の結果，想起価格の精度は，店舗タイプ間およびカテゴリー間で差がないこと，想起価格の精度は，ナショナル・ブランドよりもプライベート・ブランドの方が高いこと，店舗ロイヤルティの低い方が高いこと，価格間の比較をする消費者の方が高いこと，および若い，高学歴，あるいは単身か大規模（4人以上）世帯という特性を持った消費者が高いことが示されている。

以上見てきた研究から内的参照価格の精度はそれほど高くないことが明らかになっている。この精度は，価格感度や情報探索量などの消費者特性，プ

ライベート・ブランドであるかどうかといった商品特性，ディスカウント店かどうかといった店舗特性，値引き実施の有無や値引きの複雑さなどの値引き特性，そして価格を覚える必要性の有無といった消費者の学習方法の影響を受ける。ただし，これらは販売価格の想起能力を測定した結果であり，必ずしも価格知識の低さを示しているものではないことに注意すべきである。Vanhuele and Dreze（2002）は，販売価格の想起能力だけでなく価格認知や値引き認知も合わせて測定した方が消費者の価格知識をより深く理解できることを示している。いずれにしても消費者の内的参照価格の形成プロセスはかなり複雑であり，過去に観察した価格がそのまま内的参照価格となっているのではないことは明確になっている。内的参照価格の形成プロセスについては更なる研究が必要とされる。

6．本書の構成

　以上みてきた先行研究のレビューから得られる知見は次の通りである。第一に，内的参照価格は販売価格との差によって生じる価格ゲインや価格ロスを通して，ブランド選択や購買数量決定などの様々な消費者の購買決定に影響を与える。また，消費者の価格反応には非対称性があり，価格ロスの方が価格ゲインよりも強い傾向（ロス回避傾向）にある。この結論は，過去の研究成果を一般化した Kalyanaram and Winer（1995）でも導かれている。ただし，市場には価格反応に非対称性を示さない消費者，あるいは価格ロスよりも価格ゲインを重視する消費者も存在するようで，消費者の異質性を考慮する必要がある。

　第二に，内的参照価格は消費者が過去に観察した価格に基づいて形成される。この結論は，過去の研究成果を一般化した Kalyanaram and Winer（1995）でも導かれている。ただし，内的参照価格の推定モデルは多様であり，どれが最適なモデルであるかについては共通の見解が得られていない。

少なくとも日用消費財については，カテゴリー・レベルよりはブランド・レベルの内的参照価格を用いた方が消費者の購買意思決定をより良く説明できるようである。

第三に，内的参照価格は，ひとつの数値ではなく範囲として存在する可能性がある。範囲の幅は，購買頻度，ブランド・ロイヤルティ，および範囲の中心となる水準に依存して決まる。第四に，購買環境において消費者が選択的に注意を向ける外的参照価格は，内的参照価格に影響を与える。ただし，消費者の購買意思決定に対しては，内的参照価格と外的参照価格は独立して影響する。内的参照価格と外的参照価格のインパクトの強さについては，ブランド・ロイヤルティ，消費経験，購買頻度，価格ゲインや価格ロスへの感度などの消費者特性，価格水準，プロモーションの頻度，購買間隔などの製品特性，および買い置き状態に依存する。第五に，消費者の想起する販売価格の精度は高くない。したがって，内的参照価格は過去の観察価格をそのまま記憶したものではなく，より複雑に形成されているということを意味する。

以上で見てきたように，内的参照価格の購買意思決定における重要性を実証する研究はかなり蓄積されてきている。特に，パネル・データとモデルから内的参照価格とブランド選択などの消費者行動との関係を明らかにしようとする研究は十分になされてきていると言える。本章において内的参照価格の重要性を理論的にも経験的にも確認できたので，続く第2章からは内的参照価格の様々な性質に焦点を当て，内的参照価格をより詳細に理解することにしたい。まず，第2章では内的参照価格の多面性に焦点を当てる。内的参照価格には期待価格，通常価格，公正価格，留保価格など測定上定義される価格が多数あり，多面的な性質（multidimensionality）を持っていることが指摘されている。個々の内的参照価格は概念的に異なるため，それらの使用は様々な要因に依存して異なってくることが考えられるが，このことを分析した研究は少ない。内的参照価格をパネル・データなどから推定する場合には複数の内的参照価格を捉えるのは困難であるため，このことを問題としな

い。問題となるのは，内的参照価格を直接測定しようとする場合である。直接測定する場合にはどの内的参照価格を測定するべきかが重要となる。しかしながら過去に行われた研究では，この点には着目せず任意の内的参照価格を測定してきているのである。

　第3章では，知識・経験の蓄積に伴う内的参照価格の形成ルールの変化に焦点を当てる。知識・経験のない消費者の内的参照価格の形成ルールはどのようなものか，またそのルールが知識・経験の蓄積とともにどのように進化するかといった内的参照価格の構造は解明されていない。内的参照価格は過去に観察した価格に基づいて形成されると考えられているため，大部分の先行研究は，消費者がすでに価格に関連する知識を保有していることを前提に研究をすすめてきている。消費者が製品知識をほとんど持たない状況，あるいはある程度の知識はあっても新しい特性や機能を持った新製品の出現により内的参照価格の形成ルールの変更を余儀なくされる状況においては，内的参照価格の形成ルールは異なると思われる。

　第4章では，セールス・プロモーションが内的参照価格に与える影響に焦点を当てる。内的参照価格は特に，購入価格を下げる値引きなどのプロモーションの影響を受けることが予想される。すでに説明したように内的参照価格は価格判断の基準であるので，内的参照価格を高い水準で維持できるセールス・プロモーションを理解できれば，消費者の価格受容性を管理できることになる。したがって，内的参照価格に影響を与える，あるいは与えないセールス・プロモーションを理解することは重要である。そこでこの章では，過去に行われた研究を概観するとともに必要と思われる実証分析を行い，セールス・プロモーションの効果についての理解を深める。

　第5章では，価格比較広告が内的参照価格に与える影響に焦点を当てる。価格比較広告とは，小売店などが消費者に対して販売価格を提示するときに，その販売価格の魅力度を高めることを目的として，販売価格より高い別の価格を同時に提示する広告である。第4章で対象とするセールス・プロモーシ

ョンにはこの価格比較広告を含めていない。その理由は，価格比較広告は販売価格の表示方法であって，必ずしも値引きを伴っているとは限らないからである。例えばある店が自店の販売価格と一緒に他店の販売価格を提示する場合，価格が他よりも常に安いことを強調しているだけで，必ずしも値引きをしているのではない可能性がある。価格比較広告が販売価格の魅力度を高めるということは，それが内的参照価格を上昇させる可能性を示唆している。この章ではこれまでに行われた研究を概観することでこのことを明らかにするとともに，どのような価格比較広告がより有効となるのかを見ていく。

第6章では，製品広告が内的参照価格に与える影響に焦点を当てる。消費者が販売価格を観察する前の製品広告への露出の段階で内的参照価格を適切な水準で管理することが可能であるならば，製品広告の重要性は一層上昇し，代わって外的参照価格やクーポン，リベートなどの買物時点において行われるプロモーション手段の必要性は低下することになる。これまで，製品広告の効果を対象とする研究は全く行われていないので，本章ではこれをテーマとする実証分析を行う。

第7章では，内的参照価格に影響を与える消費者特性に焦点を当てる。内的参照価格は消費者が過去に観察した価格を処理し，記憶したものなので，消費者特性の影響を受ける。にもかかわらず，消費者特性の影響を分析した研究は非常に限られている。そこで本章ではこれをテーマとする実証分析を行う。

第8章では，様々なセールス・プロモーションに対する消費者の評価を内的参照価格への影響の有無から把握できることを説明する。人は様々な情報を既存の知識に基づいて分類することが分かっている。これはカテゴリー化と呼ばれる心理的プロセスであり情報処理の負担を軽減するために行われる。この分類を理解することは消費者の反応をより正確に理解することにつながる。セールス・プロモーションについては，購入価格という出費を低減するプロモーションと購入価格とは全く無関係だが消費者に価値をもたらすプロ

モーションに分類されるという指摘があるが，これまでのところこのカテゴリー化を測定する妥当な尺度が開発されていない。この章では，この代替的方法として，セールス・プロモーションの内的参照価格への影響からこのプロセスを理解できることを説明する。

　第9章では，売り手が自分の製品を直接，買い手に販売しようとするときに生じる価格交渉において内的参照価格が果たす役割に焦点を当てる。このような価格交渉は買い手が売り手から小売店などを通して新製品を購入するという購買意思決定とは異なるが，内的参照価格の重要性が指摘されているのでここで取り上げることにした。

　最後に結章において，本書のまとめと今後の研究課題の提示を行う。

7．研究の方法について

　この節では，本書で行われる一連の経験的研究で採用される調査の方法，および内的参照価格の測定方法について説明する。すでに見てきたように内的参照価格の測定には，POS データやパネル・データを用いて仮定した推定モデルにより推定する方法と実験から直接測定する方法がある。実験には特定の要因の効果のみを分析できるというメリットがあるため，内的参照価格の性質をより詳しく理解しようとする場合には適した分析ツールである。したがって，本書では主に実験を用いた研究を見ていくことになる。実験には実際の買物環境で測定が行われるフィールド実験と実際の買物環境とは異なる場所で消費者の購買状況に対し人為的な統制を加えた上で，その消費者の反応が測定される実験室実験（laboratory experiment）の2タイプがあるが，ここでは全てが実験室実験である。フィールド実験の実施は現実的にかなり困難である。

　それでは実験について詳しく説明しよう。実験では，分析対象とする特定の要因（変数）にいくつかの水準（level）を設定することで，その要因を操

作する。例えば，分析対象の要因が値引き幅の違いであるならば，値引き幅という操作変数に大幅と小幅という2水準を設定することができる。値引き幅の影響をより詳しく分析したいのであれば，大小でなく大中小という3水準を設定すればよい。水準数はいくつにでも設定可能であるが，あまり多すぎると解釈が複雑になり，意味のある結果が得られにくくなる。実験の種類は実験条件（treatment）と呼ばれており，操作する要因がひとつであるときにはその変数の水準と一致するが，複数あるときには各要因の水準の組み合わせになる。例えば，変数Aを2水準，変数Bを3水準に設定した場合の実験条件は2×3＝6種類となる。また，消費者を実験条件のひとつにランダムに割り振る方法を被験者間要因配置法，全ての水準に順番に割り当てる方法を被験者内要因配置法という。つまり，被験者は被験者間要因配置法ではひとつの実験条件のみに参加するのに対し，被験者内要因配置法では全実験条件に参加するのである。実験室実験は通常の買物環境で行われないので，被験者は通常，文章で表現された特定の買物環境（シナリオ）を示され，自分がその状況下に置かれていると仮定した上で実験に参加する。そして，測定された消費者反応は実験条件間で比較され，どの条件がどのような影響を与えているのかが分析される。

【注】
（1）これらのレビューは白井（2003c）の一部を転載したものである。
（2）Winer（1985）は内的参照価格の購買意思決定への影響を分析した最初の研究であるが，この差を用いていないのでここではレビューの対象としていない。
（3）実験の詳細については7節を参照されたい。
（4）これらの用語については7節を参照されたい。

第2章　内的参照価格の多面性

1. は じ め に

　第1章で説明したように内的参照価格は，消費者が販売価格の妥当性を判断するための基準として記憶から想起する価格というように明確に定義されている。ところが，内的参照価格をどのように測定するかという測定上の概念（operational concept）は明確になっていない。というのは，内的参照価格には，内的参照価格となりうる価格が多数あるという多面的な性質があるからである。Winer (1988) は内的参照価格の測定上の定義として，公正価格（fair price），留保価格（reservation price），最低受容価格（lowest acceptable price），期待価格（expected price），知覚価格（perceived price）の5つをあげている。公正価格は対象製品にかかった費用について消費者が判断する水準であり，留保価格は対象製品について消費者が支払っても良いと考える価格の上限であり，最低受容価格は価格がこの水準を下回ると消費者が製品の品質について疑念を持つために購入を拒否する水準であり，期待価格は消費者が将来支払うと予想する価格であり，知覚価格は現時点における推定価格で，頻繁に設定される販売価格，最後の購買において支払った価格，および普段購入するブランドの価格の混合価格である。その他，内的参照価格として，Folkes and Wheat (1995) は消費者が妥当と考える価格（reasonable price）を，Bearden et al. (1992) と Diamond and Campbell (1989) は平均価格（average price）を，Rao and Gautschi (1982) は想起価格（evoked price）を採用している。それぞれの価格の定義は互いに類似するものがあるが，かなり異なるものもある。したがって，どの価格が内的参照価格

として用いられるかによって価格判断の結果が異なってくることが考えられる。このことは，それぞれの価格が内的参照価格となる特性や状況を理解しなくては消費者の価格反応を十分に理解することは難しいということを示唆している。

　この内的参照価格の多面性的性質は多くの研究者の間で共通する認識である。それにも関わらず，これまで行われた研究の多くはこの点を問題にせずに任意の価格を採用してきているのである。したがって，複数の内的参照価格を対象として，それらが使用される性質を分析した研究例は少ない。そこでこの章では，これらの研究を概観し，続いて筆者が行った2つの経験的研究について説明することで多面的性質の理解を深める。このような理解はマーケティング戦略的にも意義がある。例えば，適切な内的参照価格に焦点をあてることで消費者に対してより効果的な価格コミュニケーションを行うことが可能となるし，適切な内的参照価格を対象とした分析をすることで消費者の価格判断をより正確に把握できる。

2．内的参照価格の多面的性質に着目した研究の動向

　この節では内的参照価格の多面的性質を分析した理論的および経験的研究を取り上げる[1]。内的参照価格を分類した最初の研究は Klein and Oglethorpe (1987) によって行われており，内的参照価格を願望価格 (aspiration prices)，推定市場価格 (market prices)，および過去の価格 (historical prices) の3タイプに分類できることを説明している。願望価格は目標とする支払い水準を意識的に表現したもので，自分が支払ってもよいとする価格，妥当と考える価格，留保価格などが含まれる。推定市場価格は市場における様々な価格の知覚に基づいたもので，平均価格，過去に見たり聞いたりした特定の価格などが含まれる。過去の価格は消費者の実際の購買経験に関わるもので，自分の支払った価格の平均，最後に購入したときの価格，普段自分が支払ってい

る価格などが含まれる。ただし，この3タイプは互いに独立しているのではなく，関連し合っている。例えば，自分が普段支払っている価格は過去の価格であるが，特定製品の購買における願望価格になることがある。また，最後の購買で支払った価格は過去の価格であるが，そのときの購買が自分の購買目標に合わせて行われた場合には願望価格と関連してくる。

　Vaidyanathan and Muehling (1999) は Klein and Oglethorpe (1987) の分類を基にして，価格意識と製品知識という消費者特性から内的参照価格の使用について理論的に説明している。ただし，対象としたのは願望価格と推定市場価格のみで，過去の価格は Klein and Oglethorpe (1987) も指摘しているように願望価格や推定市場価格と重複する可能性が高いために除外している。Vaidyanathan and Muehling によれば，内的参照価格を用いるのは価格意識の高い消費者である。価格意識の低い消費者は価格の知覚よりも製品特性の評価を重視するので内的参照価格を用いないとしている。また，価格意識の高い消費者が用いる内的参照価格のタイプは製品知識の程度によって異なるとして，製品知識の高い消費者は価格についてもある程度の知識があるため推定市場価格を用いるが，製品知識の低い消費者はかなり主観的な願望価格を用いることを説明している。

　続いて行われた Vaidyanathan et al. (2000) の研究は，価格知識の他に値引きへの態度と購買意図という反応のタイプが願望価格と推定市場価格の採用に影響を与えることを実証分析している。値引きへの態度と購買意図には正の相関関係があると考えがちだが，値引きがそれほど魅力的でなくても購買意図は高いというように一致しないことがある。Vaidyanathan らはこの不一致の理由のひとつとして，それぞれの評価に用いる内的参照価格のタイプが異なるからではないかと考え，以下の4つの仮説を検証している。

　　仮説1：価格知識が高い場合には，値引きへの態度には願望価格よりも
　　　　　　推定市場価格が影響を与える。
　　仮説2：価格知識が高い場合には，購買意図には推定市場価格よりも願

望価格が影響を与える。

仮説3：価格知識が低い場合には，値引きへの態度には推定市場価格よりも願望価格が影響を与える。

仮説4：価格知識が低い場合には，購買意図には推定市場価格も願望価格も影響を与えない。

調査では販売価格が＄22.99のコーヒー・メーカーの広告を提示してから内的参照価格（願望価格と推定市場価格），価格知識，値引きへの態度，および購買意図を測定している。願望価格には公正価格と留保価格を，推定市場価格には最低市場価格と通常価格を選択している。価格知識は，願望価格と推定市場価格それぞれに対する確信度の平均としている。LISRELによる構造モデル分析の結果からは全ての仮説が支持されている。価格知識が高い場合の結果から見てみよう。値引きへの態度に対する推定市場価格の影響力は有意水準5％で，推定市場価格が高くなるほど値引きへの態度は良くなるのに対し，願望価格の値引きへの態度への影響は統計的に有意となっていない。また，購買意図に対する願望価格の影響力は有意水準5％で，願望価格が高くなるほど購買意図が高くなるのに対し，推定市場価格の購買意図への影響は有意となっていない。次に，価格知識が低い場合であるが，値引きへの態度に対する推定市場価格の影響力は有意となっていないのに対し，願望価格の影響力は有意水準1％である。また，購買意図に対しては推定市場価格も願望価格も有意な影響を与えていない。

同一製品に対する製品関与[(2)]の違いという消費者特性と消費者が採用する内的参照価格のタイプの関係を実証分析したのはVaidyanathan and Aggarwal (2001)である。この研究もまた，Klein and Oglethorpe (1987)の分類を用いているが，Vaidyanathan and Muehling (1999)と同様の理由から過去の価格は対象としていない。Vaidyanathan and Aggarwalは製品関与の程度により消費者の情報処理の仕方は異なるため，価格判断に使用される内的参照価格も異なると考え，以下の2つの仮説検証を行っている。

仮説1：製品関与が低い場合には，消費者は価格評価において推定市場価格よりも願望価格を用いる。

仮説2：製品関与が高い場合には，消費者は価格評価において願望価格よりも推定市場価格を用いる。

調査では最初に製品関与を測定し，次に販売価格が＄22.99のコーヒー・メーカーの広告を提示して内的参照価格（願望価格と推定市場価格）と価格評価を測定している。願望価格には公正価格と留保価格を，推定市場価格には最低市場価格と通常価格を選択している。価格評価は販売価格の知覚価値とより安い価格が見つかる可能性で測定している。LISRELによる構造モデル分析の結果からは両方の仮説が支持されている。製品関与が低い場合には願望価格の影響力は有意水準5％で，願望価格が高くなるほど販売価格の知覚価値を高めると同時により安い価格が見つかる可能性を下げるのに対し，推定市場価格はどちらにも影響を与えない。ところが，製品関与が高い場合には推定市場価格の影響力は有意水準5％で，推定市場価格が高くなるほどより安い価格が見つかる可能性を下げるのに対し，願望価格は販売価格の知覚価値にもより安い価格が見つかる可能性にも影響を与えない。さらに，内的参照価格の購買意図への影響プロセスも分析している。製品関与が低い場合には，願望価格は販売価格の知覚価値とより安い価格が見つかる可能性のそれぞれに影響を与え，そしてそれらが購買意図に影響を与える。ところが製品関与が高い場合には，推定市場価格はより安い価格が見つかる可能性に影響を与え，次により安い価格が見つかる可能性が販売価格の知覚価値に影響を与え，そして最後に販売価格の知覚価値が購買意図に影響を与えるのである。

Chandrashekaran (2001) もまた，同一製品に対する製品関与の違いという消費者特性と消費者が採用する内的参照価格のタイプの関係を実証的に分析している。この研究ではKlein and Oglethorpe (1987) の分類を用いずに，公正価格，最低観察価格，留保価格，通常価格を個別に分析している。スニ

ーカーを対象とした分析からは，製品関与の高い消費者は留保価格のみを用いるが，製品関与の低い消費者は公正価格と通常価格を用いることが明らかにされている。この結果は，製品関与の低い消費者は公正価格と留保価格を用い，製品関与の高い消費者は通常価格と最低市場価格を用いるというVaidyanathan and Aggarwal (2001) の結果と一致しない。Vaidyanathan and Aggarwal ではコーヒー・メーカーを対象としているので製品タイプの違いが一要因として考えられるが，内的参照価格を願望価格と推定市場価格に大別した上でどちらが採用されるのかを分析する方法そのものに問題があるということも指摘できる。

Lowengart (2002) は内的参照価格を理論的に分類しており，内的参照価格を消費者自身の経験に基づいて形成される行動的参照価格 (behavioral reference price) と何らかの期待の形成プロセスである判断的参照価格 (judgemental reference price) に大別している。この分類は Klein and Oglethorpe (1987) と類似するところもあるが，それぞれの参照価格を複数のサブ・カテゴリーへと更に細かく分類しているところが異なる。行動的参照価格は経験ベースの参照価格 (experience-based) と情報処理ベースの参照価格 (processing-based) に，判断的参照価格は価値ベースの参照価格 (value-based)，中心ベースの参照価格 (central tendency-based)，および境界ベースの参照価格 (boundary-based) に分類している。経験ベースの参照価格は消費者自身の経験と関連し，最後の購買で支払った価格，頻繁に設定される価格，通常価格などが含まれる。情報処理ベースの参照価格は記憶に保持された情報を処理したもので，類似製品の平均価格，最低市場価格，最高市場価格，市場価格などが含まれる。価値ベースの参照価格は特定の製品属性と価格の相対的評価で，公正価格，適正価格などが含まれる。中心ベースの参照価格は消費者が形成した価格分布から現在や将来の価格を推定したもので，通常価格，知覚価格，想起価格，将来の価格の予想，現在の価格の予想，願望価格などが含まれる。境界ベースの参照価格は支払ってもよいとする価格

について消費者自身が設定した限度で，留保価格，閾価格，最低受容価格などが含まれる。ところでこの分類方法にも Klein and Oglethorpe (1987) と同様に，カテゴリー間の重複問題が存在することを指摘しておきたい。Lowengart によれば内的参照価格の使用は買物環境と製品関与と関係しており，消費者がいつも同じ店を利用するというように買物環境の異質性が低い場合には，関与の低い製品であれば経験ベースの参照価格を用い，関与の高い製品であれば情報処理ベースの参照価格を用いるとしている。反対に，消費者が価格構造の異なるいくつかの店を利用するというように買物環境の異質性が高い場合には，価値ベースや境界ベースの参照価格が用いられるとしている。さらにこれらの見解から，以下の2つの命題を提示している。

命題1：消費者の買物環境の異質性が高い場合には，消費者は価格評価において判断的参照価格を用いる。

命題2：消費者の買物環境の異質性が低い場合には，消費者は価格評価において行動的参照価格を用いる。

また，Lowengart は Nelson (1970) の製品分類を基に使用される内的参照価格のタイプを説明している。消費者は，購買前に多くの情報が入手でき製品品質を十分に理解できる探索財ではコスト・パフォーマンスを重視するので，耐久財にも日用消費財にも判断的参照価格を用いる。ところが，経験してからでないと製品品質の推測ができない経験財の場合には，購買頻度の高い日用消費財では過去の価格情報を有効に使えるために行動的参照価格を用いるが，購買頻度の低い耐久財では買物環境にある様々な価格情報を活用するために内的参照価格を用いないと説明している。

3．本研究の位置づけ

以上の研究は個々の内的参照価格を定義上の一部の類似性に基づいてグループ化（類型化）した上で，価格判断で用いられる内的参照価格のタイプが

消費者特性や反応のタイプの影響を受けて異なってくることを示している。ここで2つの疑問が生じる。ひとつはすでに指摘したことだが，消費者がどの内的参照価格を用いるのかを分析するときに，様々な内的参照価格をKlein and Oglethorpe のように願望価格と推定市場価格にまとめるのは妥当だろうか，ということである。例えば，願望価格に属する公正価格と留保価格は定義がかなり異なり，それらの水準もかなり異なることが予想される。これらを願望価格としてまとめてしまうと，消費者の価格判断プロセスを十分に理解できなくなる可能性がある。第二に，使用される内的参照価格が消費者特性や反応タイプによって異なるということがどの製品においても当てはまるのだろうか，ということである。Vaidyanathan et al. (2000) とVaidyanathan and Aggarwal (2001) はコーヒー・メーカーを対象とした実証分析からこのことを確認しているが，これは製品タイプに依存するように思われる。例えば，どの消費者の製品関与も一様に低いような日用消費財では採用される内的参照価格はかなり少なく，消費者間で同質的となるが，価格がかなり高い製品では消費者の製品関与も一様に高くなるため意思決定プロセスがより複雑となり，採用される内的参照価格が多くなることが考えられる。消費者の用いる内的参照価格が製品によって異なることはChandrashekaran and Jagpal (1995) の研究が示唆している。Chandrashekaran and Jagpal は，複数の内的参照価格（ここでは公正価格，留保価格，通常価格，最低観察価格を対象）を価格判断に用いる場合，消費者はそれらをひとつの全体的内的参照価格として統合してから価格判断をするのではなく，別々に用いて価格判断をすることを明らかにしたが，その分析結果から，CDプレーヤーでは公正価格と留保価格が有意で同程度の影響力をもち，ランニング・シューズでは公正価格と最低観察価格が有意で同程度の影響力を持つことを示している。ただし，この研究は製品特性に焦点を当てていないため，製品特性と用いられる内的参照価格のタイプの関係までは言及していない。

3．本研究の位置づけ

　このように考えると，同一製品の中で採用される内的参照価格を分類する以前に，価格や製品関与の高低といった製品のタイプ別に採用される内的参照価格を把握することが必要であることが分かってくる。Lowengart（2002）は製品関与に着目して内的参照価格を分類しているが，上述のひとつ目の疑問がこの研究にも当てはまるし，実証分析も行っていない。そこで，研究1では定義が明確に異なる内的参照価格を複数対象として，製品の価格イメージと製品関与の異なる製品間で採用される内的参照価格の分析を試みる。この研究では，製品の価格イメージと製品関与という製品特性が価格判断に用いられる内的参照価格の数とタイプに影響を与えると考える。

　ところで，調査において複数の内的参照価格を直接測定する場合，被験者に特定の買物環境をシナリオとして提示し，被験者に自分がその状況下に置かれていると仮定した上で様々な質問に回答してもらうというやり方が一般的である。したがって，内的参照価格の採用は製品特性，消費者特性，買物環境など様々な影響を受けるにもかかわらず，分析対象とする影響要因は必然的に少数に限定しなければならない。このことは，研究結果を完全に一般化するのは難しいということを意味する。とすると，特定の買物環境を特定する以前に，消費者の個々の内的参照価格に対する一般的意見を把握しておくことは必要ではないだろうか。ここで生じる疑問は，消費者は個々の内的参照価格に対し基本的にどのように評価しているのだろうか，ということである。消費者は本当にそれぞれの内的参照価格が異なると知覚しているのだろうか。もしそうならば，それらはどの点で異なるのだろうか。そこで，研究2では，研究1と同じ内的参照価格を対象とし，各内的参照価格について価格判断における重要度，使用性向，形成にかかる努力の程度，製品カテゴリーやブランドに固有かどうかを分析することにする。この分析は特定の買物環境を仮定しないで行う。

4．研究1：価格判断で用いられる内的参照価格の数とタイプの分析[3]

4－1．多面性を考慮したときの内的参照価格の測定方法について

　複数の内的参照価格を測定した過去の研究を見ると，それぞれの内的参照価格が概念的に異なっているにも関わらず，それらの水準の多くが類似していることを示している。例えば，Folks and Wheat (1995) の研究では，電子アイスクリーム・メーカーとオイル・ステインの留保価格，公正価格，期待価格，および妥当な価格のクロンバックの α 係数が0.92となり，それらの関連性が高いことを示している。また，Diamond and Campbell (1989) は，液体洗濯用洗剤の期待価格，平均価格，頻繁に設定される価格，公正価格，および留保価格の平均値がそれぞれ＄3.04, ＄3.1, ＄3.37, ＄3.21, ＄3.32であり，それらが類似していることを示している。Bearden et al. (1992) では，アパートの家賃の通常価格，期待価格，平均価格，および留保価格の相関係数が0.79～0.84となり，それらの相関関係が強いことを示している。ただし，公正価格は異なった値を示しており，相関係数は0.15～0.18となっている。

　このような結果から内的参照価格の水準はどれも似ていると考えてよいのだろうか。もしもこの考え方を正しいとするならば，どの内的参照価格が採用されても消費者の価格判断は類似した結果になる，すなわちどの内的参照価格が採用されるかは重要ではない，ということを示唆することになる。本研究ではこの考え方を否定し，水準が似ている理由のひとつとして内的参照価格の測定方法に問題があるということを主張する。上述した研究は，複数の内的参照価格を同じ状況の下でほぼ同時に回答するように被験者に求めている。このことは，消費者が価格判断において複数の内的参照価格を同時に用いることを前提にしていることを意味する。この前提は消費者の情報処理

4．研究1：価格判断で用いられる内的参照価格の数とタイプの分析 47

能力の限界を考えると不自然である。複数の内的参照価格の使用プロセスは同時的ではなく順次的であると考えるのが自然であろう。つまり，消費者が複数の内的参照価格を採用する場合には，まずその消費者にとって最も関連のある重要な内的参照価格を用いて価格判断を行うのである。この結果，消費者が更なる価格判断が必要であると感じた場合には，次に重要な内的参照価格を採用して再び価格判断を行う。そして，ここまでの価格判断についてまだ不十分に感じるならば，その次に重要な内的参照価格を採用して次の価格判断を行う。この作業は消費者が自分の価格判断について一定の満足水準に達するまで継続されるのである。このプロセスで採用される複数の内的参照価格はそれぞれが異なる役割を果たすことから，それらの水準にはバリエーションがあることが予想される。このように考えると，過去の研究のように消費者がそれぞれの内的参照価格について考える状況を固定した状態で複数の内的参照価格を同時に測定しようとする方法では，消費者が知覚する個々の内的参照価格の本来の違いを捉えることが難しいということを指摘できる。多くの内的参照価格の水準が類似しているという結果は，そのような不自然な測定方法に起因しているのではないだろうか。上述のChandrashekaran and Jagpal (1995) は個々の内的参照価格が個別に価格判断に影響を与えるということを示したが，それらを同時に測定しているという点で内的参照価格の使用プロセスを十分に解明していないと指摘できる。

　そこで，本研究では異なるアプローチを採用する。具体的には，複数の内的参照価格の水準を測定するのではなく，価格判断においてそれぞれの内的参照価格を用いる程度に基づいた順位を測定する。この方法により，内的参照価格間の重要性の違いをとらえることが可能となる。

4-2．仮　説

　ここでは，価格イメージと製品関与の水準が異なる製品間における内的参照価格の違いを，数とタイプの2つの側面から検討する。最初に，消費者が

用いる内的参照価格の数について仮説をたてる。消費者は，購入対象とする製品が高価格であると知覚するときに，すなわち価格イメージが高いときに，その製品の販売価格をより注意深く，そしてより真剣に評価すると考えられる。なぜなら，その製品への出費から生じる痛み (perceived sacrifice) が大きいため，できるだけ正確な意思決定を行うニーズと動機が高まるからである。また，消費者は製品関与が高いときにより詳細な価格判断を行うことが考えられる。過去の研究からは消費者の製品関与が高いときに，対象に関する注意，情報処理の深さ，認知反応が多くなり，記憶からの想起能力も向上することが明らかになっている。価格判断がより注意深く真剣に行われるということは，販売価格の妥当性をあらゆる側面から検討することを意味するので，より多くの内的参照価格を採用することにつながることが予想される。したがって，次の仮説がたてられる。

仮説1：消費者の用いる内的参照価格の数は製品に対する価格イメージと関与が高くなるほど多くなる。

同様の議論に基づき，内的参照価格の数だけでなく内的参照価格のタイプもまた，製品のタイプによって異なると予想する。特に，留保価格と公正価格の使用は製品タイプに依存すると予想する。留保価格は消費者が支払っても良いとする価格の上限なので，製品への出費から生じる痛みが大きい製品に対して重要な役割を果たすと思われる。そのような製品の留保価格は消費者の予算に基づいて明確に形成されると思われる。公正価格もまた，そのような製品において重要な役割を果たすと予想される。出費から生じる痛みが大きいほど消費者が製品への出費をできるだけ正当化したいというニーズが強まる。公正価格は製品にかかる費用がどの程度かを消費者が主観的に判断したもので，このニーズを最もよく満たす内的参照価格と思われる。出費から生じる痛みの大きさは製品の価格イメージの高さと関係し，また，製品関与を高めることにつながる。したがって，次の仮説がたてられる。

仮説2：消費者の用いる内的参照価格のタイプは製品によって異なる。

4. 研究1：価格判断で用いられる内的参照価格の数とタイプの分析

特に，留保価格と公正価格の重要性は製品に対する価格イメージと関与が高くなるほど高まる。

最後に，価格イメージと製品関与の水準による内的参照価格の違いではなく，過去の研究において内的参照価格としてよく用いられてきた過去の購入価格（purchased price）に着目した仮説をたてたい。第1章の5節で見たように，一般的に消費者が記憶から想起する過去の観察価格の精度は低い。この事実を踏まえ本研究では，消費者は自分が想起する過去の購入価格が正確ではなく，曖昧であることを認識していると主張する。Zeithaml and Graham (1983) が専門的サービスについて確認したようにそれが不正確であるとの認識は低いかもしれないが，曖昧であるという認識はあるだろう。したがって，消費者は過去の購入価格を価格判断に用いるけれども，それに高い重要性を付与しないと予想できる。この傾向は，購買頻度が低い，あるいは購買間隔が長い製品においてより顕著になると思われる。なぜなら，次に価格判断を行う機会が生じたときには，対象製品の技術革新や製品変更が予想される，同一製品が市場から撤退している可能性が高い，あるいは過去の支払い価格に対する消費者の記憶が薄れてきているといった理由から，過去の購入価格の役割が低下するからである。したがって，次の仮説がたてられる。

仮説3：過去の購入価格の重要性は相対的に低い。この傾向は購買頻度が低い製品の方が高い製品よりも強い。

4-3. 調査

この項では前述の仮説を検証するために行ったアンケート調査について説明する。調査は3つの製品カテゴリーを対象としている。調査票の内容は製品カテゴリー名を除けば全く同じである。

4-3-1. 製品カテゴリーの選択

製品カテゴリーは大学生の製品知識が比較的高いパソコン，携帯電話，お

よびシャンプーとした。15名の学生を対象として行ったインタビューから，製品に対する価格イメージと関与はパソコンが高水準，携帯電話が中水準，シャンプーが低水準であることを確認した。また，46名の学生を対象として行ったアンケート調査で，販売価格がこの3製品の購買決定において重要であることを確認した。パソコンでは95％の被験者が，携帯電話では76％の被験者が，シャンプーでは90％の被験者が販売価格を購買決定で考慮する属性としていた。販売価格の平均重要度はパソコンと携帯電話では2番目に（両製品とも品質・パフォーマンスの重要度が若干上回っている），シャンプーでは最も高かった。また，重視する理由が製品間では異質的だが消費者間では同質的であることも確認できた。パソコンでは高価格であるため，携帯電話では製品ライフサイクルが短く出費を抑えたいため，シャンプーではブランド間の品質差が大きくないので低価格を望むため，という理由で販売価格を重視していることが分かった。販売価格の重要性の高さは内的参照価格の重要性の高さを意味するので，内的参照価格はこの3製品の価格判断において一般的に用いられると結論できる。

4-3-2．サンプルと調査の手順

調査に参加した被験者は341名である。このうち，不明な回答が含まれる44名を除いた297名分のデータを分析に使用した（パソコンが111，携帯電話が116，シャンプーが70）。調査の手順は次の通りである。まず，被験者に対し，アンケートに回答するにあたり，シナリオに書かれている状況に自分が置かれていると想定するように求めた。最初に提示したシナリオは「今，あなたはパソコン（携帯電話，シャンプー）を購入しようと考えており，パソコン店に行こうとしています（シャンプーの場合は近くの店）。」であり，ここで被験者の予算を自由回答方式で測定した。次に提示したシナリオは，「現在，あなたには特に好みのブランドはないので，販売価格を最も重視して製品選択をします。このとき，あなたはあるパソコンの販売価格について，それが

4．研究1：価格判断で用いられる内的参照価格の数とタイプの分析　51

妥当であるかどうか，あるいは好ましいかどうかなどの評価を行います。この評価は，あなたが『評価の参照とする価格』との比較で行います。例えば，もしもあなたの参照する価格が，あなたが過去に購入したパソコンの価格である場合，これからあなたが観察するパソコンの販売価格はこの過去の購入価格よりも高ければ『割高に感じられ妥当ではない』，低ければ『割安に感じられ妥当である』と評価するわけです。」であり，「このとき，あなたは次のどの価格を参照価格として用いますか？　全く関係のないものには×をつけ，関係のあるものの中で一番よく用いると考えるものから順に番号をつけて下さい。」という質問をして9種類の内的参照価格を提示した。それらは，「メーカーのコストを考慮したときに公正と思われる価格（公正価格）」，「これ以上の価格では高すぎると考える価格（留保価格）」，「これ以下の価格では品質が劣ると考える価格（最低受容価格）」，「過去に観察した価格の中で一番安い価格（最低観察価格）」，「過去に観察した価格の中で一番高い価格（最高観察価格）」，「過去に観察した様々なパソコンの価格の平均（平均観察価格）」，「通常この価格で販売されているだろうと思う標準的な価格（通常価格）」，「現在，このぐらいで販売されているだろうと予想する価格（期待価格）」，「過去にパソコンを購入したときに支払った価格（購入価格）」である。価格の提示順序の効果を回避するために，順序を変えた調査票を3つ用意してランダムに配布した。価格に関する知識・経験が低い被験者については，そうした知識を持っていると想定して回答するよう求めた。続いて，被験者は，製品に対する価格イメージと関与，およびデモグラフィックスに関する質問に回答した。

4−4．分析結果

　最初に，被験者がパソコン，携帯電話，およびシャンプーの価格イメージと製品関与の程度について，こちらが想定していた水準で知覚したかどうかを確認する。価格イメージは，「あなたにとってパソコン（携帯電話，シャン

プー）は一般的に高い製品ですか？」という質問に対して「1＝非常にそう思う」から「5＝全くそう思わない」までの5段階尺度で測定した。平均値はパソコンが2.2，携帯電話が3.1，シャンプーが4.6となり有意水準1％で差が見られた（$F(2, 289)=246.5$）。また，Tukey検定から全ての対比較に有意水準1％で差があることが分かった。製品関与については，「あなたのパソコンへの関心はどの程度ですか？」という質問に対して，「1＝かなりある」から「3＝全くない」までの3段階尺度で測定した。平均値はパソコンが1.6，携帯電話が2.0，シャンプーが2.9となり有意水準1％で差が見られた（$F(2, 288)=58.2, p<.01$）。Tukey検定の結果，全ての対比較に有意水準1％で差があることが明らかになった。したがって，被験者が価格イメージと製品関与をパソコンで高く，携帯電話で中程度に，シャンプーで低く知覚していたことが示され，これら3製品を用いた仮説の検証は可能であると結論できる。

それでは，価格イメージと製品関与が高くなるにつれて用いられる内的参照価格の数が異なるという仮説1を検証しよう。内的参照価格の平均選択数はパソコンが5.7，携帯電話が4.8，シャンプーが2.4となった。また，分散分析の結果は有意水準1％で有意となり（$F(2, 292)=68.9$），Tukey検定からは全ての対比較に有意水準1％で差があることが確認された。図表2-1は被験者がそれぞれの内的参照価格について価格判断で使用するとした比率である。比較的高い割合を獲得した内的参照価格としては，パソコンでは留保価格（71％），最低受容価格（77.5％），平均観察価格（73.9％），通常価格（86.5％），そして期待価格（82.9％）があげられる。携帯電話では通常価格（74.1％）と期待価格（72.7％）があげられる。シャンプーでは通常価格（74.3％）があげられる。これらの結果は製品に対する価格イメージと関与が高い製品ほど消費者が価格判断に用いる内的参照価格の数が多くなることを示しており，仮説1を支持している。

仮説2は採用される内的参照価格のタイプは製品間で異なるが，特に留保

4. 研究1：価格判断で用いられる内的参照価格の数とタイプの分析　53

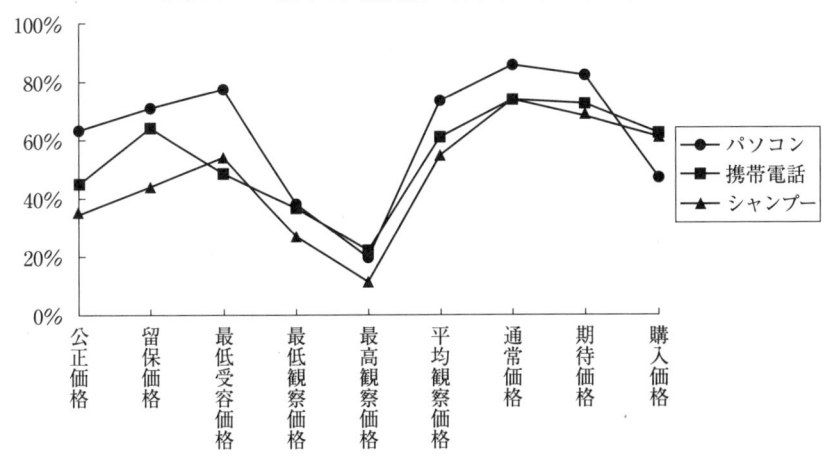

図表 2-1　各内的参照価格を使用する被験者の割合

図表 2-2　各内的参照価格の使用順位を第1位とした被験者の割合

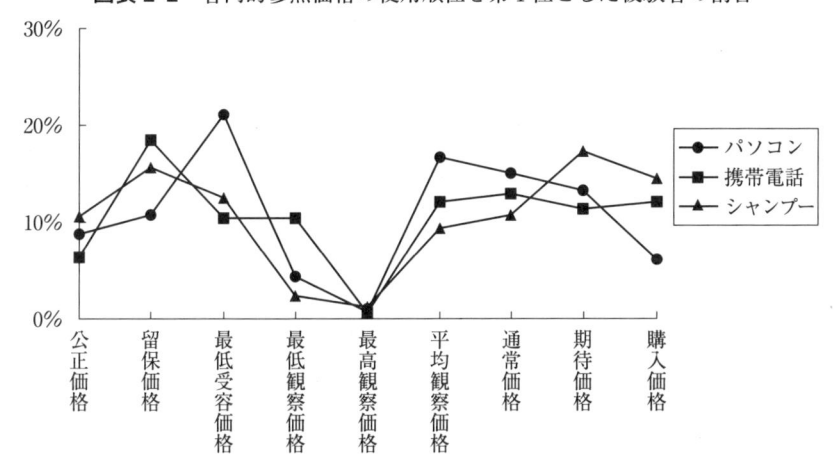

価格と公正価格の重要性が価格イメージと製品関与の高い製品において高くなることを予想している。留保価格と公正価格の使用比率は，それぞれパソコンでは71％と64％，携帯電話では64.6％と45.7％，シャンプーでは44.3％と35.7％となった（図表2-1参照）。3製品とも公正価格の使用比率は留保価格ほど高くないようである。χ^2検定からは，留保価格と公正価格の両価

格とも製品間で使用比率が異なることが示されている（留保価格は $\chi^2(2)=11.5, p<.01$，公正価格は $\chi^2(2)=14.5, p<.01$）。また，留保価格と公正価格の平均順位は，それぞれパソコンでは2.7位と2.8位，携帯電話では3.4位と3.9位，シャンプーでは4.1位と3.9位となった。これらの結果は，留保価格と公正価格が，製品に対する価格イメージと関与が高くなるほどより重要視されることを示しており，仮説2と一致している。

その他の内的参照価格については，χ^2 検定から平均観察価格と購入価格の使用比率が有意水準5％で（平均観察価格は $\chi^2(2)=6.9$，購入価格は $\chi^2(2)=6.3$），最低受容価格が有意水準1％で（$\chi^2(2)=11.5$），3製品間で差があることが示されている。また，通常価格と期待価格の使用比率については有意水準10％の差が（通常価格は $\chi^2(2)=5.9$，期待価格は $\chi^2(2)=5.7$），最低観察価格と最高観察価格については統計的に有意な差が見られず，これらの価格を内的参照価格として使用する比率については3製品間で大差がないことが分かった。被験者は，通常価格と期待価格を重視し，最低観察価格と最高観察価格をそれほど重視しない傾向にあることが分かる。したがって，一部の内的参照価格の使用，あるいは重要度は製品タイプに依存しないことが明らかになった。

最後に，被験者が最も重視する内的参照価格は製品間および消費者間で異なることを記しておきたい。図表2-2を見ると，一番目にランクされた比率が一番高かった内的参照価格は，パソコンでは最低受容価格（21.2％），携帯電話では留保価格（18.5％），シャンプーでは期待価格（17.2％）となっている。これらの比率は図表2-1に示されている使用比率と比較するとかなり低い。このことは，被験者が複数の内的参照価格を用いる場合，その組み合わせは消費者間で類似しているが，最も重視する内的参照価格については消費者間で異なっていることを意味している。

仮説3は過去の購入価格（購入価格）の重要性が相対的に低く，この傾向は製品の購買頻度が低い，あるいは購買間隔が長くなるほど顕著になること

を予想している。購買間隔はパソコンが長く，携帯電話が中程度，シャンプーが短い。このことは，19名の学生を対象として行った予備調査からも，平均購買間隔はパソコンでは3.4年，携帯電話では2年，シャンプーでは2.4カ月であることを確認している（$F(2, 54)=62.0, p<.01$）。Tukey検定の結果もまた，全ての対比較に有意水準1％で有意差があることを示している。

　購入価格の使用比率はパソコンが47.8％，携帯電話が62.9％，シャンプーが61.3％である（図表2-1参照）。χ^2検定の結果は，購入価格の使用比率が製品タイプによって異なることを示している（$\chi^2(2)=6.3, p<.01$）。購入価格の平均順位はパソコンでは4.3位，携帯電話では3.4位，シャンプーでは2.8位となり，分散分析の結果，有意水準1％で差が確認できた（$F(2, 166)=6.3$）。これらの結果は，被験者は価格判断において購入価格を内的参照価格として使用するが，その程度は相対的に低いこと，そしてこの傾向は購買間隔が長いほど顕著になることを示しており，仮説3を支持しているといえる。

5．研究2：内的参照価格の基本的評価[4]

　研究2は，様々な内的参照価格に対する消費者の一般的な評価の把握を目的とする探索的研究なので，仮説は特に設定しない。

5－1．サンプルと調査の手順

　調査は大学生を対象としたアンケート調査である。参加した被験者は53名である。調査の手順は次の通りである。まず，被験者に内的参照価格の概念について説明し，研究1と同じ9つの内的参照価格を提示した。それらは，「メーカーのコストを考慮したときに公正と思われる価格（公正価格）」，「これ以上の価格では高すぎると考える価格（留保価格）」，「これ以下の価格では品質が劣ると考える価格（最低受容価格）」，「過去に観察した価格の中で一番安い価格（最低観察価格）」，「過去に観察した価格の中で一番高い価格（最

高観察価格)」,「過去に観察した様々なパソコンの価格の平均(平均観察価格)」,「通常この価格で販売されているだろうと思う標準的な価格(通常価格)」,「現在,このぐらいで販売されているだろうと予想する価格(期待価格)」,「過去にパソコンを購入したときに支払った価格(購入価格)」の9価格である。価格の提示順序の効果を回避するために,順序を変えた調査票を3つ用意してランダムに配布した。続いて,被験者にそれぞれの内的参照価格について次の5つの質問をした。

質問1:この価格は,価格の妥当性を評価するときに必要である。

質問2:この価格は,私が価格を評価するときによく考える価格である。

質問3:この価格がいくらぐらいかを判断するのにかなり考える。

質問4:この価格を価格評価に用いるかどうかは,商品カテゴリーによって異なる。

質問5:この価格を価格評価に用いるかどうかは,ブランドによって異なる。

被験者は「1=全くそう思わない」〜「7=非常にそう思う」までの7段階尺度で回答した。質問1は各内的参照価格の価格判断における重要度,質問2は各内的参照価格の価格判断における使用の程度,質問3は各内的参照価格に向けられる関与の程度,質問4は各内的参照価格の製品カテゴリー間での共通性,質問5は各内的参照価格のブランド間での共通性についての被験者の知覚を測定している。以下では,質問1を重要度,質問2を使用性向,質問3を関与,質問4をカテゴリー固有の程度,質問5をブランド固有の程度とする。最後に,被験者は価格意識と購買決定における価格の重要性について回答した。

5-2. 分析結果

最初に,内的参照価格について測定した5つの性質を従属変数,9つの内的参照価格を独立変数とする多変量分散分析(MANOVA)を行った。その

結果，内的参照価格の効果が有意であることが明らかになり（*Wilk's lambda* =.53, $F=7.83, p<.0001$），それぞれの性質について分散分析を行うことの有効性が確認された。図表2-3は各性質の平均値を示したものである。図表から，各特性の値は9つの内的参照価格の間でかなり異なることが分かる。

重要度（質問1）については，分散分析からいくつかの内的参照価格が有意に異なることが示されている（$F(8, 468)=14.58, p<.0001$）。さらに行ったTukey検定からは次の点が明らかになっている。第一に，通常価格の重要度は留保価格，最低受容価格，最低観察価格，最高観察価格，購入価格よりも高い。第二に，公正価格，平均観察価格，期待価格，購入価格は最低受容価格と最高観察価格よりも高い。第三に，最高観察価格の重要度は公正価格，留保価格，最低観察価格，平均観察価格，通常価格，購入価格よりも低い。第四に，最低受容価格の重要度は公正価格，最低観察価格，平均観察価格，購入価格よりも低い。これらの結果は，価格判断における必要性は通常価格が比較的高く，最高観察価格が比較的低いことを示している。また，Klein and Oglethorpe（1987）やLowengart（2002）のように内的参照価格を推定市場価格と願望価格に分類することは，価格判断における重要度という点で分析する場合には妥当ではないことも示唆している[5]。なぜなら，同じカテゴリーに属する内的参照価格の重要度が異なるからである。例えば，Klein

図表2-3　各性質の平均

	重要度	使用性向	関与	カテゴリー固有	ブランド固有
公正価格	5.698	4.377	4.302	4.887	4.528
留保価格	5.075	5.208	4.151	5.019	5.226
最低受容価格	4.340	4.038	3.566	5.453	4.774
最低観察価格	5.226	5.642	4.283	4.792	4.340
最高観察価格	4.075	3.943	3.491	4.264	4.321
平均観察価格	5.906	5.698	4.528	4.094	4.057
通常価格	6.472	6.113	4.642	3.396	4.245
期待価格	5.472	6.075	4.283	3.491	4.509
購入価格	5.585	5.453	3.868	4.189	3.887

and Oglethorpe の分類では期待価格と最低受容価格は願望価格に属するが，それらの重要度は異なっている。また，Lowengart の分類では平均観察価格と最高観察価格は情報処理ベースの参照価格に属するが，それらの重要度は異なっている。

使用性向（質問2）もまた，分散分析の結果からいくつかの内的参照価格が有意に異なることが示されている（$F(8, 468)=15.58$, $p<.0001$）。また，Tukey 検定から次のことが明らかになっている。第一に，通常価格と期待価格は公正価格，最低受容価格，最高観察価格よりも高い。第二に，最高観察価格は留保価格，最低観察価格，平均観察価格，通常価格，期待価格，購入価格よりも低い。第三に，最低受容価格は留保価格，最低観察価格，平均観察価格，購入価格よりも低い。第四に，公正価格は最低観察価格，平均観察価格，購入価格よりも低い。これらの結果は，価格判断における使用性向は通常価格と期待価格が比較的高く，最高観察価格と最低受容価格が比較的低いことを示している。また，重要度と同様に，価格判断における使用性向についても Klein and Oglethorpe（1987）や Lowengart（2002）のように内的参照価格をいつかのカテゴリーにまとめた上で分析するのは妥当ではないことを示唆している。例えば，Klein and Oglethorpe の分類では期待価格と公正価格は願望価格になるが，それらの使用性向は異なっている。

関与（質問3）もまた，分散分析からいくつかの内的参照価格が有意に異なることが示されている（$F(8, 468)=3.0$, $p<.01$）。Tukey 検定の結果は，最高観察価格の関与は平均観察価格や通常価格よりも低いこと，最低受容価格の関与は通常価格よりも低いことを示している。これらの結果は，通常価格の形成にかける時間や努力は比較的多く，最高観察価格や最低受容価格の形成にかける時間や努力は比較的少ないことを示している。重要度や使用性向と同様に関与についても Klein and Oglethorpe（1987）や Lowengart（2002）のように内的参照価格をカテゴリーにまとめた上で分析するのは妥当ではないことを示唆している。市場価格に属していても，個々の内的参照

価格の関与は異なっている。

　続いて，内的参照価格が製品カテゴリー間で共通して使用されるものなのか，あるいはブランド間で共通して使用されるものなのかについての消費者の知覚を見てみよう。製品カテゴリー固有の程度（質問4）については，分散分析の結果からその程度が9つの内的参照価格の間で有意に異なることが示されている（$F(8, 468)=8.8, p<.0001$）。Tukey検定は通常価格と期待価格の程度は公正価格，留保価格，最低受容価格，最低観察価格よりも低いことを示している。また，最低受容価格の程度は最高観察価格，平均観察価格，購入価格よりも高いことを示している。これらの結果は，通常価格と期待価格は多くの製品カテゴリーで使用される傾向が高いのに対して，最低受容価格は特定の製品カテゴリーに限定して使用される傾向が高いことを示している。これらの結果もまた，製品カテゴリー固有の程度についてもKlein and Oglethorpe（1987）やLowengart（2002）のように内的参照価格を分類してから分析するのは妥当ではないことを示唆している。ブランド固有の程度（質問5）もまた，分散分析から9つの内的参照価格に有意な差があることが明らかになっている（$F(8, 468)=2.78, p<.01$）。Tukey検定は，留保価格の程度が平均観察価格や購入価格よりも高いことを示している。この結果は，購入価格は多くのブランドで使用される傾向が高いのに対して，留保価格は特定のブランドに限定して使用される傾向が高いことを示している。

　最後に，5つの性質間の相関を分析してみた。その結果，重要度と使用性向には有意な正の相関関係があること（$r=0.62, p<.0001$），重要度と関与の間には有意な正の相関関係があること（$r=0.4, p<.0001$），使用性向と関与の間には有意な正の相関関係があること（$r=0.39, p<.0001$），そしてカテゴリー固有の程度とブランド固有の程度の間には有意な正の相関関係があること（$r=0.5, p<.0001$）が確認された。消費者が使用する傾向の高い内的参照価格は消費者が価格判断で必要と考えているものであることが分かる。また，特定の製品カテゴリーに限定して用いられる内的参照価格は特定のブランド

に限定して用いられる傾向にあることが分かる。

6．本章のまとめ

　本章では，これまであまり注目されてこなかった内的参照価格の多面性という性質に着目し，関連する研究を概観した上で，2つの経験的研究を行った。研究1では，製品に対する価格イメージと関与という製品特性が異なる3つの製品間で，消費者が価格判断に用いる内的参照価格の数とタイプを比較分析した。対象とした内的参照価格は，公正価格，留保価格，最低受容価格，最低観察価格，最高観察価格，平均観察価格，通常価格，期待価格，購入価格の9価格である。分析の結果，価格イメージと製品関与が高いほど用いられる内的参照価格の数は多くなること，また用いられるタイプも異なってくることが分かった。価格イメージと製品関与が高い製品（パソコン）においては，留保価格，最低受容価格，平均観察価格，通常価格，および期待価格が重視され，中程度の製品（携帯電話）においては通常価格と期待価格が重視され，低い製品（シャンプー）においては通常価格が重視される傾向にある。特に，留保価格，公正価格，最低受容価格の使用は製品特性への依存度が高く，平均観察価格と購入価格もその次に強い依存度を示した。また，一部の内的参照価格において，それらの使用に製品間で大差がないものも確認できた。それらは通常価格，期待価格，最低観察価格，および最高観察価格の4価格で，通常価格と期待価格は製品間で共通してよく用いられる価格であり，最低観察価格と最高観察価格はそれほど重要視されない価格であることが分かった。さらに，公正価格と購入価格は用いられるがその重要性は相対的に高くないことが確認できた。最後に，消費者が最も重視する内的参照価格は，製品間だけでなく消費者間においても異なることが明らかになった。

　研究2では研究1と同じ9つの内的参照価格を対象とし，製品カテゴリー，

コンテクスト，買物の目的など買物環境を特定しないで，消費者の各内的参照価格に対する一般的な理解を明らかにすることを試みた。より具体的には，価格判断における重要度，価格判断での使用性向，形成への関与，使用が製品カテゴリーによって異なるかどうか，および使用がブランドによって異なるかどうかという5つの性質を各内的参照価格について分析した。どの内的参照価格が採用されるかは買物環境に依存するので，特定の買物環境を仮定する以前にこのような基本的性質についての消費者の知覚を理解しておくことは重要と考えた。分析の結果，いくつかの内的参照価格はそれらの5つの性質について異なることが明らかになった。第一に，重要度，使用性向，関与については，通常価格と期待価格がかなり高く評価され，最高観察価格と最低受容価格はかなり低く評価された。第二に，通常価格と期待価格は多くの製品カテゴリーで使用される傾向が高いのに対し，最低受容価格は特定の製品カテゴリーに限定して使用される傾向が高い。第三に，購入価格は多くのブランドで使用される傾向が高いのに対し，留保価格は特定のブランドに限定して使用される傾向が高い。

　これらの結果から，個々の内的参照価格の特性を考慮しないで任意の内的参照価格のみを研究対象とすることの危険性が示唆される。なお，研究の性質上，対象とする内的参照価格を少数に限定する必要がある場合には，通常価格か期待価格を採用するのが妥当である。また，Klein and Oglethorpe (1987) や Lowengart (2002) のように客観的に内的参照価格を分類するよりも消費者特性や製品特性から内的参照価格を分類する方が，消費者の価格判断をより効果的に把握することができるということが確認された。Vaidyanathan and Muehling (1999)，Vaidyanathan et al. (2000)，Vaidyanathan and Aggarwal (2001) はそれらに着目した研究をしているが，Klein and Oglethorpe (1987) による分類をした上で分析しているので不十分であると言える。その意味で，本章で行った研究1の貢献度の高さが伺える。

【注】

（1） ここで示される仮説は直訳では分かりにくい場合にはより明瞭な表現に変えている。また，本章の目的と無関係の仮説は取り上げていない。

（2） 一般に，製品関与は製品への関心についての個人の水準と定義される。製品関与は対象に対する注意，情報処理の深さ，認知反応，情報探索など多様な消費者反応に影響を与えることが発見されている。詳細は，Celsi and Olson 1998, Leavitt et al. 1981, Mitchell 1981, Moore and Lehmann 1980, Petty et al. 1983 を参照されたい。

（3） この研究は Shirai（2003b）の一部を翻訳して転載したものである。

（4） この研究は Shirai（2004a）を翻訳して転載したものである。

（5） Klein and Oglethorpe（1987）の分類に従えば，公正価格，期待価格，最低受容価格，留保価格は願望価格に，最低観察価格，平均観察価格，最高観察価格，通常価格は推定市場価格に，購入価格は過去の価格に属する。また，Lowengart（2002）の分類に従えば，購入価格は経験ベースの参照価格に，最低観察価格，最高観察価格，平均観察価格は情報処理ベースの参照価格に，公正価格は価値ベースの参照価格に，通常価格，期待価格は中心ベースの参照価格に，留保価格，最低受容価格は境界ベースの参照価格に属する。

第3章　内的参照価格の形成プロセスの進化[1]

1. はじめに

　内的参照価格は，消費者が過去に観察した価格に基づいて形成されるという考え方が定着している。しかし，この考え方は，消費者の価格判断経験や製品知識が限られている場合には当てはまらない。内的参照価格は，そのような場合においても価格判断に影響を与えると思われるが，このとき採用される内的参照価格の形成プロセスはどのようなものだろうか。おそらく消費者は，観察可能な製品属性それぞれについてコストを推測し，それらのコストを妥当と思われるルールに基づいて統合することで内的参照価格を形成するだろう。これまでの研究の多くは消費者の購買経験のある製品カテゴリーを対象としているので，このように価格判断知識の低い消費者による内的参照価格の形成プロセスを分析した研究はほとんど行われていない。また，価格判断経験のほとんどない消費者が用いる属性コストの統合ルールが，消費者の価格判断知識の増加に伴いどのように進化していくのかを経験的に明らかにする研究もほとんど行われていない。そこで，本章では製品属性をベースとした売り手の販売価格の設定ルールを，どのように消費者が推測するのかについての理解を深めることにする。具体的には，複数手掛かりの学習（multiple-cue learning）という心理学の研究分野で用いられている分析方法を採用し，価格についての知識が増加するにしたがって，消費者の推測する価格設定ルールがどのように変化していくのかを分析する。

2．内的参照価格形成の認知的代数

2－1．概　　観

　今，マウンテンバイクを初めて購入しようとしている消費者がいるとしよう。この消費者があるカタログで次の商品を見たとする。

　　　　メーカー：Trek
　　　　24速
　　　　サスペンション装備
　　　　スティール製
　　　　セール価格：＄800

　この消費者はこの商品の800ドルという価格を魅力的な価格であると感じるだろうか。この問いに対する答えは，勿論，類似する性能を持った別のマウンテンバイクの通常価格について，この消費者が保持している信念に依存するだろう。もしもこの消費者にマウンテンバイクの評価の経験があるならば，この通常価格の予想は比較的簡単に行えるはずである。同じタイプのマウンテンバイクについての内的参照価格を記憶から想起するか，あるいはマウンテンバイクの性能・装備と価格の関係について自分が持っている知識に基づいて予想すればよいのである。

　しかし，そのような経験的知識を持たない消費者はどのように価格を評価するのだろうか。最初に商品に含まれる主要な属性それぞれのコストを推測し，次に，それらのコストから全体的な価格を決定する売り手側のルールを推測するといったやり方で内的参照価格を形成し，最後に，それに基づいて価格判断を行うのだろうか。この研究の目的は，消費者が精通性の低い製品の内的参照価格を形成するときに，どのように属性に関する情報を統合するのか，そしてその統合ルールが市場における学習を通してどのように進化するのかを調べることである。具体的には次の2点に焦点を当てる。

（1） 統合プロセスの関数型のダイナミックス
　　製品に関する知識・経験を持たない消費者（novice）が使うヒューリスティックスはかなり単純化した統合ルールなのだろうか。そして，このルールは学習を通してどのように変化するのだろうか。
（2） 学習精度のダイナミックス
　　消費者はどの程度効率よく売り手の設定する価格を学習するのだろうか。

2−2．消費者が用いる価格設定関数の関数型のダイナミックス

　製品に関する専門知識が増加するに伴い，消費者の内的参照価格の形成がどのように進化するのかを体系的に分析した研究例はない。しかしながら，この研究テーマは，製品の属性情報をベースとする製品魅力度についての印象を形成するプロセスを，製品に対する知識・経験を持たない消費者（novice）と専門家（expert）の間で比較した研究と類似している（例えば Alba and Hutchinson 1987, Fiske and Pavelchack 1986, Sujan 1985, Murphy and Wright 1984）。これらの研究によると，消費者の情報処理は補償型プロセスと非補償型プロセスに大別される。前者は最初に，対象に含まれる個々の属性の評価を別々に行い，次にそれらを統合して対象の全体的評価をするもので，後者はすでに形成しているカテゴリーを用いて対象を評価する。後者はカテゴリー化（categorization）と呼ばれており，その基本的前提は，人は様々な事象をカテゴリーに分類することで，それらをより効率的に理解しようとするというものである。これらの研究における中心的な考えは，消費者は，製品の評価経験が少ない場合には補償型プロセスよりも非補償型プロセスを用いて対象を評価する傾向にあるということである（Sujan 1985）。例えば，年代物のワインの全体的な印象を尋ねられたときに，製品に対する知識・経験が少ない消費者がワインの属性それぞれについての評価をシステマティックに統合させて全体的な印象を決定するということはまず考えられな

い。むしろ，単純化した非補償型のヒューリスティックスが用いられるだろう。例えば，フランスで作られた古くて赤いワインは良いワインで，それ以外は良くないワインといった具合に，である。このことは言い換えれば，補償型プロセスというのは，意思決定者が，属性の異なる組み合わせで構成される様々な商品を観察，あるいは評価する経験を増加させるにしたがい生じてくるということを意味する（Murphy and Wright 1984）。

　ところで，価格判断経験をほとんど持たない消費者が用いる多属性の価格判断プロセス，すなわち非補償型プロセスの関数型はどのようなものだろうか。この疑問には簡単には答えられない。上記の研究分野からは，価格判断経験をほとんど持たない消費者が用いる非補償型ルールの多くは辞書編纂型であることが明らかになっている。このルールでは，鍵となる属性の有無に依存して，対象となる製品を単純で離散的なカテゴリー（高価格や低価格など）として解釈する（Gensch 1987, Sujan 1985）。また，線形モデルによる分析からは，辞書編纂型のルールには，統計的信頼性の高いモノトーンの交互作用が製品属性間で存在することが明らかになっている[2]。モノトーンの交互作用とは，交差（crossover）しない交互作用のことである（Anderson 1981, Einhorn 1970）。Meyer（1987）は，この発見を多属性ルールの学習の研究で例示し，真のルール（学習対象のルール）が加法型であるときに，製品評価経験をほとんどもたない消費者の品質評価においてモノトーンの交互作用を発見している。これは，初期の学習段階において，好ましくない属性がひとつ存在するだけでその製品を不良品と判断し，それ以外のケースでは良品と判断するような非補償型ルール（すなわち辞書編纂型評価ルール）を用いることが原因となっている（Payne 1982）。そして，このルールは経験が増えるにしたがって消失し，代わって真のルールに近い，より加法的なルールが使われるようになるのである。

　反対に，価格判断経験をほとんど持たない消費者の判断が非補償型（非加法型）であるという発見を支持しない理由として，価格判断経験をほとんど

持たない消費者間の判断ルールには一貫性がない可能性があるということがあげられる。非補償型ルールにノイズが含まれる程度が高くなるほど，データ分析において特定の手掛かり（cue）のシステマティックな経験的効果が見えにくくなり，特に集計レベルのデータ分析において単純な加法型ルールを否定するのが難しくなる。また，価格判断経験をほとんど持たない消費者は売り手が価格設定に用いる各属性コストの統合ルールについて中立的な判断をするので，判断ルールは加法型のルールで特徴づけられると予想できる。価格判断経験をほとんど持たない消費者は，売り手の統合ルールが非加法型であると推測するかもしれないが（例えば特定の属性の組み合わせで構成される価格プレミアムの商品の存在など），十分な知識がないために少数の属性に焦点をあてた単純な加法型ルールを，最適ではないかもしれないが最初の推測としては妥当なルールと考えるのである。このルールは価格に関する専門知識の増加によってどのように変化するのだろうか。この場合に採用されるルールはわかりやすい。すなわち，消費者が様々な製品の価格を表すデータを観察すればするほど，判断ルールの構造により高い同質性が見られるようになり，そして属性間の「真」の交互作用に関する知識をもつようになるのである。以上の議論から次の仮説を設定する。

仮説1：価格判断の関数型について予想されるダイナミックス　製品に関する知識・経験を持たない消費者が用いる，内的参照価格を形成するための多属性ルールは加法型，あるいは属性間のモノトーンの交互作用を含む。価格判断の経験が増加するとともに多属性ルールに一貫性が増し，実際の市場において価格設定に用いられる交互作用と一致するものを含むようになる。

2－3．学習の効率性

　属性をベースにした製品の価格を正確に予想する学習についての研究は，心理学における複数手掛かりの学習（multiple-cue learning），あるいは複雑

な多属性のルールを経験から学習する能力（Adelman 1981, Brehmer 1980, Mellers 1980）をテーマとした研究と類似している。それらの研究からは，製品に関する知識・経験を持たない消費者による製品の価格を正確に予想する能力は低いことが分かっている。それは，特性の多い製品はより高価格である，あるいは有名なブランドはより高価格であるといったナイーブな判断を導いてしまうヒューリスティックスが原因となっている。複数手掛かりの学習の研究によると，経験を積んだ消費者の精度もまた，それほど高くはない。特に，この研究分野で明らかにされた発見のひとつは，人間という意思決定者は経験から学ぶことが比較的下手であるということである。それは，売り手の価格を製品の特性と関連づけるといった関数関係についての自分の知識を改善するのに，観察した情報をうまく利用できないことが原因となっている（Brehmer 1969）。その理由は複数ある。例えば，人は自分の考えと矛盾するデータを提示されても現実はこうであるという推測に固執したり，仮説が間違っているときにそのことを示すデータの探索がうまくできなかったりするため，仮説検証者としては劣等生の傾向にあるという事実があげられる（Wason 1960）。さらに，人は非線形型や非加法型の関数型をうまく学習できない傾向にある。そして，これらの関数型は製品属性と売り手の価格の間の真の関係を特徴づける可能性が高いのである（Mellers 1980）。したがって，時間の経過に伴う内的参照価格の判断の精度について次のような仮説を設定する。

仮説2：価格判断の精度　内的参照価格の判断の精度は製品判断の経験が増加するにつれて改善する。しかし，その速度は遅く，知識が増加しても精度の改善には限界があり，判断に用いる関数型にはバイアスが含まれる。

3. 調　　査

3-1. 概　　観

　調査の目的は，製品に関する知識・経験の増加に伴う内的参照価格の形成ルールの進化を実験室の実験から分析することである。ここで用いる基本的アプローチは，心理学における複数手掛かりの学習（multiple-cue learning）の研究分野で一般的に使用されるアプローチと類似している。被験者は，最初に仮想的製品（hypothetical product）の情報を観察し，内的参照価格を決定する。次に，被験者は観察した仮想的製品の真のメーカー希望小売価格を観察する。メーカー希望小売価格は，製品属性を価格にリンクする決定論的，非加法型，かつ多属性のルールで形成されている。被験者は，続いて行う別の製品（似ているが全く同じではない）の価格判断において，このフィードバック情報を利用することで，より多くの情報に基づいた判断をすることが可能となる。

3-2. 実験のデザイン

　製品カテゴリーの選択基準は，製品の価格設定構造がほとんどの被験者（ここでは大学生と大学院生）に知られていない製品であること，および製品の主要な特徴が少数の属性で記述できることである。そこで，これらの基準を満たすと思われる5つの製品クラスについて，学生の精通性を調べる予備調査を行った。この調査には217名の学部生とMBAの学生が参加した。選択された5製品はパソコン，ランニング・シューズ，カメラ，オーディオ・システム，およびマウンテンバイクである。被験者の製品に対する精通性は，「私は，その製品の特徴をよく知っており，ブランドの評価をすることができる」という表現に対して「1＝全くそう思わない」から「5＝非常にそう思う」までの5段階尺度で測定した。分析結果からは，低水準の精通性を示

した人（5段階で1か2を選択した人）の割合は，上で示した製品順に14.7%，22.1%，27.2%，21.2%，および52.1%であることが示された。したがって，精通性の低い被験者が相対的に多かったマウンテンバイクを選択することにした。

実験では，それぞれが2水準からなる5つの属性を用い，主効果と2要因の交互作用のみの分析を可能とする$2 \times 2 \times 2 \times 2 = 16$種類のマウンテンバイクを作成した（Hahn & Shapiro 1966）。属性と水準は，ブランド・ネーム（TrekとHuffy），フレーム・マテリアル（カーボンとスティール），ギアリング（24速と15速），サスペンション（装備と非装備），およびブレーキ（V-brakesとCantilevers）とした。これらの属性を見ると，製品に対する知識・経験を持たない消費者が，各々の属性について2水準間での品質の高低の判断，すなわちどちらの水準がより高価格で，どちらの水準がより低価格であるかの判断を比較的容易に行えるものと行えないものがあることが分かる。例えば，ギアリングでは15速よりも24速の方が，サスペンションでは非装備よりも装備の方が高価格であることは容易に想像できるので正しい判断がなされる可能性は高いが，ブランド・ネームやブレーキでは水準間の違いがそれほど明らかではなくその判断は容易ではない。

3－3．真の価格の関数

16種類のマウンテンバイクは仮想製品なので「真」のメーカー希望小売価格を設定する必要がある。そこで，自転車販売店のマネージャー15名に，16種類のマウンテンバイクそれぞれについて，妥当と思われる平均小売価格を判断してもらった。市場に存在しないと思われるマウンテンバイクがあった場合にはそのような製品が製造されていると仮定した上で，妥当な価格を推測するように求めた。真の価格関数は，マネージャーの価格判断を5つの属性と10種類ある2次の交互作用の線形結合することでモデル化した。分散分析の結果から，フレーム・マテリアル，ブランド・ネーム，およびサスペン

ションが最も重要な価格設定の属性であること，ブランド・ネームとフレーム・マテリアル，ブランド・ネームとギアリング，フレーム・マテリアルとギアリング，フレーム・マテリアルとサスペンション，およびギアリングとサスペンションの5つの交互作用が有意であることが明らかになった。そして，回帰モデルから計算される各マウンテンバイクの予想価格を「真」のメーカー希望小売価格とした。価格の範囲は＄127.52から＄1,411.06となった[3]。

3－4．サンプルと実験の手順

　実験には146名のビジネス・スクールの学生が参加した（男性91，女性55，MBA27，学部生119）。本研究の目的から実験参加前のマウンテンバイクの知識が非常に少ない被験者のデータが分析対象となるため，マウンテンバイクの事前知識が高い参加者のデータは除外した。

　実験は全てパソコンで行われた。実験はビジネス・スクールのコンピュータ・ネットワーク上でアクセスできるように設定したので，被験者は，実験期間中にコンピュータ実験室に行き，パソコンのディスプレイ上のアイコンをクリックすることにより単独で実験に参加することができた。16種類のマウンテンバイクの提示パターンは，最初にひとつのパターンをランダムに決定し，次にそのパターンに16×16ラテン方格法を用いることで決定した。ラテン方格法は各マウンテンバイクが毎回同じ数の被験者によって観察されることを保証する。例えば，ランダムに決定したパターンがA，B，Cであるとすると，A—B—Cの順で観察する被験者，B—C—Aの順で観察する被験者，およびC—A—Bの順で観察する被験者がいるのである。これにより各回の分散分析が可能となり，観察回数が増加するに従って被験者の価格判断方法が変化したかどうかを分析できる。

　パソコンの最初の画面では，調査の目的は消費者がマウンテンバイクの価格をどのように予想するのかを調べることであると説明した。また，調査で

は16種類のマウンテンバイクをひとつずつ観察し，妥当と思われる販売価格を推測すること，および推測後に観察したマウンテンバイクの真の価格が提示されることを説明した。さらに，被験者のタスクに対する関与を高めるために，16回にわたる推測がトータルで最も正確であった人に現金＄100が支払われることを説明した。次の画面からは，マウンテンバイクをひとつずつ表示して内的参照価格を測定した。内的参照価格は期待価格とし，「この製品は，自転車店でいくらぐらいで販売されていると思いますか？」という質問に対して自由形式で回答を求めた。期待価格は第2章の研究1において一般的な内的参照価格であることを確認している。被験者が内的参照価格を回答すると，そのマウンテンバイクの「真」のメーカー希望小売価格を表示した。次のマウンテンバイクの評価に移ると，そのマウンテンバイクの内容だけでなく，被験者がそれ以前に観察したマウンテンバイクの内容，真の価格，および被験者の推定価格も表示した。16種類のマウンテンバイクの評価が終了すると，タスク関与，マウンテンバイク価格の学習レベル，および製品精通性に関する一連の質問に「1＝全くそう思わない」から「5＝非常にそう思う」までの5段階尺度で回答し，調査を終了した。

4．分 析 結 果

4－1．学 習 の 速 度

　最初に，被験者が推測した小売価格の変化を調べるために，各々の属性について水準別に真の価格と被験者の内的参照価格の平均をプロットした（図表3‐1参照）。

　予想と一致して，図表3‐1から被験者がマウンテンバイクの価格を決定する要素に関する知識をほとんど持っていない状態で実験に参加したこと，この知識水準が価格判断の経験の増加に伴って改善したことが分かる。例えば，1回目の平均内的参照価格は真の値の平均よりも低く，属性水準のバリ

4. 分析結果　73

図表 3-1　平均内的参照価格の推移

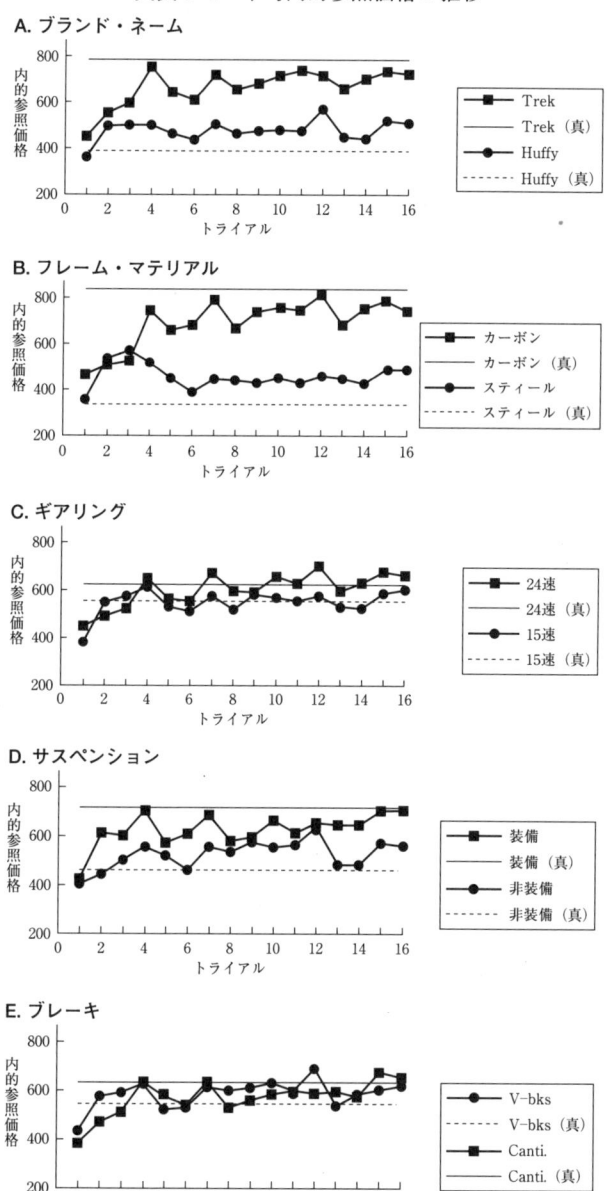

A. ブランド・ネーム

- Trek
- Trek（真）
- Huffy
- Huffy（真）

B. フレーム・マテリアル

- カーボン
- カーボン（真）
- スティール
- スティール（真）

C. ギアリング

- 24速
- 24速（真）
- 15速
- 15速（真）

D. サスペンション

- 装備
- 装備（真）
- 非装備
- 非装備（真）

E. ブレーキ

- V-bks
- V-bks（真）
- Canti.
- Canti.（真）

エーションに対する感度も低い。経験を積むに連れてこのような価値判断の質は改善しており，平均値が水準間で拡大していることから分かるように，各属性についてどちらの水準の方がより高価格であるのか，およびどの属性が価格を決定する主な属性なのかといった知識を発展させている（ただし，水準間の差が小さいブレーキは例外である）。

　他方，仮説2と一致して，被験者の学習には限界があることも示されている。価格予想の質は改善したが，これは最初の数回のトライアルで起きていてその後は改善していない。さらに真の価格と被験者の推測価格の2乗相関（squared correlation）をトライアルごとに計算した結果，4回目のトライアル後は R^2 が0.45あたりで安定していることが分かった。被験者は，各属性の価格に対する方向上の効果を迅速に学習したが，この理解をさらに改善する能力には限界があったことを示唆している。このことは，タスク終了後に行った「私はこのタスクを通してマウンテンバイクの価格をかなりうまく学習したと思う」という表現に対して「1＝全くそう思わない」から「5＝非常にそう思う」までの5段階尺度で回答してもらったデータからも確認できる。平均は2.39（標準偏差＝1.09）で，わずか16.4％の被験者が学習できたとしている。したがって，被験者は，価格の決定要素となる属性に関する判断は学習できるが，限界があり，製品と属性の組み合わせで設定される価格を予想する能力は16回にわたる価格判断の経験後も十分に発達していないことが分かった。

4－2．統合ルールのダイナミックス

　前述したように，真の価格設定関数はいくつかの属性の交互作用を含んでおり，真の価格は個々の属性の単純な加法型で形成されていない。仮説1は製品に対する知識・経験を持たない消費者の価格判断の関数型は，交互作用を含まない加法型，あるいは辞書編纂型の判断ルールと一致する単純なモノトーンの交互作用を示すだろうと予測している。また，この関数型は交互作

用を含む真の価格情報のフィードバックを受けることにより，真の属性の交互作用を含んだより複雑な形になっていくだろうと予測している。仮説の検証として，真の価格設定関数に含まれる5つの交互作用を学習する能力について分析する。図表3-2は，2回目と3回目のトライアルで見られた交互作用，15回目と16回目のトライアルで見られた交互作用，および真の交互作用を示したものである。この図表から，被験者の価格判断は単純形から複雑形に進化したのではなく，複雑型から単純型に進化したことが分かる。2回目と3回目のトライアルで観察された交互作用は全て交差しており，加法型，あるいは辞書編纂型ルールを支持していない。これとは対照的に，15回目と16回目のトライアルではほぼ平行した交互作用が観察され，より単純なルールが示されている。この解釈は，これら2時点を分けて行った被験者間分散分析によっても確認されている。最初の時点（2回目と3回目のトライアル）では5つの交互作用全てが有意水準1％で有意となっているが，最後の時点（15回目と16回目のトライアル）では有意となった交互作用はひとつだけであった（フレーム・マテリアルとギアリング）[4]。さらに，全ての交互作用で説明される分散の比率の平均を計算した。その結果，最初の3回のトライアルでは平均10％，4回目から6回目のトライアルでは平均4.7％，その後は2％強で安定しており，分散は価格判断を積むにつれて低下していることが分かった。したがって，価格判断ルールを特徴づける関数型が変化したとすれば，それは非加法型ルールからより加法型ルールへのシフトが原因ということになる。したがって仮説は支持されない。

また，価格判断経験が増加するに従い判断プロセスには一貫性が増加していくという仮説1の後半部分の予想も支持されない。この仮説は，真の価格設定関数に含まれる5種類の主効果と10種類の交互作用による説明力が，真の価格のフィードバックを受けるに連れて単調増加することを予想している。モデルの適合度を示す指標 R^2 を見ると，1回目のトライアルでは最小値を示したが，2回目のトライアルで0.59と最大値を示した後は低下し，最後の

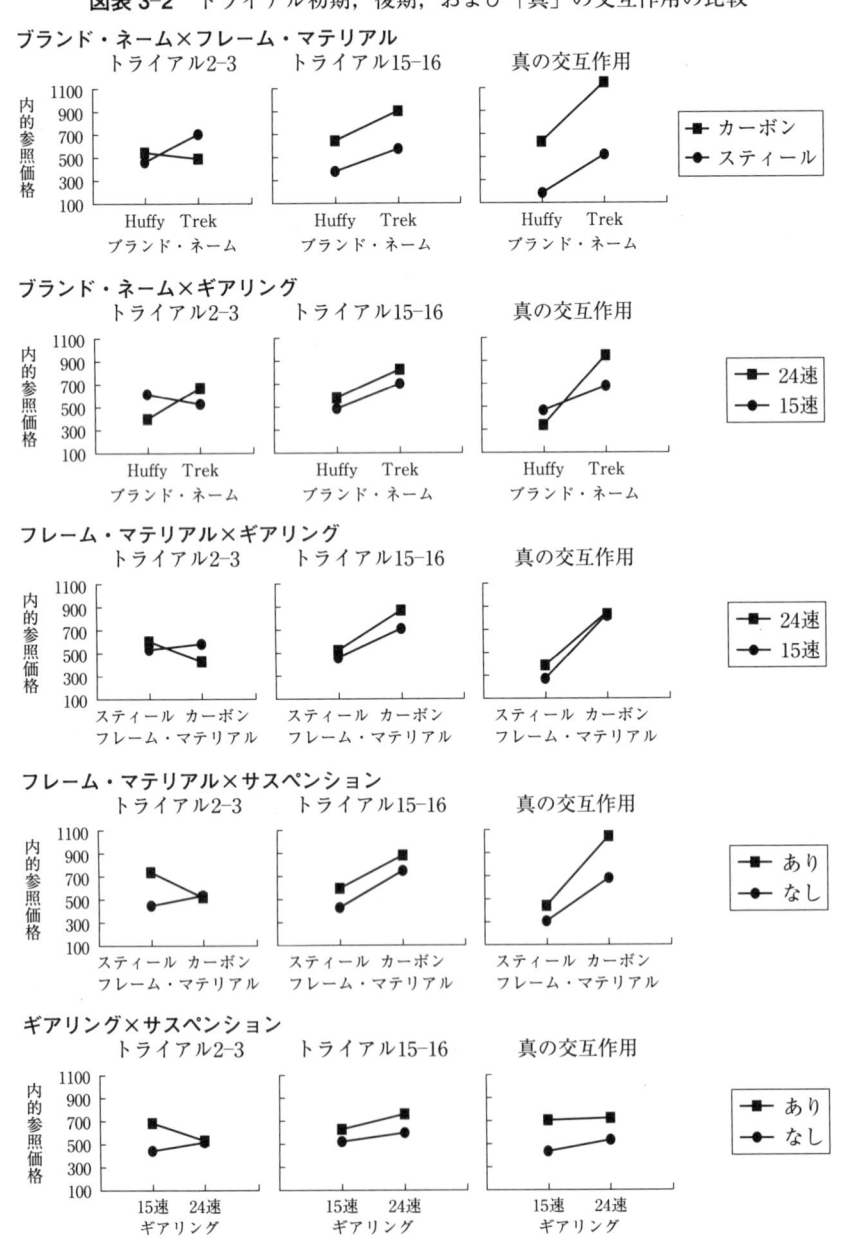

76 第3章 内的参照価格の形成プロセスの進化

図表 3-2　トライアル初期，後期，および「真」の交互作用の比較

トライアルまで平均0.49で推移している。

　最後に，図表3-2から被験者が15回目と16回目のトライアルで真の交互作用の形に近いものを学習したことが分かるが，この学習が不完全であったことが確認できる。つまり，ブランドとギアリング間の強い交互作用の特徴は学習できていないのである。

5．本章のまとめ

　この章では，製品に関する経験をほとんど持っていない消費者が，様々な製品の販売価格を観察していくことで内的参照価格の形成プロセスがどう進化するのかを調査した。形成プロセスの進化は，製品属性の非加法型の関数で設定されている「真」の価格予想の学習プロセスを分析することによって調べた。専門知識の判断ルールへの影響について過去に行われた研究に基づいて，われわれはその形成プロセスが，単純な非補償型ルールからより複雑なルールへとシフトしていくと考えた。しかし，分析結果からはそのような傾向は見られず，むしろ逆方向のシフトが確認された。製品知識のない消費者は，真の形成ルールに関する知識を全く持たないにもかかわらずかなり複雑な非加法型ルールを用いて内的参照価格を形成し，価格判断の経験が増加するにつれて加法型ルールを用いるようになったのである。また，価格判断経験の増加により，判断プロセスには一貫性が増して行くという仮説は支持されなかった。これらの結果は，消費者の価格判断に含まれるノイズの影響を受けているとも考えられる。つまり，最初はいろいろな推測を行って価格判断をしようとするので，判断にはノイズが多く含まれる。しかし，そうしたノイズは経験を積むにつれて減少するというものである。このことは，実は，判断ルール自体は一定であるのに，複雑なルールから単純なルールに変化しているように見えるだけであるということを示唆する。しかし，だからこそ，初期段階での価格判断は経験を積んだ段階での価格判断に比べて試行

錯誤的で複雑になるともいえる。最後に，本研究から，内的参照価格の精度は価格判断の経験を積むにつれて改善はするが，高い水準には至らないという学習の限界を確認した。

【注】
(1) この研究は Shirai and Meyer (1997) の一部を翻訳して転載したものである。
(2) 「もし条件 A と B と C が満たされているならば X と反応し，それ以外では Y と反応する」という辞書編纂型判断ルールの代数的表現は，$V_x(X) = V_1(A)V_2(B)V_3(C)$ という乗法モデル (multiplicative model) である (Einhorn 1970)。ただし，$V_1(\ )$ はモノトーンの主観的価値関数を表す。このような乗法ルールは判断における手掛かり間のモノトーンの交互作用で支持できる (Anderson 1981)。
(3) 個人の判断を独立変数，集計した判断を従属変数とした回帰分析の適合度は $R^2=0.67$ となった。尺度の使用と判断ルールにおける個人差を考慮するとこれらの値はかなり高く，15人のマネージャーの価格判断はかなり同質的であったといえる。
(4) 同様の分析を中間のトライアルについて行った結果，加法型へのスイッチは早い段階で行われており，6回目のトライアル以降ほとんど学習していないことが明らかとなった。特に，2回目と3回目のトライアルで見られた交差する交互作用は4回目のトライアルで消失し，15回目と16回目のトライアルで見られた交互作用と類似した，かなり平行した交互作用に代わっている。

第4章 セールス・プロモーションが内的参照価格に与える影響

1. は じ め に

　内的参照価格は消費者が過去に観察した価格に基づいて形成される。当然のことながら過去に低い価格を観察してきた消費者の内的参照価格は低く，高い価格を観察してきた消費者の内的参照価格は高くなる。このことは，内的参照価格が値引きなどの販売価格を下げるセールス・プロモーション（価格プロモーション）の影響を受ける可能性を示唆している。第1章で説明したように販売価格は，内的参照価格よりも低ければ割安に感じられるが，反対に高ければ割高に感じられる。したがって，消費者の価格受容性を高める，すなわち企業が消費者に望ましい価格判断を生じさせるためには，内的参照価格はできるだけ高い水準にあることが望ましいということになる。セールス・プロモーションは消費者の購買意欲を高める手段であるが，同時に内的参照価格を低下させる危険性を含んでいる。一時的な売上増加という点では効果的であったとしても，その後の売上に対しては逆効果となる可能性があるのである。セールス・プロモーションの有効性を高めるためには内的参照価格への影響を考慮して策定することが勧められる。そのためには，内的参照価格に影響を与える，あるいは与えないプロモーションを理解しておく必要がある。そこで本章では，価格プロモーションだけでなく，増量やおまけなどの販売価格を下げないプロモーション（非価格プロモーション）も対象とし，内的参照価格とセールス・プロモーションの関係についての理解を深めることにする。最初に，過去に行われた研究を概観しながら様々なプロモ

ーションの効果について検討する。次にそれらの研究では十分に明らかにされていないプロモーションに焦点を当てた実証分析を行う。

2. セールス・プロモーションの影響に着目した研究の動向

　この節では，これまでに行われたセールス・プロモーションの内的参照価格への影響を分析した研究を概観する[1]。最初に分析したのは Diamond and Campbell (1989) の研究で，複数期間にわたって行われる値引き，増量，およびおまけ（プレミアム）の効果を実験室実験により比較している。実験は通常価格が$3.62の液体洗濯用洗剤を対象とした一要因，4水準の被験者間要因配置デザインである。操作したのはプロモーションのタイプで，値引き，増量，おまけ，およびプロモーションの提供なしを設定している。被験者が販売価格を観察する期間は20週で，プロモーションは3週ごとに規則的に行われる。値引きには「小売価格を1ドル引き（$1.00 OFF, Retail Price）」というラベルを，増量には「1ドル相当である28％分の増量（28％ MORE FREE, $1.00 VALUE）」というラベルを，おまけには「1ドル相当の柔軟仕上げ剤のおまけ（FREE, Fabric Softener, Value $1.00）」というラベルを用いている。値引きが実施されるときには通常価格は表示されない。対象とした内的参照価格は平均価格，頻繁に設定された価格，期待価格，公正価格，留保価格で，20週にわたる販売価格の観察後に測定している。図表4-1は内的参照価格の平均値を示したものである。5つの内的参照価格を従属変数，値引きの有無を独立変数とする多変量分散分析からは，値引きの主効果が有意であることが示されている（$F=24.6, p<.001$）。内的参照価格別に行った分散分析からは，公正価格を除く全ての内的参照価格は値引きが行われた方が行われなかった場合よりも低くなることが示されている。また，おまけや増量が行われたかどうかを示す変数を独立変数とする多変量分散分析，およびおまけか増量かを示す変数を独立変数とする多変量分散分析からはそれら

図表 4-1　内的参照価格の平均

	プロモーションなし	値引き	おまけ	増量
期待価格	3.44	3.04	3.46	3.45
平均価格	3.44	3.10	3.44	3.46
頻繁に設定された価格	3.47	3.37	3.45	3.47
留保価格	3.53	3.32	3.51	3.56
公正価格	3.44	3.21	3.44	3.32

出所：Diamond and Campbell (1989).

の主効果が有意でないことが示されている。これらの結果から，内的参照価格は値引きにより低下するが，おまけや増量などの非価格プロモーションの影響を受けないことが分かる。

値引きの効果を詳細に分析したのは Kalwani and Yim (1992) である。内的参照価格を期待価格とし，以下の仮説を実験室実験により検証している。

仮説 1：消費者の期待価格は，観察した値引きの頻度が高くなるにつれて低下する。また，期待価格と値引き頻度の関係はＳ字型である。

仮説 2：消費者の期待価格は，観察した値引き幅が大きくなるにつれて低下する。また，期待価格と値引き幅の関係は凹型である。

実験では液体洗濯用洗剤の仮想的ブランドを 2 つ用いている。通常価格が高い方が分析対象のブランドであり値引きの幅と頻度が操作されている（通常価格は明記されていない）。実験のデザインは 4×4 被験者間要因配置で，値引き幅には10％，20％，30％，40％を，値引き頻度には10期中 1 回， 3 回， 5 回， 7 回を設定している。通常価格が低い方のブランドには値引きが 1 回だけ上記の 4 種類の値引き幅のいずれかで行われる。値引きが行われる場合には値引き額も表示される。期待価格は，被験者が10週にわたる販売価格を観察した後に測定している。分散分析からは値引きの頻度と値引き幅の主効

果が有意であることが示されている。Tukey 検定からは値引き幅では30％と40％の間に有意差が，値引き頻度では3回と5回の間に有意差が確認されている。また，図表4‐2に示されているように期待価格と値引きの頻度にはS字型の関係があること，図表4‐3に示されているように期待価格と値引きの幅には凹型の関係があることも明らかにされている。したがって，仮説1と仮説2は支持される。

図表 4-2　内的参照価格の平均

出所：Kalwani and Yim (1992).

図表 4-3　内的参照価格の平均

出所：Kalwani and Yim (1992).

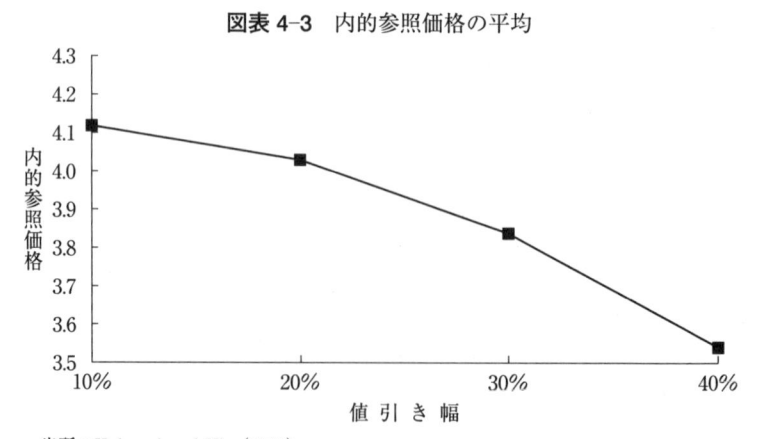

2. セールス・プロモーションの影響に着目した研究の動向

Krishna and Johar (1996) もまた，値引きの効果を詳細に分析している。一定の期間内に2種類の値引き幅が提供されるパターンを対象とし，それらの値引き幅の差が大きい場合と小さい場合の影響を実験室実験により分析している。ただし，この研究は内的参照価格へ効果が分析目的ではないため，それに関する仮説は設定していない。実験は通常価格が$1.59の2リットル・サイズのソフトドリンクを対象とした一要因，3水準の被験者間要因配置デザインである。値引き幅を操作しており，値引きが1種類（$1.09），差の小さい値引きが2種類（$0.99と$1.19），差の大きい値引きが2種類（$0.79と$1.39）を設定している。値引き価格の平均値はどのパターンも$1.09である。内的参照価格は消費者が支払ってもよいとする価格（willingness to pay）とし，24週にわたる販売価格の観察後に測定している。この期間中，値引きは規則的に6回行われている（値引きが2種類の場合には各3回ずつ）。分析の結果からは，内的参照価格の平均値は値引き幅が1種類のパターンでは$1.23，差の小さい値引き幅が2種類のパターンでは$1.33，差の大きい値引き幅が2種類のパターンでは$1.26であることが示されている。また，値引き幅が1種類のパターンと差の小さい値引き幅が2種類のパターンの間には有意水準5％の有意差が確認されている。Krishna and Joharは，被験者の知覚した値引き頻度の平均値が，値引き幅が1種類のパターンでは5.94回，差の小さい値引き幅が2種類のパターンでは5.25回，差の大きい値引き幅が2種類のパターンでは5回と異なることから（実際は6回），値引き幅の種類が増加することによりいくつかの値引き幅が値引きとして扱われなくなり，値引きの頻度を実際よりも少なく感じさせてしまうと説明している。上記の結果は，複数の値引き幅が提供される場合には，大きい値引きよりも小さい値引きの方が内的参照価格に与える影響が大きいことを示唆している。

Folkes and Wheat (1995) は値引き，クーポン，キャッシュバック（リベート）の効果を分析している。内的参照価格を期待価格として，次の仮説を

実験室実験により検証している。

　仮説1：消費者の期待価格は，値引きやクーポンよりもキャッシュバックを提供した方が高くなる。

　仮説2：消費者の期待価格は，値引きよりもクーポンを提供した方が高くなる。

　Folkes and Wheat は，キャッシュバックは特典を受けるのが購買後である上に努力や時間を要するので内的参照価格に与える影響は小さく，クーポンは観察される販売価格は非値引き価格なので内的参照価格に与える影響は値引きよりも小さいと説明している。実験のデザインは2被験者内要因配置×3被験者間要因配置で，製品タイプとプロモーション・タイプを操作している。製品タイプには電気アイスクリーム・メーカーとオイル・ステインを，プロモーション・タイプには値引き，クーポン，キャッシュバックを設定している。内的参照価格は，留保価格，公正価格，期待価格，妥当な価格で，被験者にプロモーションのタイプ，通常価格，値引き額を提示してから測定している。4つの内的参照価格の間に高い相関が確認されたことから（クロンバックの信頼性係数 $\alpha = .92$），分析ではそれらをひとつの価格指数にまとめて用いている。価格指数の平均値は，オイル・ステインでは値引きが7.83，クーポンが8.34，キャッシュバックが10.77，アイスクリーム・メーカーでは値引きが18.15，クーポンが17.81，キャッシュバックが23.46となっている。分散分析からは2製品それぞれについてプロモーション・タイプの主効果が確認されている（オイル・ステインは $F=5.33, p<.01$，アイスクリーム・メーカーは $F=7.30, p<.01$）。また，内的参照価格は，値引きとキャッシュバックの比較ではキャッシュバックの方が高くなり（オイル・ステインは $F=9.8, p<.01$，アイスクリーム・メーカーは $F=11.23, p<.01$），クーポンとキャッシュバックの比較ではキャッシュバックの方が高くなることが確認されている（オイル・ステインは $F=5.54, p<.05$，アイスクリーム・メーカーは $F=10.56, p<.01$）。したがって仮説1は支持される。仮説2はクーポンと

値引きの間に有意差がなかったので支持されない。これらの結果は，価格プロモーションであっても値引きを受けるまでに時間のかかるキャッシュバックは内的参照価格に影響を与えないことを示しており，上述のDiamond and Campbell (1989) の発見を拡張している。

クーポンの効果をさらに詳細に分析したのはRaghubir (1998) である。クーポンの大きさに着目している。次の仮説を実験室実験により検証している。

仮説1A：期待価格はクーポンの値引き率が高いほど高くなる。

仮説1B：期待価格はクーポンの値引き額が高いほど高くなる。

仮説2：仮説1にあるクーポン効果は他に価格情報があると弱くなる。

実施した実験は3つで，実験1は仮説1Aを，実験2は仮説1Bを，そして実験3は仮説2を検証するために行われている。実験1はオーストラリアナ公園のクーポンの値引き幅を操作しており，10%，20%，および値引きの提供なしを設定した一要因，3水準の被験者間要因配置デザインである。内的参照価格は入園券の推定価格（期待価格）で，クーポンの観察後に測定している。分散分析からは値引き幅の主効果が有意となり（$F=3.6, p<.05$），内的参照価格は値引き幅の大きい方が高くなることが示されている。したがって仮説1Aは支持される。

実験2はクーポンの有無を操作しており，クーポン有りの場合には実際に新聞に掲載された154種類のクーポン広告の提示後に，各ブランドの推定販売価格（期待価格）を測定している。クーポンなしの場合にはクーポンの値引き額部分をマスキングしたものを提示している。2水準からなる一要因の被験者間要因配置デザインである。内的参照価格を従属変数とする回帰分析からは，モデルが有意であること（$R^2=0.165, F=26.3, p<.0001$），値引き額の効果が有意であること（$t=5.79, p<.0001$），および値引きの効果が仮説1Bと一致していることが示されている。

実験3は大学のロゴ入りTシャツを対象として値引き額と過去の価格情

報を操作しており，値引き額には HK$13，HK$23，HK$32 を，他の価格情報には情報の有無を設定している。3×2 被験者間要因配置デザインである。他の価格情報が提供される場合には「本来の価格は65ドル，今は＿＿＿ドル (Original price: $65, Now at $＿＿＿)」という外的参照価格を提示している。内的参照価格はこのTシャツの推定販売価格（期待価格）としてクーポン観察後に測定している。内的参照価格を従属変数，値引き額，値引き額と他の価格情報の有無との交互作用の2変数を独立変数とする回帰分析からは，モデルが有意であること（$R^2=0.04$, $F=2.87$, $p<.05$），値引き額の効果が有意であること（$t=2.21$, $p<.05$），および交互作用が有意であること（$t=-1.95$, $p<.05$）が示されている。他の価格情報の有無別に行った値引き額を独立変数とする回帰分析からは，他の価格情報がない場合には値引き額の主効果は有意になるが（$R^2=0.04$, $F=2.89$, $p<.05$），他の価格情報がある場合には有意にならないことが示されている（$R^2=0.0$, $F<.01$）。これらの結果は他の価格情報があるとクーポンの値引き額の影響が弱くなることを示しており，仮説2を支持している。

Sinha and Smith（2000）は，通常価格が半額になるという値引き，通常価格で1個買うともう1個が無料でもらえるという個数プロモーション，および通常価格で2個買えば購入金額が半額になるというミックス・プロモーションの3つのプロモーションについて，次の仮説を実験室実験により検証している。

　　仮説：内的参照価格は，値引き，個数プロモーション，あるいは，ミックス・プロモーションの影響を受けない。

Sinha and Smith は，これらのプロモーションが1回だけしか行われないので，消費者はこれらのプロモーションを特別なイベントとして捉えて内的参照価格を更新させないと説明している。実験は6×2×2被験者間要因配置デザインで，2店舗のスーパーが採用するプロモーションの組み合わせ，製品の保存性，製品の割高感を操作している。スーパーの採用するプロモー

ションの組み合わせは，例えばスーパー1が値引きを採用する場合には，スーパー2は個数プロモーションかミックス・プロモーションを採用するというように全部で6パターンある。製品の保存性には製品が買い置き可能かどうかの2水準を，製品の割高感には高低の2水準を設定しており，買い置きが可能で割高感の高い製品として液体洗濯用洗剤，買い置きが可能で割高感の低い製品としてトイレット・ペーパー，買い置きが難しく割高感の高い製品としてフレッシュ・スライス・チーズ，買い置きが難しく割高感の低い製品としてパンを採用している 内的参照価格は期待価格として，被験者が通常価格とプロモーション情報を観察した後に測定している。分散分析からはどの製品においてもプロモーション・タイプの主効果が有意ではないことが確認され，仮説と一致して内的参照価格が3タイプのプロモーションの影響を受けないことが示されている。1回だけ行われた値引きが内的参照価格を低下させないという結果は，Folkes and Wheat (1995) の結果と矛盾する。Sinha and Smith も Folkes and Wheat も複数期間にわたる販売価格の観察の中で値引き頻度が1回という状況ではなく，販売価格の観察回数は1回という状況で分析しているので，値引き頻度の効果を分析できる設定にはなっていない。したがって，値引き頻度よりも半額という値引き幅の大きさが評価基準となっていると考えた方がよいと思われる。50％という値引き幅は非常に大きいので，特別なイベントとして扱われた可能性が高い。この点については第8章で詳しく説明する。

　以上見てきた研究をまとめると次の通りである。内的参照価格に影響を与えるプロモーションは購入費用の減少につながる価格プロモーションである。その中でも値引きをすぐに受けられる値引きとクーポンは，値引きを受けるのが購買後になるキャッシュバックよりもインパクトが大きい。また，複数期間にわたって設定される値引きでは，内的参照価格は値引きが多くなるほど，あるいは値引き幅が大きくなるほど低下する。さらに，複数の値引き幅が提供される場合には，内的参照価格に与える影響は大きい値引きよりも小

さい値引きの方が大きい。

3. 本研究の位置づけ

　内的参照価格に影響を与える最も一般的なセールス・プロモーションは値引きである。値引きは，特に消費者の購買頻度と値引きの実施頻度が高い製品カテゴリーを対象とする場合には複数期間で捉えた方がより正確な影響を捉えられる。例えば，毎週1回行われる値引きは，値引きごとの分析をするよりも，1カ月に4回，あるいは3カ月に12回の値引きとして分析をする方が現実的であろう。しかし，そうすると値引きの実施頻度，値引き幅の組み合わせ，タイミング，規則性などの様々な値引きパターンの特性が想定されるため，値引きの影響を十分に理解するためにはかなり詳細な分析が必要になる。2節で見たように，複数期間にわたる値引きパターンを対象とする研究例は Kalwani and Yim（1992）と Krishna and Johar（1996）だけであり，依然として分析対象とされていない値引き特性が残されている。また，これらの研究で採用された実験デザインは値引き頻度や値引き幅の主効果やそれらの交互作用を分析することを可能とするが，最終的な値引き費用が値引きパターンによって異なってしまうため，一定の値引き費用のもとで効果的な値引きパターンを決定するという問題にはこれらの研究成果を適用することはできない。

　そこで，本章では複数期間にわたって設定される値引きパターンを対象とする次の2つの研究を行うことにする。研究1では，最終的な値引き費用は等しいけれども値引きの頻度や幅が異なる3タイプの値引きパターンの効果を分析する。研究2では，最終的な値引き費用が等しいという制約をはずし，値引きの頻度，値引き幅，および値引き幅が期間中一定か変化するかという値引き幅のバリエーションの3特性を独立した要因とする実験的操作をすることで，各特性が内的参照価格へ及ぼす主効果とそれらの交互作用を分析す

る。値引き幅のバリエーションは Krishna and Johar (1996) も分析しているが，Krishna and Johar では2つの値引き幅の差が大きい場合と小さい場合を対象としたのに対し，研究2では2つの値引き幅が大きい水準で行われる場合と小さい水準で行われる場合を対象としているところが異なる。値引き幅が複数ある場合の影響は，それらの値引き幅が全体的に大きいのか小さいのかによっても異なることが予想される。研究2ではこのことを詳細に分析する。内的参照価格の測定には，両研究とも第2章において一般的であることが確認された期待価格を採用する。

4．研究1：最終的値引きコストが一定であるときの値引きパターンに関する研究[2]

4－1．値引きパターンについて

メーカーあるいは小売店が値引きを複数期間にわたって設定しようとするときに，限られた予算のもとで選択可能なパターンは2つある。ひとつは値引きを小幅にして頻度を高くするというパターン（高頻度小幅値引きパターン），もうひとつは値引きを大幅にして頻度を低くするというパターン（低頻度大幅値引きパターン）である。Alba et al. (1994) は，それぞれのパターンを採用する2つの小売店の比較を行い，小売店の全体的な価格イメージは，低頻度大幅値引きパターンを採用する小売店よりも高頻度小幅値引きパターンを採用する小売店の方が低くなることを明らかにしている[3]。Alba らは，頻度の影響が高い理由として次の3つの基本的な現象をあげている。第一に，消費者が値引きの回数を意識的に数える可能性はまずないが，値引きの頻度に関する知識は記号化しやすいという特徴により無意識に獲得される。第二に，消費者の価格知識はそれほど高くないので (Dickson and Sawyer 1990)，値引き幅の知識もそれほど高いはずはない。したがって，値引き幅がどのぐらいで実施されていたかという認知よりも値引きが実施されていたという認

知の方がよりインパクトがある。第三に，実際の市場においては頻度情報の使用が促進される傾向にある。例えば，多くの小売店が用いる広告パターンは，その店の多くの商品が他よりも安いことを強調している。

続いて行われた Alba et al. (1999) の研究は Alba et al. (1994) の研究結果をより詳細に分析している。消費者の推定値が低頻度大幅値引きパターンよりも高頻度小幅値引きパターンの方が低くなる現象を頻度効果 (frequency effect)，反対に高頻度小幅値引きパターンよりも低頻度大幅値引きパターンの方が低くなる現象を値引き幅効果（depth effect）と呼んでいる。Alba らは値引き幅効果が生じる理由として次の3点をあげている。第一に，消費者は高頻度の値引きをより少なく，低頻度の値引きをより多く知覚する傾向にある（Howell 1973, Krishna 1991）。第二に，Sherif（1963）の同化―対比理論によっても説明されるように，消費者は小さな値引き幅に注意を向けない。実際，高頻度小幅値引きパターンで採用される値引き幅にはそのような現象が確認されている（Kalyanaram and Little 1994）。第三に，あるブランドの値引きが別のブランドの値引きについての知覚に影響を与えるという混線効果（interference effect, Malmi and Samson 1983）により，頻度効果は弱まる。分析の結果からは，全体的価格の推定値に対する頻度効果は，店舗間あるいはブランド間の価格比較が複雑で，両パターンで採用される値引き幅が重複する場合（例えば，高頻度小幅値引きパターンの値引き幅の範囲は3～13セントで低頻度大幅値引きパターンの値引き幅の範囲は6～18セント）に生じ，値引き幅効果は，価格の比較がより簡単に行うことができ，かつ両者の値引き幅が重複しない場合（例えば，高頻度小幅値引きパターンの値引き幅は15セントで低頻度大幅値引きパターンの値引き幅は30セントと常に一定）に生じることが示されている。

ところで，Alba et al. (1994, 1999) の研究結果から，内的参照価格への影響を推測するには少々問題がある。第一に，Alba et al. の測定対象は内的参照価格ではない。第二に，同じ被験者が2つのパターンを観察するという被

4．研究1：最終的値引きコストが一定であるときの値引きパターンに関する研究

験者内要因配置の実験デザインを用いているので，測定値へのキャリーオーバー効果が懸念される。第三に，高頻度小幅値引きパターンと低頻度大幅値引きパターンの比較を，値引き幅が一定であるときとバリエーションがあるときを別々の実験で分析しており，バリエーションの有無間での比較をしていない。そこで本研究では，そのような問題を回避するために各パターンを被験者にランダムに配置する被験者間要因配置のデザインを採用する。さらに，高頻度小幅値引きパターンと低頻度大幅値引きパターンのほかに，それらの中間に位置するパターン，すなわち値引きの頻度は中程度であるが値引き幅に大きい値引きと小さい値引きのバリエーションをもたせたパターン（中頻度ミックス幅値引きパターン）を加え，最終的な値引き費用が同一になるように設定したこれらの3パターン間で，消費者の内的参照価格への効果を比較分析する。

本研究ではさらに，値引きのタイミングに焦点を当てた分析も行う。最終的な値引き費用と値引き設定期間が同じであっても，値引きが期間全体にわたって分散して行われる場合と一時期に集中して行われる場合とでは消費者の内的参照価格への影響が異なることが予想される。本研究では，値引きが全期間にわたって比較的均一に実施されるパターン（分散型値引きパターン），値引きの実施時期が前に集中するパターン（前期集中型値引きパターン），そして実施時期が後に集中するパターン（後期集中型値引きパターン）の3パターンの効果を比較する。値引きのタイミングに関する研究については，値引きが定期的に行われるか非定期的に行われるかという規則性に注目した研究はあるが（白井 1998, Krishna 1991），不規則な値引きパターンにおいて値引きの実施タイミングを分析した研究例はない。

4－2．仮 説

最初に，高頻度小幅値引きパターン，低頻度大幅値引きパターン，および中頻度ミックス幅値引きパターンの3パターンについて仮説を設定する。こ

こでは，中頻度ミックス幅値引きパターンで用いられる複数の値引き幅は2種類であり，それらは高頻度小幅値引きパターンと低頻度大幅値引きパターンで用いられる値引き幅とする。

　本研究では，これらの3パターンについては頻度効果が生じると考える。すなわち，内的参照価格は，値引きの頻度が高くなるほど低下するのである。消費者は，値引きを特別なイベント，あるいは日常的に行われるプロモーションのいずれかで解釈すると考えられる。この考え方については第8章において詳しく説明するが，どちらに解釈されるかによって値引きが内的参照価格に与える影響は異なってくるのである。まず，低頻度大幅値引きパターンの効果について考えよう。頻繁に行われない大きい値引きは特別なイベントとして扱われると考えられる。この場合の値引きは，出費とは無関係の特典として解釈されるので，内的参照価格は値引き価格の影響を受けない。あるいは，影響を受けたとしてもその程度は大きくなく値引き価格の水準まで低下しない。また，次の購買機会に値引きを予想する可能性は低いだろう。他方，高頻度小幅値引きパターンでは，値引きは出費を減少させるものとして解釈される傾向が高まるので，値引き価格は内的参照価格に影響を与える。つまり，消費者は次の購買機会に値引きを予想するようになるため，内的参照価格は値引き価格に近い水準で形成されるようになるのである。中頻度ミックス幅値引きパターンについては，Krishna and Johar (1996) にも示されているように，小幅の値引きがアンカーとして内的参照価格を調整する傾向が高まると予想する。大幅の値引きは特別なイベントとして扱われ，内的参照価格への影響は小さい。また，次の購買機会に値引きを予想する可能性は，低頻度大幅値引きパターンよりも高いが，高頻度小幅値引きパターンよりも低いと予想する。したがって，次の仮説がたてられる[4]。

　　仮説1：内的参照価格は，過去に採用された値引きパターンが低頻度大幅値引きパターンである場合に最も高く，高頻度小幅値引きパターンである場合に最も低くなる。中頻度ミックス幅値引きパ

ターンの効果は，低頻度大幅値引きパターンと高頻度小幅値引きパターンの中間に位置する。

続いて，値引きのタイミングの影響について仮説を立てる。値引きが期間中分散する場合と特定の期間に集中する場合とでは，消費者の知覚する値引き頻度が異なってくるため，内的参照価格は異なってくることが予想される。本研究では，値引きの頻度と値引き幅は一定として，値引きが全期間に分散する分散型値引きパターン，値引きが前期に集中する前期集中型値引きパターン，および値引きが後期に集中する後期集中型値引きパターンという値引きの分布が異なる3パターンを対象とする。値引きが後期に集中する場合には，値引き期間終了後も消費者が値引きを予想する傾向は高まるため，内的参照価格は値引き価格に近い水準まで低下するだろう。反対に，値引きが前期に集中する場合には，内的参照価格が期間中かなり低下したとしても，その後に通常価格を何度も観察するために通常価格に近い水準まで戻ってくると思われる。そして，値引きが期間中分散して行われる場合には，値引きが適度な頻度で観察されるため，内的参照価格は後期集中型値引きパターンほど低下しないが，通常価格ほど高くはないことが予想される。したがって，次の仮説が立てられる。

仮説2：内的参照価格は，過去に採用された値引きパターンが前期集中型値引きパターンである場合に最も高く，後期集中型値引きパターンである場合に最も低くなる。分散型値引きパターンの効果は，前期集中型値引きパターンと後期集中型値引きパターンの中間に位置する。

4-3. 調査

この節では前述の仮説を検証するために行った調査について説明する。2つの仮説は性質の異なるパターンを対象としているので，仮説ごとに実験室実験を行った。実験1は仮説1の検証をすることを目的とし，値引きの実施

時期が全期間にわたって分散するように設定したうえで，値引きの頻度と値引き幅を操作した。実験2は仮説2の検証を目的とし，値引きの頻度と値引き幅を一定にしたうえで，値引きのタイミングを操作した。両実験とも全てパソコン上で行われた。

4-3-1. 実　験　1
4-3-1-1. 実験のデザイン
　製品カテゴリーの選択基準は，ほとんどの被験者が購買経験を持っていること，値引きが一般的なカテゴリーであること，および製品カテゴリーの一般的な価格水準について被験者がある程度の知識を持っていることの3点である。205名の大学生を対象とした調査に基づき，これらの基準を満たすシャンプーを選択した。シャンプーの容器はポンプ式（550ml）とし，通常価格を一般的な市場価格である798円とした。また，ブランド・ネームの影響を排除するために，実験ではブランドXという仮説的ブランドを用いた。
　実験のデザインは一要因，3水準の被験者間要因配置である。値引きパターンを操作しており，高頻度小幅値引きパターン，低頻度大幅値引きパターン，そして中頻度ミックス幅値引きパターンを設定した。値引きパターンの設定期間は16期とした。値引き幅は，大幅の場合には30％（558円），小幅の場合には10％（718円）とした。値引きの頻度は，高頻度の場合には16期中12回，低頻度の場合には4回，そして中頻度の場合には8回とした。各水準の値引き幅と値引きの頻度は値引きの総費用が実験水準間で同一になるように設定した。したがって，中頻度の8回の値引きは，10％の値引きが6回，30％の値引きが2回とした。16期にわたる値引き幅の合計は120％，値引き額の合計は960円となる。
　16期にわたる値引き設定期間の中で値引きが実施される期は，全期間にわたって分散するように設定した。高頻度小幅値引きパターンでは16期を4期ごとの4期間に分割し，各期間の中で3回の値引きをランダムに実施した。

4．研究1：最終的値引きコストが一定であるときの値引きパターンに関する研究

同様に，低頻度大幅値引きパターンでは16期を4期ごとの4期間に分割し，各期間の中で1回の値引きをランダムに実施した。そして，中頻度ミックス幅値引きパターンでは16期を8期ごとの2期間に分割し，各期間の中で10％の値引きを3回，30％の値引きを1回ランダムに実施した。

4-3-1-2．サンプルと実験の手順

実験には50名の大学生が参加した。パソコンの最初の画面では調査に関する説明を表示し，次の画面ではシャンプーのブランドXの特徴を「ロイヤルゼリーとハーブのエキスによる保湿成分配合。550ml。ポンプ式。通常価格は798円」と表示した。また，同じ画面にブランドXの過去16期にわたる販売価格を次に観察するという説明を表示し，被験者にはこれらの価格を実際に小売店で観察したと想定して観察するように指示した。過去16期の販売価格は古い方から1期ごとに別々の画面に表示し，被験者が指定されたボタンをクリックすると次の期に移ることができた。値引きがある場合には「○○％引き」という値引き情報も表示した。過去に観察した販売価格はいったん次の期に移ると再び観察することはできない設定になっている。過去16期にわたる販売価格の観察を終了すると内的参照価格を測定した。内的参照価格は期待価格とし，「今期のブランドXの販売価格はいくらであると思いますか？」という質問に対して自由回答方式で測定した。その後，シャンプーの購買頻度，および操作チェックとデモグラフィックスに関する質問に回答し，調査を終了した。

4-3-1-3．分析結果

最初に，被験者が感じた値引きパターンの程度がこちらの意図と一致しているかどうかを確認する操作チェックを行った。値引きの頻度については「値引きは全体的に多く行われていたと思いますか？」という質問を，値引き幅については「値引きは全体的に大きかったと思いますか？」と質問をし，

それぞれ「1＝全くそう思わない」から「5＝非常にそう思う」までの5段階尺度で回答してもらった。その結果，被験者の感じた値引きの頻度は値引きパターンによって異なることが確認された（$F(2, 47) = 12.33$, $p < .0001$）。平均値は高頻度小幅値引きパターンが3.81，低頻度大幅値引きパターンが2.59，中頻度ミックス幅値引きパターンが3.41である。Tukey検定からは，高頻度小幅値引きパターンと低頻度大幅値引きパターンの間と低頻度大幅値引きパターンと中頻度ミックス幅値引きパターンの間に有意水準1％で有意差が確認された。

同様に，値引き幅についても値引きパターンによって異なることが確認された（$F(2, 47) = 8.38, p = .0008$）。平均値は高頻度小幅値引きパターンが2.44，低頻度大幅値引きパターンが3.41，中頻度ミックス幅値引きパターンが3.0である。Tukeyの多重比較からは，高頻度小幅値引きパターンと低頻度大幅値引きパターンの間に有意水準1％で差があることが確認された。以上の結果から値引きパターンについての被験者の知覚は実際の観察と一致していることが確認でき，本研究で行われた操作に問題はなかったと判断できる。

それでは，内的参照価格は過去に実施した値引きパターンの影響を受け，低頻度大幅値引きパターン，中頻度ミックス幅値引きパターン，高頻度小幅

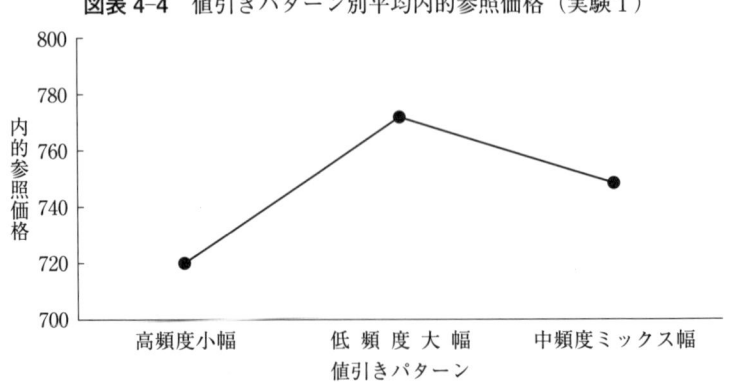

図表4-4 値引きパターン別平均内的参照価格（実験1）

4．研究1：最終的値引きコストが一定であるときの値引きパターンに
　　関する研究

値引きパターンの順で低くなるという仮説1を検証しよう。図表4-4は内的参照価格の平均値をプロットしたものである。内的参照価格を従属変数とした一元配置の分散分析の結果は有意となり（$F(2,47)=4.02, p<.05$），平均値は高頻度小幅値引きパターンが720.06円，低頻度大幅値引きパターンが771.71円，中頻度ミックス幅値引きパターンが748.12円となった。Tukey検定からは高頻度小幅値引きパターンと低頻度大幅値引きパターンの間に有意水準1％で有意差が確認された。内的参照価格は低頻度大幅値引きパターン，中頻度ミックス幅値引きパターン，高頻度小幅値引きパターンの順で低くなることが示され，仮説1を支持している。続いて，値引きパターン別に内的参照価格の分散を見てみよう。分散は高頻度小幅値引きパターンが63.8，低頻度大幅値引きパターンが5320.7，中頻度ミックス幅値引きパターンが4442.7である。このデータから，高頻度小幅値引きパターンを観察した消費者の内的参照価格は一貫性が比較的高いことが分かる。つまり，内的参照価格は類似しているということになる。分散は，値引きの観察頻度の低い低頻度大幅値引きパターンを観察したときに最も大きくなっているので，内的参照価格は値引きが頻繁に行われない場合には人によって異なる傾向が高まることが分かる。

4-3-2．実　験　2

　実験2の目的は値引きが実施されるタイミングの内的参照価格への影響を分析することである。最終的な値引きコスト，値引きの頻度，および値引き幅を一定として，値引きが全期間にわたって比較的一様に行われる場合と一時期に集中して行われる場合とでは消費者の反応が異なるのかどうかを分析する。サンプルは46名の学生だが，実験1のサンプルとの重複はない。製品カテゴリー，仮説的ブランドの内容，内的参照価格の測定，および実験の手順は実験1と全く同じである。

98　第4章　セールス・プロモーションが内的参照価格に与える影響

4-3-2-1. 実験のデザイン

　実験2のデザインは一要因，3水準の被験者間要因配置である。設定期間は16期とした。値引きの頻度を16期中6回，値引き幅は20%（638円）と固定し，値引きが実施されるタイミングのみを操作して分散型値引きパターン，前期集中型値引きパターン，および後期集中型値引きパターンを設定した。値引きが実施される期は，期間中分散するように設定した。分散型値引きパターンでは16期を4期ごとの4期間に分割し，そのうちの2期間では2回の値引きを，別の2期間では1回の値引きをランダムに実施した。前期集中型値引きパターンでは最初の10期中に値引きを6回実施するように設定し，この10期を5期ごとの2期間に分割し，各期間の中で値引きを3回ランダムに実施した。後期集中型値引きパターンでは最後の10期中に値引きを6回実施するように設定し，この10期を5期ごとの2期間に分割し，各期間の中で値引きを3回ランダムに実施した。通常価格は実験1と同じ798円で，16期にわたる値引き幅の合計は120%，値引き額の合計は960円である。

4-3-2-2. 分析結果

　まず，被験者が感じた値引きパターンの程度がこちらの意図と一致しているかどうかを確認する操作チェックを行った。観察した値引きパターンの頻度についての被験者の知覚を実験1と同様の方法で測定した。分析の結果，被験者の知覚した値引きの頻度は値引きパターンによって異なることが確認された（$F(2, 43)=21.87, p<.0001$）。平均値は分散型値引きパターンが3.19，前期集中型値引きパターンが1.73，後期集中型値引きパターンが3.87となった。Tukey検定からは，前期集中型値引きパターンと後期集中型値引きパターンの間と分散型値引きパターンと前期集中型値引きパターンの間に有意水準1%で差があることが確認された。したがって，消費者の知覚する値引きの頻度は，実際には同じ頻度の値引きを観察していても観察してきた値引きのタイミングによって異なり，前期集中型値引きパターン，分散型値引き

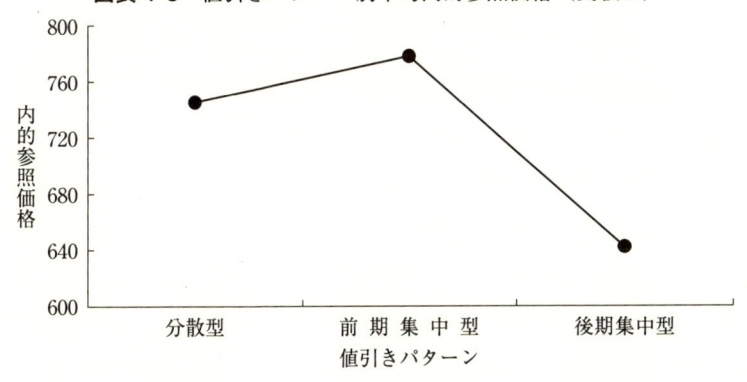

4. 研究1：最終的値引きコストが一定であるときの値引きパターンに関する研究

図表4-5 値引きパターン別平均内的参照価格（実験2）

パターン，後期集中型値引きパターンの順で高くなることが確認された。

それでは，内的参照価格は，過去に実施した値引きパターンの影響を受け，前期集中型値引きパターン，分散型値引きパターン，後期集中型値引きパターンの順で低くなるという仮説2を検証しよう。図表4-5は内的参照価格の平均値をプロットしたものである。内的参照価格を従属変数とした一元配置の分散分析の結果は有意となり（$F(2,43)=32.09, p<.0001$），平均値は分散型値引きパターンが745.19円，前期集中型値引きパターンが778円，後期集中型値引きパターンが642円となった。Tukey検定からは分散型値引きパターンと後期集中型値引きパターンの間と前期集中型値引きパターンと後期集中型値引きパターンの間に有意水準1％で有意差があることが確認された。したがって，内的参照価格は前期集中型値引きパターン，分散型値引きパターン，後期集中型値引きパターンの順で低くなっており，仮説2は支持される。続いて，値引きパターン別に内的参照価格の分散を見てみよう。分散は分散型値引きパターンが4948.2，前期集中型値引きパターンが1714.3，後期集中型値引きパターンが240となった。このデータから，後期集中型値引きパターンを観察した消費者の内的参照価格は，消費者間で類似していることが分かる。値引きが期間中分散して行われる分散型値引きパターンを観察し

たときに，消費者の内的参照価格の違いは最も大きくなっている．

5．研究2：値引きの個々の特性に関する研究[5]

5－1．値引きパターンの特性について

　研究2では，値引きの個々の特性に注目し，値引きの頻度，幅，およびバリエーション（値引き幅が常に一定か変化するか）の3特性を独立した要因として操作する実験室実験から，各々の特性が内的参照価格へ及ぼす主効果と交互作用を分析する．この方法では最終的な値引き費用は値引きパターンによって異なる．最終的な値引き費用を一定とすると，複数の値引き特性を同時に考慮するときに設定できる値引きパターンをそれらの組み合わせで考えなければならず，個々の特性の効果を調べることが難しいという問題点がある．例えば，値引きの頻度が同じであるときに，値引き幅が一定である場合とミックスしている場合の効果を分析することができない．本研究では，値引き幅のバリエーション，値引きの幅，値引き頻度の主効果と交互作用を分析する．

5－2．仮　　説

　値引き幅と値引きの頻度の主効果については2節で見たようにKalwani and Yim (1992) が検証しているので，ここでは値引き幅のバリエーションの主効果についてのみ仮説をたてる．ここではバリエーションのある値引き幅は大幅と小幅の2種類であるとする．消費者が，大幅の値引きと小幅の値引きの両方を過去に観察した場合，どちらの値引き幅をアンカーとするかによって内的参照価格は変わってくる．大幅の値引きの方が目につきやすく注意を引きやすいと思われるが，Krishna and Johar (1996) の結果からも示唆されるように大きい値引きは特別な値引きと扱われて軽視されると思われる．つまり，大幅の値引きは通常の値引き活動から分離され，内的参照価格

への影響は少ないということである。したがって，小幅の値引きの方が内的参照価格へ与えるインパクトは大きい。バリエーションのない一定の値引き幅を観察してきた場合には，その値引き幅をそのままアンカーとすることが予想される。ここでは，値引き幅にバリエーションのないパターンで採用される値引き幅が，バリエーションのあるパターンで採用される大幅の値引きと小幅の値引きの平均値と等しい状況を想定している。例えば，バリエーションのあるパターンで10%と30%の値引きが採用されたとしたら，バリエーションのないパターンでは20%の値引きが採用される。したがって，バリエーションのあるパターンを観察した消費者の内的参照価格はバリエーションのないパターンを観察した消費者よりも高くなることが予想され，次の仮説がたてられる。

仮説1：過去に採用される値引きパターンで，値引き幅にバリエーションのあるパターンで用いられる複数の値引き幅の平均とバリエーションのないパターンで用いられる値引き幅が等しいとする。このとき，消費者の内的参照価格は，バリエーションがないパターンを観察した場合よりもバリエーションのあるパターンを観察した場合の方が高くなる。

次に，値引き幅のバリエーションと値引き幅の交互作用について仮説を立てる。一般的には，消費者はバリエーションのあるパターンよりもないパターンの方をより簡単に学習すると考えられる。なぜなら後者のパターンはより少ないシンボルで理解できるからである（Simon and Kotovsky 1963）。したがって，値引き幅の効果は，バリエーションがあるパターンよりもないパターンの方が大きくなることが予想できる。このことは言い換えれば，大幅の値引きと小幅の値引きを観察した消費者の内的参照価格の差は，バリエーションのあるパターンよりもないパターンの方が大きくなるということを意味する。Kalwani and Yim (1992) が実証したように，内的参照価格は値引き幅が大きくなるほど低くなる。そこで，内的参照価格は大幅でバリエーシ

ョンのないパターンを観察したときに最も低くなると予想する。

　仮説2：値引き幅の効果は，バリエーションのあるパターンを観察した場合よりもバリエーションのないパターンを観察した場合の方が顕著になる。

　続いて，値引き幅のバリエーションと値引きの頻度の交互作用について仮説を立てる。値引きの観察頻度が増えれば，消費者は値引きという情報を処理する機会が増えるため，値引きのパターンを学習しやすくなることが予想できる。Cacioppo and Petty (1979) は，メッセージが繰り返し提供されるとメッセージの内容を処理する機会を強化することを示している。また，Simon and Kotovsky (1963) は，パターンの提供される間隔が短くなるほど，すなわち頻度が高くなるほど，そのパターンを理解しやすくなることを説明している。したがって，値引き幅のバリエーションの効果は値引きの頻度が低い場合よりも高い場合の方が大きくなることが予想される。Kalwani and Yim (1992) が実証したように，内的参照価格は値引きの頻度が高くなるほど低下する。そこで，内的参照価格は高頻度でバリエーションのないパターンを観察したときに最も低くなると予想する。

　仮説3：値引き幅のバリエーションの効果は，低頻度の値引きパターンよりも高頻度の値引きパターンを観察した場合の方が顕著になる。

　最後に，値引き幅と値引きの頻度の交互作用について仮説を立てる。この交互作用は Kalwani and Yim (1992) では有意にならなかったが，本研究ではこの効果は存在すると考える。仮説2で議論したように，高頻度の値引きは消費者による値引きパターンの学習をより容易にする。したがって，値引き幅の効果は，消費者が値引きの頻度が低い場合よりも高い場合の方が大きくなることが予想される。Kalwani and Yim (1992) の研究結果をもとに，内的参照価格は高頻度で大幅の値引きを観察したときに最も低くなると予想する。

仮説4：値引き幅の効果は，低頻度の値引きパターンよりも高頻度の値引きパターンを観察した場合の方が顕著になる。

5−3. 調　査

　この項では仮説を検証するために行ったアンケート調査について説明する。この調査は実験室実験である。

5-3-1. 実験のデザイン

　製品カテゴリーは本章の最初の研究と同じシャンプーである。商品名はブランド・ネームの影響を排除するためにブランドAとした。実験デザインは2×2×2被験者間要因配置であり，買物期間中に行われる値引きの頻度（高低），値引き幅（大小），および値引き幅のバリエーション（有無）を操作した。値引き設定期間は18期とした。値引きの頻度は高頻度の条件では6回，低頻度の条件では2回とした。値引きの幅は大幅の条件では35％，小幅の条件では15％とした。値引き幅は，バリエーションのある場合には2種類，ない場合には1種類とした。値引き幅の2水準は，値引き幅にバリエーションがある条件で用いられる2種類の値引き幅の平均と等しく，値引き幅にバリエーションがあり大幅の条件では30％と40％の値引き幅（平均値は35％で大幅の条件と同一）を，値引き幅にバリエーションがあり小幅の条件では10％と20％の値引き幅（平均値は15％で小幅の条件と同一）を採用した。値引き幅にバリエーションがない条件で用いる値引き幅は値引き幅の2条件と等しく，大幅の条件は35％，小幅の条件は15％とした。

　値引きは不規則で一時期に集中しないようにするために，18期を9期ずつの2期間に分割し，各期間において値引きを半分ずつランダムに実施した。高頻度で値引き幅にバリエーションがある条件では，大幅の値引きと小幅の値引きが3回ずつ行われるが，それらも集中しないように実施した。

5-3-2. サンプルと実験の手順

実験は343名の大学生を対象として行われた。被験者には小冊子を配布した。最初のページでは，調査の目的が値引きパターンの消費者の購買決定に及ぼす影響について調べること，および仮説的ブランドの内容が「ロイヤルゼリーとハーブのエキスによる保湿成分配合。550ml。はね・広がり・パサつきを抑えなめらかに潤う髪に。ポンプ式。通常価格：798円」であることを説明した。この仮想的ブランドの内容は，本章の最初の研究と同じである。次のページからは，あるスーパーで設定されたとする過去18期のブランドAの販売価格を1ページごとに示した。値引きがある場合には「○○％引き」という値引き情報も示した。被験者には，各ページで観察した価格を実際に小売店で観察したと想定すること，および次ページに移った後は前ページには戻らないように説明した。最後のページでは被験者は，内的参照価格，操作チェック，シャンプーの購買経験，およびモグラフィックスに関する質問に回答した。内的参照価格は期待価格とし，「今期，ブランドAはいくらであると思いますか？」という質問に対して自由回答方式で測定した。

5-3-3. 分析結果

まず，被験者が感じた値引きパターンの程度がこちらの意図と一致しているかを確認する操作チェックを行った。値引きの頻度については「値引きは全体的に多く行われていたと思いますか？」という質問を，値引き幅については「値引きは全体的に大きかったと思いますか？」と質問をし，それぞれ「1＝非常にそう思う」から「5＝全くそう思わない」までの5段階尺度で回答してもらった。分析の結果，被験者の知覚した値引きの頻度は与えられた条件によって異なることが確認された（$T=12.2, p<.0001$）。平均値は高頻度の条件が1.23，低頻度の条件が2.77となった。被験者の知覚した値引き幅についても与えられた条件によって異なることが確認された（$T=9.98, p<.0001$）。平均値は大幅の条件が2.31，小幅の条件が3.39となった。以上

5．研究2：値引きの個々の特性に関する研究　105

図表 4-6　値引きの頻度と値引き幅の交互作用

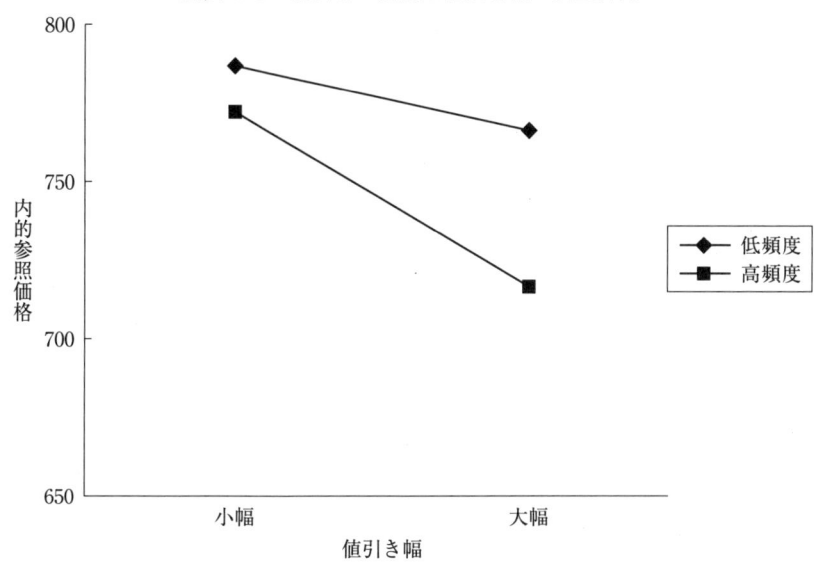

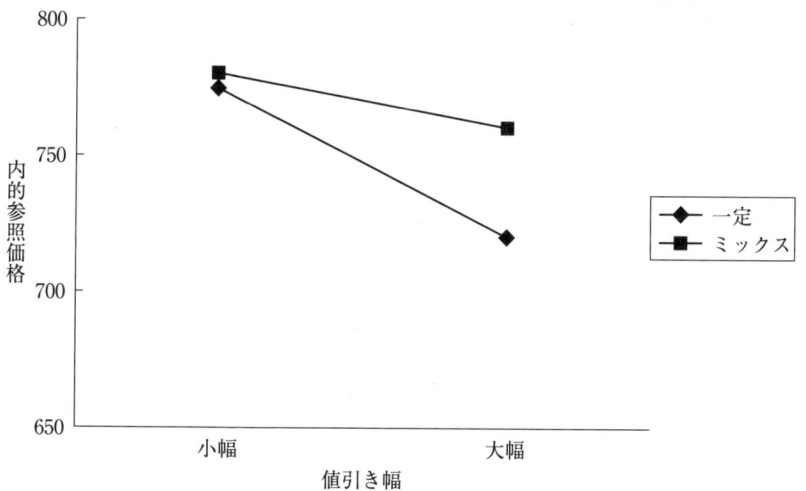

内的参照価格 / 値引き幅

- ◆ 低頻度
- ■ 高頻度

図表 4-7　値引き幅と値引き幅のバリエーションの交互作用

内的参照価格 / 値引き幅

- ◆ 一定
- ■ ミックス

の結果から値引きパターンについての被験者の知覚は実際の観察と一致していることが確認でき，本研究で行われた操作に問題はなかったと結論できる。

続いて仮説を検証する。値引きの頻度，値引き幅，および値引き幅のバリエーションを独立変数とする分散分析を行った。その結果，値引き幅のバリエーションの主効果は有意となり（$F(1,333)=3.9, p<.05$），平均値はバリエーションのある条件では768.0円，ない条件では750.8円となった。消費者の内的参照価格は，バリエーションがあるパターンの方がないパターンよりも高くなっており，仮説1は支持される。

交互作用については図表4-6と図表4-7に示されているように，値引き幅と値引き幅のバリエーションの交互作用（$F(1,333)=6.9, p=.01$）と値引きの頻度と値引き幅の交互作用（$F(1,333)=4.7, p<.05$）が有意になっている。値引きの頻度と値引き幅の交互作用では，大幅の方が頻度の高低の差が大きく，値引きが大幅のときには値引きは少ない方が内的参照価格は高くなっている。内的参照価格が一番高いのは，小幅の値引きが低頻度に行われる場合である。したがって，仮説2は支持される。値引き幅とバリエーションの交互作用では，値引きが大幅の方がバリエーションの有無の差が大きく，値引きが大幅のときには値引き幅にバリエーションがある方が内的参照価格は高くなっている。内的参照価格が一番高いパターンは，小幅の値引きがバリエーションをもたせて行われる場合である。したがって，仮説4は支持される。仮説3は交互作用が有意とならなかったので支持されない。

最後に，値引きの頻度と値引き幅についても主効果が見られたことをここに記しておきたい。平均値は値引き幅の頻度では，高い条件が744.1円，低い条件が774.7円となった（$F(1,333)=12.3, p=.0005$）。値引き幅では，大幅の条件が741.0円，小幅の条件が777.8円となった（$F(1,333)=17.9, p<.0001$）。これらの結果は，Kalwani and Yim（1992）と一致している。

6. 本章のまとめ

　本章では、様々なセールス・プロモーションが内的参照価格に与える影響を分析した研究を概観し、その上でこれまで十分に研究されてきていない複数期間にわたって設定される値引きパターンの影響に着目し、経験的研究を2つ行った。研究1では、最終的な値引き費用が一定である複数の値引きパターンが消費者の内的参照価格へ及ぼす影響を分析した。最終的な値引き費用が一定であることを条件としたのは、値引き費用が確定しているときに、その費用のもとで最も効果的な値引きパターンを策定するというケースに、ここで得られた結果を適用することが可能となるからである。この研究では、値引きの頻度と値引き幅の組み合わせに焦点をあてた研究と値引きが実施されるタイミングに焦点をあてた研究を行った。前者の研究では、値引きを小幅にして頻度を高くするパターン（高頻度小幅値引きパターン）、値引きを大幅にして頻度を低くするパターン（低頻度大幅値引きパターン）、および、値引きの頻度は中程度だが大幅の値引きと小幅の値引きが用いられるパターン（中頻度ミックス幅値引きパターン）の3パターンを分析した。後者の研究では、値引きが全期間にわたって比較的均一に実施されるパターン（分散型値引きパターン）、値引きの実施時期が前に集中するパターン（前期集中型値引きパターン）、そして実施時期が後に集中するパターン（後期集中型値引きパターン）の3パターンを分析した。分析の結果、内的参照価格は、値引きの頻度と値引き幅の組み合わせによるパターンでは低頻度大幅値引きパターンが一番高くなることを確認した。ただし、低頻度大幅値引きパターンと中頻度ミックス幅値引きパターンの差は大きくない。また、値引きのタイミングが異なる値引きパターンでは、前期集中型値引きパターンか分散型値引きパターンが高くなることを明らかにした。最後に、高頻度小幅値引きパターンと後期集中型値引きパターンが採用されるときに、内的参照価格は消費者間

でより同質的になることを明らかにした。

　研究2では，複数期間にわたって設定される値引きパターンで操作可能な3つの値引き特性，すなわち値引きが多いか少ないかという値引きの頻度，値引きが大幅か小幅かという値引き幅の大きさ，および値引き幅が一定か複数かという値引き幅のバリエーションに注目して，それらの主効果と交互作用が内的参照価格に及ぼす効果について分析した。その結果，値引きの頻度と値引き幅の大きさの主効果については過去に行われた研究と一致しており，内的参照価格は，値引きの頻度が低いほど，あるいは値引き幅が小幅であるほど高くなることを確認した。値引き幅のバリエーションは本研究で提示した仮説と一致しており，バリエーションのある場合に用いられる複数の値引き幅の平均がバリエーションのない場合に用いられる値引き幅と同一とした場合，内的参照価格はバリエーションのあるパターンの方がないパターンよりも高くなることを明らかにした。また，値引きが大幅であるときには，値引きの頻度を低く，あるいは値引き幅にバリエーションをもたせた方が内的参照価格は高くなることも明らかにした。

【注】
（1）ここで示される仮説は，直訳では分かりにくい場合にはより明瞭な表現に変えている。また，本章の目的と無関係の仮説は取り上げていない。
（2）この研究はShirai（2003a）を翻訳して転載したものである。
（3）この研究は小売店が扱う60品目について，小幅の値引きを多数の品目に行う高頻度小幅値引きパターンと大幅の値引きを少数の品目に行う低頻度大幅値引きパターンを比較している。したがって，複数期間にわたる特定ブランドの値引きパターンを対象としていないが，考え方や測定方法は類似しているのでここで参照することにした。
（4）ここで対象とする小幅の値引きは，小さいけれども消費者が価格変化を認識できる値引き幅である。Kalwani and Yim（1992）によると，消費者の価格の知覚に有意な差をもたらす値引き幅は最低5％以上である。
（5）この研究はShirai（2004b）を翻訳して転載したものである。

第5章　価格比較広告が内的参照価格に与える影響

1. は じ め に

　本章では，価格比較広告が内的参照価格に与える影響について検討する。価格比較広告は主に小売業者が行う広告で，商品の販売価格を表示するときに販売価格よりも高い別の価格を一緒に表示する。この価格は外的参照価格と呼ばれ，販売価格の割安感を高めることを目的として用いられる。外的参照価格としては，定価，メーカー希望小売価格，通常価格，過去の価格，競合店の価格，類似商品の価格などが用いられる。価格比較広告は消費者の注意を引きやすいので，広告にある外的参照価格という情報は消費者に比較的容易に取得される。このとき，内的参照価格が外的参照価格よりも高ければ内的参照価格はより低い水準へと更新され，反対に低ければより高い水準へと更新されるというように，内的参照価格は外的参照価格の影響を受ける可能性がある。したがって，外的参照価格がその時点での購買だけでなく，内的参照価格への影響を通して将来の購買にも影響を与えることが予想される。価格比較広告は一般的に用いられるプロモーション手段であり，これまで多くの研究者の関心を集めてきた。本章では，それらの研究の中で内的参照価格への影響を分析した研究を概観し，どのような価格比較広告が内的参照価格に影響を与えるのかについて考える。ここでは，これらの研究を外的参照価格の水準に着目したもの，価格比較広告活動の一貫性と識別性に着目したもの，外的参照価格のタイプに着目したもの，およびその他の要因に着目したものに大別して見ていくことにする[1]。

2. 外的参照価格の水準の効果

　この節では，外的参照価格の水準によって内的参照価格への影響が異なることを実証した研究を取り上げる。まず Urbany et al. (1988) は，外的参照価格の水準の高低だけでなく，販売価格よりもかなり高い誇張した水準の外的参照価格の有効性についても分析している。一般に，価格比較広告は有効であると考えられているが，どの程度まで高い外的参照価格が有効であるのかについては分かっていないので，この分析は重要である。Urbany は以下の2つの仮説を実験室実験により検証している。

　仮説1：販売価格のみよりも妥当な水準の外的参照価格を合わせて提示した方が，
　　A．広告主の通常価格に対する消費者の推定値は高くなる。
　　B．平均市場価格に対する消費者の推定値は高くなる。
　仮説2：販売価格のみよりも誇張した水準の外的参照価格を合わせて提示した場合，
　　代替案1．仮説1の効果が見られなくなる。
　　代替案2．仮説1と同じ効果が見られる。

　仮説にある通常価格と平均市場価格は内的参照価格であり，広告観察後に測定されている。実験は2つ行われている。実験1は＄319の19インチ・テレビを対象とした一要因，4水準の被験者間要因配置デザインである。広告タイプを操作しており，販売価格の表示のみ，販売価格と妥当な低水準（＄359）の表示，販売価格と妥当な高水準（＄419）の表示，および販売価格と誇張した高水準（＄799）の表示を設定している。図表5-1は内的参照価格の平均値を示したものである。仮説1Aと仮説1Bは，誇張した高水準を除く3つの広告タイプを独立変数とする分散分析から検証している。その結果，通常価格については広告タイプの主効果が確認され（$F = 17.33$, $p <$

図表 5-1　内的参照価格の平均

	外的参照価格			
	なし	$359	$419	$799
実験 1 販売価格（$319）：				
通常価格	382.21	355.86	409.29	544.37
平均市場価格	374.09	363.13	389.89	448.80
実験 2 低販売価格（$279）：				
通常価格	316.19	—	393.48	536.14
平均市場価格	300.63	—	351.04	387.02
高販売価格（$319）：				
通常価格	369.56	—	388.10	585.66
平均市場価格	342.30	—	361.83	467.24

出所：Urbany et al.(1988)を一部改変。

.05），通常価格は妥当な高水準の外的参照価格を提示した場合に一番高く，販売価格のみを提示した場合に一番低くなっている。したがって仮説1Aは支持される。平均市場価格については広告タイプの主効果は有意にならなかったが，平均市場価格は妥当な高水準の外的参照価格を提示した場合に一番高く，販売価格のみ提示した場合に一番低くなっている。Tukey検定からは妥当な高水準と妥当な低水準の間に有意差が有意水準5％で確認されている。したがって仮説1Bは部分的に支持される。仮説2は全水準を含む広告タイプを独立変数とする分散分析から検証している。その結果，通常価格も平均市場価格も広告タイプの主効果が確認され（通常価格は$F=26.98$, $p<.05$，平均市場価格は$F=7.87$, $p<.05$），両価格とも誇張した高水準の外的参照価格を提示したときに一番高くなっている。したがって，代替案1は棄却されて代替案2が支持される。

　実験2では広告タイプの他に販売価格にも異なる水準を設定し，それらの

効果を比較している。対象とした製品は実験1と同じである。実験のデザインは2×3被験者間要因配置で，販売価格と広告タイプを操作している。販売価格には低水準（＄279）と高水準（＄319）を，広告タイプには販売価格の表示のみ，販売価格と妥当な高水準（＄419）の表示，販売価格と誇張した高水準（＄799）の表示を設定している。仮説の検証の方法は実験1と同じである。内的参照価格の平均値は図表5-1に示している。通常価格については広告タイプの主効果が確認され（通常価格は$F=19.68, p<.05$），妥当な高水準の外的参照価格を提示した場合に一番高く，販売価格のみ提示した場合に一番低くなっている。平均市場価格についても広告タイプの主効果が確認され（$F=9.85, p<.05$），妥当な高水準の外的参照価格を提示した場合に一番高く，販売価格のみ提示した場合に一番低くなっている。したがって，仮説1Aと仮説1Bは支持される。また，販売価格の主効果が通常価格に対しても（$F=4.83, p<.05$），平均市場価格に対しても有意となっている（$F=5.5, p<.05$）。さらに平均市場価格に対して販売価格と外的参照価格の交互作用が有意であり（$F=7.55, p<.05$），通常価格は販売価格が低く妥当な高水準であるときに一番高く，販売価格が低く外的価格の表示がないときに一番低くなっている。全水準を含む広告タイプを独立変数とする分散分析の結果からは，通常価格にも平均市場価格にも広告の主効果が確認され（通常価格は$F=77.97, p<.05$，平均市場価格は$F=38.38, p<.05$），仮説2の代替案2を支持している。また，販売価格の主効果が通常価格と平均市場価格に対して有意となっている（通常価格は$F=4.34, p<.05$，平均市場価格は$F=13.08, p<.05$）。通常価格も平均市場価格も販売価格が高く外的参照価格が誇張した高水準のときに一番高く，販売価格が低く外的参照価格の表示がないときに一番低い。

これらの結果は，誇張した高水準の外的参照価格は妥当な水準の外的参照価格と同様に内的参照価格を高める機能をもっているだけでなく，それよりも効果が高いことを明らかにしている。また，内的参照価格は外的参照価格

だけでなく販売価格の水準にも依存し，販売価格が高い方が高くなる傾向にあることも示している。

Suter and Burton (1996) もまた，誇張した内的参照価格の効果を調べている。仮説は設定していない。内的参照価格は公正価格，最低価格，留保価格で，広告観察後に測定している。電卓を対象とした実験室実験が3つ行われている。全実験とも一要因，3水準の被験者間要因配置デザインである。販売価格は実験1では\$79，実験2と実験3では\$29.95である。外的参照価格を操作しており，誇張した価格（実験1では\$159，実験2と実験3では\$69.95），妥当な高価格（実験1では\$119，実験2と実験3では\$49.95），妥当な低価格（実験1では\$88，実験2と実験3では\$34.95）を設定している。分析の結果からは各内的参照価格は外的参照価格が高くなるにつれて高くなることが示されている。また，誇張した外的参照価格を提示したケースに限定して外的参照価格に対する信頼性の高低で内的参照価格の水準を比較したところ，実験1では留保価格と公正価格に有意差が（留保価格は $F=4.2, p<.05$，公正価格は $F=3.8, p<.06$)，実験2では留保価格に有意差が（$F=10.8, p<.001$）確認され，それらの価格は信頼性の高い方が低い場合に比べて高いことが明らかになっている。さらに，誇張した価格に対する信頼性が低いにも関わらず，内的参照価格が妥当な高価格を提示した場合よりも高くなるケースが確認されている。実験1では最低価格のみが，実験2と実験3では全ての内的参照価格がそのような現象を示している。消費者は外的参照価格の妥当性について懐疑的になったとしても，その外的参照価格に基づいて内的参照価格を調整する傾向にあるのである。

Frankenberger and Liu (1994) は，価格比較広告の効果が消費者の価格知識の影響を受けるかどうかを分析している。また，内的参照価格を広告観察の前後に測定することで価格比較広告によって内的参照価格が変化した程度と方向を分析している。以下の仮説を実験室実験により検証している。

仮説A：内的参照価格の変化は価格知識の高い消費者よりも低い消費

者の方が大きい。

仮説B：価格知識の低い消費者の内的参照価格の変化は，誇張した外的参照価格を観察したときに一番高くなる。

実験は2被験者内要因配置×3被験者間要因配置デザインで，製品タイプと広告タイプを操作している。製品タイプには使い捨てカミソリ（高購買頻度）と電子レンジ（低購買頻度）を，広告タイプには妥当な水準の外的参照価格が提示される価格比較広告（販売価格よりも約13％高く設定），誇張した外的参照価格が提示される価格比較広告（カミソリは＄5.95，電子レンジは＄899.50），販売価格のみを示す広告を設定している。販売価格は具体的に明記していない。測定した内的参照価格は最低市場価格，最高市場価格，平均市場価格の3価格である。広告観察前の内的参照価格は被験者が予想する市場の価格で，特定の製品を対象としていない。広告観察後の内的参照価格は，上記の測定から約2週間後に各製品の広告を被験者に観察させてから測定した特定製品の予想価格である。仮説AとBの検証には，最高市場価格と最低市場価格の差の広告観察後における変化率を用いている。つまり，内的参照価格の上限と下限で規定される価格範囲の広告による変化である。この値は販売価格のみを示す広告を観察した場合にはゼロとなる。変化率を従属変数とする分散分析の結果からは，カミソリと電子レンジの両方について価格知識の主効果，広告タイプの主効果，および価格知識と広告タイプの交互作用のいずれも有意でないことが確認されている。仮説Aは価格知識の主効果を，仮説Bは価格知識と広告タイプの交互作用を意味しているので，この結果は仮説Aも仮説Bも支持しないということになる。ただし，平均市場価格の変化率を従属変数とする分散分析からは，電子レンジのみ価格知識の主効果（$F=2.88, p=.098$）と広告タイプの主効果（$F=2.35, p=.089$）が有意であることが確認されたので，仮説Aについては製品によっては支持されると言える。ところでこの結果は，内的参照価格の範囲の拡大あるいは縮小がなかったことを示しているのであって，最高市場価格と最低市場価

2. 外的参照価格の水準の効果 115

格という内的参照価格が変化しなかったということを示しているのではないことに注意すべきである。この研究の分析方法ではそれらの価格の変化は見えない。例えば両方の価格が同じ方向に同じ程度だけ変化した場合には変化率はゼロに近くなるはずである。したがって，平均市場価格と同様に，最高市場価格と最低市場価格を別々に分析した場合には広告や価格知識の影響が見られたかもしれない。

Alford and Engelland（2000）もまた，価格比較広告の内的参照価格への効果を価格比較広告の観察前後の変化から測定している。以下の仮説を実験室実験により検証している。

仮説：妥当な外的参照価格のみ消費者の内的参照価格を変える（誇張した外的参照価格は内的参照価格に影響を与えない）。

この研究では誇張した外的参照価格は有効ではないと考えている。実験は2被験者間要因配置×2被験者内要因配置デザインで，価格比較広告タイプと製品タイプを操作している。価格比較広告には，妥当な水準の外的参照価格が提示される広告（テニス・シューズは＄51.95，電話機は＄76.95）と誇張した水準の外的参照価格が提示される広告（テニス・シューズは＄89.50，電話機は＄151.95）を，製品タイプには販売価格が＄41.95のテニス・シューズと＄62.95の電話機を設定している。内的参照価格は，最低価格，平均価格，および最高価格で，広告観察の前後に測定している。広告観察前の内的参照価格は，価格情報は提供せずにブランド・ネーム，製品情報，写真を見せてから測定している。図表5-2から分かるように，妥当な外的参照価格を提示した場合には各内的参照価格は広告観察後に低下しているのである。t検定で広告前後の内的参照価格を比較した結果からは，テニス・シューズでは3つの内的参照価格全てに，電話機では平均価格と最高価格に有意差が確認されている。誇張した外的参照価格は内的参照価格に影響を与えていない。したがって，仮説は支持されている。

以上の4つの研究結果からは，価格比較広告の効果は消費者の価格知識と

図表 5-2 内的参照価格の平均と t 検定の結果

	広告観察前	広告観察後	t 値と p
妥当な水準の外的参照価格 テニス・シューズ（$51.95，販売価格は$41.95）：			
最低価格	39.73	36.45	1.75, $p<.1$
平均価格	55.76	47.00	4.16, $p<.05$
最高価格	78.29	61.37	5.30, $p<.05$
電話機（$76.95，販売価格は$62.95）：			
最低価格	53.01	48.34	1.34, n. s.
平均価格	70.06	60.40	2.16, $p<.05$
最高価格	101.00	77.42	3.69, $p<.05$
誇張した水準の外的参照価格 テニス・シューズ（$89.50，販売価格は$41.95）：			
最低価格	40.08	39.65	0.26, n. s.
平均価格	56.13	56.16	−0.02, n. s.
最高価格	79.29	79.03	0.08, n. s.
電話機（$151.95，販売価格は$62.95）：			
最低価格	56.93	57.44	−0.13, n. s.
平均価格	61.03	79.41	0.28, n. s.
最高価格	114.34	118.65	−0.52, n. s.

出所：Alford and Engelland（2000）を一部改変。

関連するということが明確になった。価格知識が高ければ価格判断において外的参照価格を用いる必要はほとんどない。消費者は外的参照価格よりも販売価格により高い関心を向ける。反対に，価格知識が低ければ外的参照価格は販売価格を判断する有用な情報となる。この場合，誇張した外的参照価格の方が妥当な水準にある外的参照価格よりも内的参照価格を上昇させる効果が高い。ただし，この効果は誇張した外的参照価格に対する信頼性に依存し，信頼性が低ければ弱くなる。

続いて，外的参照価格の内的参照価格への影響を表す関数型を調べた研究

を見てみよう。一般的には，誇張した外的参照価格の効果は同化—対比理論（assimilation-contrast theory）と一致すると考えられている。この理論によれば，外的参照価格が消費者の受容範囲内にあり同化が生じると内的参照価格は外的参照価格の影響を受けて上昇する。ところが，外的参照価格がその範囲を越えてしまうと対比が生じ，内的参照価格へ影響が小さくなっていくのである。つまり，誇張した外的参照価格もある程度までは効果があるが，不自然に高すぎるとその効果は消失するのである。Chandrashekaran and Grewal（2003）は実験を行い，この理論を経験的に検証している。具体的には，以下の2つの仮説を実験室実験により検証している。

仮説1：内的参照価格の変化（最後の内的参照価格と最初の内的参照価格の差）と知覚差（割り引いた外的参照価格と最初の内的参照価格の差）の間には非線形の関係がある。

仮説2：この非線形の関係は低関与の消費者よりも高関与の消費者により顕著に見られる（低関与の消費者はかなり高い外的参照価格でも受容する）。

価格比較広告では「通常の販売価格は＿＿円，今はたったの＿＿円（Regularly Sold At ＿＿, Now Only ＿＿）」という表現を用いている。実験は2×2被験者間要因配置デザインで，製品タイプと外的参照価格を操作している。製品タイプはオリンパスの105mmズーム・カメラとデュラセルのAAバッテリーで，被験者にどちらかの製品をランダムに割り当てるのではなく選択させている。外的参照価格は，カメラには\$249.99と\$289.99を，バッテリーには\$5.49と\$6.29を設定している。実験では最初に，被験者に製品の写真を見せてから製品関与と内的参照価格を測定している。内的参照価格は最低観察価格，留保価格，公正価格，通常価格で，これらの平均値を「最初の内的参照価格」としている。次に，3日〜5日後に小売店の価格比較広告を見せて広告にある外的参照価格の妥当性を「1＝全くありえない」から「7＝非常にありえる」までの7段階で測定し，その測定値からサンプ

ル内の最低回答値を引き，そしてサンプル内の範囲で割ることで0～1の値に標準化している。この標準化知覚信頼性と外的参照価格を掛け合わせたものを「割り引いた外的参照価格」としている。さらに，この割り引いた外的参照価格から最初の内的参照価格を引いたものを「知覚差」としている。このときに上記と同じ4つの内的参照価格も測定し，それらの平均値を「最後の内的参照価格」としている。最後の内的参照価格と最初の内的参照価格の差は，外的参照価格の内的参照価格への同化分としている。分析では次の線形式と非線形式の適合度を比較している。

　　線 形 式：内的参照価格の変化＝$\alpha+\beta_0$知覚差
　　非線形式：内的参照価格の変化＝$\alpha+\beta_0$知覚差＋β_1（知覚差）^{2}

　これらの式に基づいた回帰分析の結果は図表5-3に示されている。決定係数R^2は線形式よりも非線形式の方が高く，内的参照価格の変化は非線形式の方がより良く説明できることが示されている。図表5-4は非線形の関係を表したものである。内的参照価格は外的参照価格が最初の内的参照価格よりも低いときには比例的に上昇するが，逆に高いときには外的参照価格が高くなるにつれて上昇率がさがっていくという非線形になっている。したがって，仮説1は支持され，外的参照価格の効果は同化－対比理論と一致する。また，この非線形の関係は製品関与とも関係しており，決定係数R^2から内的参照価格の変化は低関与よりも高関与の方がより良く説明できることが示されている。つまり，高関与よりも低関与の消費者の方が外的参照価格の影響を受けやすいということになる。高関与の消費者は，情報をよく観察して処理するため外的参照価格をそれほど活用しないのである。したがって，仮説2は支持されている。

　さらにこの非線形の関数型を詳細に分析したのがKoppalle and Lindsey-Mullikin（2003）である。以下の4つの仮説を実験室実験により検証している。

2. 外的参照価格の水準の効果　119

図表 5-3　回帰分析の結果

	低関与				高関与			
	切片	知覚差	知覚差^2	R^2	切片	知覚差	知覚差^2	R^2
バッテリー								
線　形	1.01**	0.36***		0.26	0.89**	0.09**		0.13
非線形	1.14**	0.21*	−0.08*	0.31	1.35**	0.09**	−0.07**	0.54
カメラ								
線　形	36.31**	0.03		0.003	17.32**	0.17		0.21
非線形	43.90**	0.11	−0.001*	0.060	27.65**	0.11**	−0.001**	0.33

注：＊：有意水準1%，＊＊：5%，＊＊＊：10%。
出所：Chandrashekaran and Grewal (2003) を一部改変。

図表 5-4　外的参照価格の内的参照価格への影響

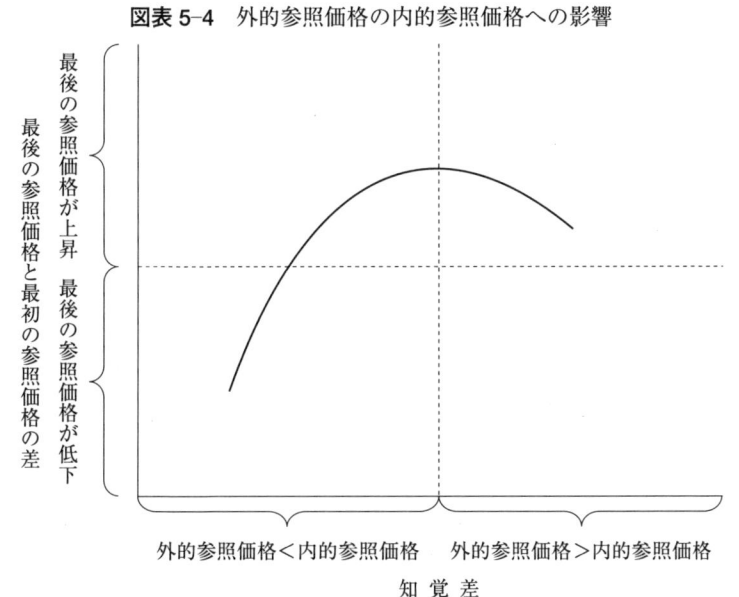

縦軸：最後の参照価格と最初の参照価格の差（上部：最後の参照価格が上昇、下部：最後の参照価格が低下）
横軸：知覚差（左：外的参照価格＜内的参照価格、右：外的参照価格＞内的参照価格）

出所：Chandrashekaran and Grewal (2003) を加筆修正。

仮説1：外的参照価格とそれを観察する前の内的参照価格が等しい場合，内的参照価格は変化しない。

仮説2：外的参照価格がそれを観察する前の内的参照価格よりも低い場合，内的参照価格は比例的に低下する。

仮説3：外的参照価格がそれを観察する前の内的参照価格よりも高い場合，内的参照価格はある点までは上昇するが，その点を超えると低下し始める。

仮説4：仮説1，仮説2，仮説3に基づき，内的参照価格の変化と知覚差（外的参照価格とそれを観察する前の内的参照価格の差）の間には曲線の関係がある。

実験では，最初に「就職面談を受けるために会社近くのホテルに到着したが，面談に履いていく靴を忘れてきたのでホテルのスタッフから聞いた近くのディスカウント店に行く」というシナリオを被験者に想定してもらい，ここで内的参照価格（最初の内的参照価格）を測定している。次に，「その店で気に入った靴を見つけたが値札が半分に切れていて外的参照価格しか分からない」というシナリオを想定してもらい，その外的参照価格の提示後に内的参照価格を測定している（最後の内的参照価格）。続いて，「販売員からその靴の販売価格を教えてもらい，その後に近くのデパートの靴売り場も見に行く」というシナリオを想定してもらい，内的参照価格を測定している（最後の内的参照価格）。外的参照価格は，被験者の回答した最初の内的参照価格をベースに－50％，－25％，0％，＋25％，＋50％，＋100％，＋200％，＋400％の8水準を設定している。架空ブランドの販売価格は外的参照価格の25％，50％，75％，90％の4水準を設定している。つまり，この実験は8×4被験者間要因配置デザインである。内的参照価格は期待価格で測定している。外的参照価格と更新した内的参照価格の関係は，以下の逆U字型，線形型，収穫逓減型（対数型，平方根型），S字型の5モデルで比較している。

2. 外的参照価格の水準の効果

逆U字型：最後の内的参照価格＝$\alpha + \beta_0$最初の内的参照価格＋β_1知覚差＋β_2知覚差^2

線 形 型：最後の内的参照価格＝$\alpha + \beta_0$最初の内的参照価格＋β_1知覚差

対 数 型：最後の内的参照価格＝$\alpha + \beta_0$最初の内的参照価格＋$\beta_1 \log$知覚差

平方根型：最後の内的参照価格＝$\alpha + \beta_0$最初の内的参照価格＋β_1知覚差$^{1/2}$

Ｓ 字 型：最後の内的参照価格＝$\alpha + \beta_0$最初の内的参照価格＋$(e^{\beta_1 知覚差})/(1+e^{\beta_1 知覚差})$

ただし，$\beta_0 > 0$，$\beta_1 > 0$，$\beta_2 < 0$である。分析では最初に逆Ｕ字型，Ｓ字型，線形型を比較している。決定係数R^2はそれぞれ0.77，0.67，0.68となり，最後の内的参照価格の説明力は逆Ｕ字型が一番高いことを示している。次に，収穫逓減型の現象は外的参照価格が最初の内的参照価格よりも高いときのみ生じることから，逆Ｕ字型，平方根型，対数型の比較は外的参照価格の水準が最初の内的参照価格よりも高いときに限定して行っている。決定係数R^2がそれぞれ0.73，0.69，0.71となり，逆Ｕ字型の説明力が一番高いことが示されている。したがって非線形の関係は逆Ｕ字型の曲線であるということになり，仮説4は支持される。この逆Ｕ字型は図表5-4と同様の形をしている。

仮説1～仮説3は，外的参照価格と更新した内的参照価格の関係が逆Ｕ字型であることを詳細に説明している。図表5-5は外的参照価格の水準別にみた内的参照価格の変化率を示している。内的参照価格の変化率は最後の内的参照価格から最初の内的参照価格を引き，それを最初の内的参照価格で割ったものである。この図表にある全ての平均はゼロではないことが有意水準5％で確認されている。最初の内的参照価格と外的参照価格が一致する場合には，最後の内的参照価格を－0.04と僅かだけれども統計的に有意に低下させているので，仮説1は部分的に支持されると言える。外的参照価格が最

図表 5-5　外的参照価格の内的参照価格への影響

外的参照価格の大きさ	内的参照価格の変化率
最初の内的参照価格よりも50%低い（−50%）	−0.42
最初の内的参照価格よりも25%低い（−25%）	−0.28
最初の内的参照価格と同じ	−0.04
最初の内的参照価格よりも25%高い（+25%）	0.09
最初の内的参照価格よりも50%高い（+50%）	0.16
最初の内的参照価格の2倍（+100%）	0.26
最初の内的参照価格の3倍（+200%）	0.75
最初の内的参照価格の5倍（+400%）	0.59

出所：Koppalle and Lindsey-Mullikin（2003）を一部改変。

初の内的参照価格よりも低い場合には，最後の内的参照価格は比例的に低下しており，仮説2を支持している。また，外的参照価格が最初の内的参照価格よりも高い場合には，最後の内的参照価格は+200%までは上昇しているが，+400%で減少傾向が見られるので仮説3を支持している。以上の結果から，外的参照価格の内的参照価格への効果は逆U字型で表現でき，それは同化―対比理論で説明できることが明らかになった。

3．価格比較広告の一貫性と識別性

この節では継続的に行われる価格比較広告の影響と外的参照価格の水準の影響に着目した研究を取り上げる。これまでに行われた研究は，価格比較広告の一貫性（consistency）と識別性（distinctiveness）に着目している。これらの影響は直感的にも理解できる。類似した価格比較広告が過去に何度か行われ，広告の一貫性の上昇と識別性の低下が進めば消費者の価格比較広告に対する関心が下がり，外的参照価格の内的参照価格への影響は弱まることは容易に予想できる。この現象は，消費者の知覚は過去に取得した情報と一致

しない情報や他の情報とは異なる識別性の高い情報の影響を受けやすいという帰属理論(attribution theory)で説明できる。帰属理論によると，広告主が競合相手と類似した広告(低水準の識別性)や過去に行った自社の広告と類似した広告(高水準の一貫性)を行った場合，その広告は消費者の期待と一致するので消費者はその広告の情報を広範に処理しない。反対に，他社とは違う広告(高水準の識別性)や過去に実施したことのない広告(低水準の一貫性)を行った場合，その広告は消費者の期待とは異なるので消費者はその不一致の理由を探索する。このとき，外的参照価格は消費者の価格判断に強く影響するのである。Lichtenstein and Bearden (1988) は自動車ディーラーが行う自動車広告について，一貫性，識別性，外的参照価格の3要因を実験室実験で操作することにより以下の3つの仮説を検証している。

仮説1：内的参照価格は外的参照価格が低い広告よりも高い広告の方が高くなる。

仮説2：内的参照価格は識別性が低い広告よりも高い広告の方が高くなる。

仮説3：内的参照価格は一貫性が高い広告よりも低い広告の方が高くなる。

仮説4：内的参照価格は高識別性＆高一貫性，低識別性＆高一貫性，低識別性＆低一貫性の広告よりも，高識別性＆低一貫性の広告の方が高くなる。

実験のデザインは2×2×2被験者間要因配置である。一貫性は広告主の過去の広告活動としており，過去に同じ値引きを定期的に実施(高水準)と過去に同じ値引きの実施なし(低水準)を設定している。識別性はディーラーのタイプとしており，現在広告している地元で唯一のディーラー(高水準)と類似する広告をしている地元の別のディーラー(低水準)を設定している。外的参照価格には高水準($8,215)と低水準($7,414)を設定し，「今までは$＿＿＿，今はたったの$7,272 (Was $＿＿, Now Only $7,272)」とい

う表現を用いている。内的参照価格は通常価格で，広告観察後に測定している。分散分析の結果からは，外的参照価格の主効果のみが有意であることが示されている（$F=64.23$, $p<.001$）。内的参照価格は外的参照価格が高い場合が\$7,382，低い場合が\$8,043となり，仮説1と一致している。仮説2と仮説3は広告の識別性と一貫性の主効果が有意ではないので支持されない。また，識別性と一貫性の交互作用も有意ではないため仮説4も支持されない。

続いてLichtenstein and Bearden (1989) は，Lichtenstein and Bearden (1988) の研究を拡張し，外的参照価格に誇張した水準を含めた分析をしている。以下の仮説を実験室実験により検証している。

仮説1：内的参照価格は，外的参照価格が妥当な低水準や誇張した高水準である場合よりも妥当な高水準である場合の方が高くなる。

仮説2：内的参照価格は，価格比較広告が競合店のものと比べて識別性が高い方が高くなる。

仮説3：内的参照価格は，価格比較広告活動が一貫していない方が高くなる。

価格比較広告は家具店が行う机の広告で，「今までは\$___，今はたったの\$___ (Was \$___, Now Only \$299)」という表現を用いている。実験のデザインは2×2×3被験者間要因配置で，広告の一貫性と識別性，および外的参照価格を操作している。広告の一貫性は広告主の過去の広告行動としており，過去8週中6週で同じ水準の値引きの実施（高一貫性）と過去に机の広告の実施なし（低一貫性）を設定している。識別性は6競合店の過去の広告行動としており，過去に競合店による類似広告の実施なし（高識別性）と過去8週中5週で1～3の競合店による類似広告の実施あり（低識別性）を設定している。外的参照価格には，誇張した高水準（\$699），妥当な高水準（\$399），妥当な低水準（\$319）を設定している。内的参照価格は，通常価格，最低価格，公正価格の3価格である。分散分析の結果からは，外的参照価格の主効果が通常価格と公正価格に，一貫性の主効果が通常価格に，識別性の

3. 価格比較広告の一貫性と識別性　125

図表 5-6　内的参照価格の平均

	一貫性		識別性		
	低	高	低	高	全体
全体					
通常価格	418	387	395	409	402
最低価格	256	252	248	260	254
公正価格	339	324	314	350	331
妥当な低水準の外的参照価格（$319）					
通常価格	313	313	313	312	313
最低価格	250	249	244	256	250
公正価格	292	293	283	303	293
妥当な高水準の外的参照価格（$399）					
通常価格	368	360	368	360	364
最低価格	261	249	250	260	255
公正価格	380	306	326	358	341
誇張した高水準の外的参照価格（$699）					
通常価格	568	501	510	563	536
最低価格	256	259	251	265	258
公正価格	348	379	336	393	363

出所：Lichtenstein and Bearden (1989) を一部改変。

主効果が最低価格と公正価格に確認されている。また，外的参照価格と一貫性の交互作用が通常価格と公正価格に，外的参照価格と識別性の交互作用が通常価格に，外的参照価格，一貫性，識別性の交互作用が公正価格に確認されている。これらの効果の有意水準は全て5％である。図表5-6は内的参照価格の平均値を示したものである。どの内的参照価格も誇張した高水準が一番高く，妥当な低水準で一番低くなっており仮説1と一致しない。仮説2にある識別性の効果は外的参照価格が妥当な低水準である場合には見られないが，妥当な高水準では最低価格と公正価格に，誇張した高水準では3内的

参照価格に見られる。したがって，仮説2は外的参照価格に依存することになり，部分的に支持されていると言える。仮説3にある一貫性の効果は，妥当な低水準では見られないが，妥当な高水準では3内的参照価格に，誇張した高水準では通常価格に見られている。したがって，仮説3もまた外的参照価格に依存することになり，部分的に支持されていると言える。

以上の結果は価格比較広告における識別性と一貫性という概念は内的参照価格に影響を与えることが分かったが，その効果は外的参照価格の水準次第であるということに留意する必要がある。識別性と一貫性は外的参照価格が比較的高い水準にあるときに重要となってくる。

4．外的参照価格のタイプの効果

この節では，価格比較広告において外的参照価格を提示するときに採用する表現に着目した研究を取り上げる。表現は多数あるので，どの表現がより効果的なのかを分析することは重要である。まず，Liefeld and Heslop (1985) は，新聞広告において，販売価格のみ（値引きなし）の提示，販売価格とメーカー希望小売価格の提示，値引き価格シグナルと販売価格の提示，値引きシグナル，販売価格と通常価格の提示，値引きシグナル，販売価格とメーカー希望小売価格の提示という5タイプの広告の効果を分析している。これらの中でメーカー希望小売価格か通常価格を提示する広告が価格比較広告である。製品カテゴリーは，家庭用ステレオ・コンポーネント，家庭用ペンキ，デザイナー・ジーンズ，およびプロパンガス用バーベキュー・グリルの4つである。この広告タイプと製品タイプが操作する要因なので，この実験室実験のデザインは5被験者間要因配置×4被験者内要因配置となる。値引きされていない販売価格とメーカー希望小売価格を提示する広告では，販売価格のメーカー希望小売価格からの割引率は，ステレオが13.3%，ペンキが12%，ジーンズが9.2%，グリルが20%となっている。値引き価格と通常

価格を提示する広告の割引率は，ステレオが12.3%，ペンキが9.1%，ジーンズが37.4%，グリルが20.8%である。値引き価格とメーカー希望小売価格を提示する広告の割引率は，ステレオが24%，ペンキが20%，ジーンズが43.2%，グリルが36.7%である。値引き価格は実際に新聞広告されていた値引き価格，値引きされていない販売価格と通常価格は市内で販売されていた同ブランドの価格の中央値，メーカー希望小売価格は実際のメーカー希望小売価格である。内的参照価格は地元の店舗が設定する通常価格である。分析には，小売店への電話インタビューから決定した実際の市場価格と内的参照価格の差を用いている。この値が正であれば割高感を，負であれば割安感を表す。分散分析の結果からは全製品について値引きシグナルの主効果が確認されている（ステレオは $F=5.83, p<.05$，ペンキは $F=3.99, p<.05$，ジーンズは $F=36.75, p<.001$，グリルが $F=24.32, p<.001$）。内的参照価格は値引きの提示がある方が低下することから，消費者は値引きの表示に対して懐疑的になるため内的参照価格（通常価格の推定値）を割り引いて推定していると考えることができる。この研究からはメーカー希望小売価格や通常価格の主効果は確認されず，内的参照価格は外的参照価格の影響を受けないことが示されている。

　Lichtenstein et al. (1991) は一貫性の低い表現と識別性の高い表現の間で比較している。どちらも内的参照価格への効果が高いことが予想されるが，どちらがより強い影響を与えるのかはこれまで明らかにされていない。電卓の価格比較広告において，「今までは$＿＿，今はたったの$＿＿ (Was $＿＿, Now Only $＿＿)」，「$＿＿の価値があるがセール価格は$＿＿ (A $＿＿ Value, Sale $＿＿)」，「通常は$＿＿，セール価格は$＿＿ (Regular $＿＿, Sale $＿＿)」，「＿＿$引きで今はたったの$＿＿ (＿＿% Off, Now Only $＿＿)」，「$＿＿と比較すると，ここの価格は$＿＿ (Compare at $＿＿, Our Price $＿＿)」，および「他での価格は$＿＿，この店の価格は$＿＿ (Seen Elsewhere for $＿＿, Our Price $＿＿)」という6種類の表現を，外的参

照価格の水準を変化させるケースと値引き価格の水準を変化させるケースを5タイプ設定して比較分析している。この実験室実験のデザインは6×5被験者間要因配置となる。外的参照価格の表現については，最初の4つの表現を販売価格が値引き価格であることとその値引きが「現在」実施されていることを示しているという点で「一貫性の低い表現」とし，最後の2つの表現を他店との比較により低価格であることを示しているという点で「識別性の高い表現」としている。以下の2つの仮説を検証している。

仮説1

　代替案A：内的参照価格に与える影響は，高識別性よりも低一貫性の広告の方が大きい。

　代替案B：内的参照価格に与える影響は，低一貫性よりも高識別性の広告の方が大きい。

仮説2

　代替案A：外的参照価格が妥当な高い水準や誇張した水準にある場合，内的参照価格に与える影響は高識別性よりも低一貫性の方が高い。外的参照価格が妥当な低水準にある場合には，内的参照価格はこれらの影響を受けない。

　代替案B：外的参照価格が妥当な高い水準や誇張した水準にある場合，内的参照価格に与える影響は低一貫性よりも高識別性の方が高い。外的参照価格が妥当な低水準にある場合には，内的参照価格はこれらの影響を受けない。

内的参照価格は公正価格，最低価格，通常価格，および留保価格で，広告観察後に測定している。図表5-7は各内的参照価格の平均値を示している。図表の2列目，3列目，4列目は販売価格を一定として外的参照価格を変化させたケースで，3列目，5列目，6列目は外的参照価格を一定として販売価格を変化させたケースである。分散分析の結果からは，どちらのケースにおいても表現の主効果は有意ではなく仮説1が支持されないことが示されて

図表 5-7　内的参照価格の平均

	外的参照価格/販売価格				
	$159/$79	$119/$79	$88/$79	$119/$107	$119/$59
高識別性：					
公正価格	67.14	62.31	57.00	81.39	56.52
最低価格	55.57	54.08	53.47	74.04	45.30
通常価格	102.10	91.43	81.23	113.91	77.64
留保価格	65.24	57.79	53.52	75.72	53.78
低一貫性：					
公正価格	66.93	63.28	61.16	71.81	56.45
最低価格	54.85	51.58	51.61	63.00	44.86
通常価格	106.95	95.70	82.66	107.02	92.66
留保価格	56.99	59.75	56.49	66.48	55.16

出所：Lichtenstein et al. (1991) を一部改変。

いる（ただし，販売価格を変化させたケースでは最低価格のみ有意水準5％の有意差がある）。また，外的参照価格を変化させたケースでは，一部の内的参照価格に外的参照価格の主効果が見られている（公正価格は $F=5.66, p<.01$, 通常価格は $F=32.94, p<.01$）。販売価格を変化させたケースでは全ての内的参照価格に販売価格の主効果（公正価格は $F=33.32, p<.01$，最低価格は $F=60.37, p<.01$，通常価格は $F=51.46$，留保価格は $p<.01$ $F=20.23, p<.01$）と一部の内的参照価格に販売価格と表現の交互作用（最低価格は $F=3.28, p<.05$，通常価格は $F=7.98, p<.01$）が確認されている。続いて仮説2の検証では，外的参照価格を変化させたケースに限定して表現の効果を分析している。図表5-8は t 検定から低一貫性と高識別性の差を分析した結果を示している。正の値は高識別性よりも低一貫性の方が高いことを，負の値は低一貫性よりも高識別性の方が高いことを表している。妥当な低水準の外的参照価格については t 値が有意ではなく表現の効果が見られない。これは代替

図表 5-8　t 検定の結果

	外的参照価格		
	妥当な低水準	妥当な高水準	誇張した高水準
外的参照価格を変化させたケース：			
公正価格	1.49, n. s.	0.30, n. s.	−0.06, n. s.
最低価格	−.70, n. s.	−0.86, n. s.	−0.26, n. s.
通常価格	0.55, n. s.	1.04, n. s.	1.11, n. s.
留保価格	0.91, n. s.	0.56, n. s.	−2.10, $p<.01$
販売価格を変化させたケース：			
公正価格	−2.54, $p<.01$	0.30, n. s.	−0.02, n. s.
最低価格	−2.90, $p<.01$	−0.86, n. s.	−0.18, n. s.
通常価格	−2.19, $p<.05$	1.04, n. s.	4.30, $p<.01$
留保価格	−2.12, $p<.05$	0.56, n. s.	0.40, n. s.

出所：Lichtenstein et al. (1991) を一部改変。

案ＡとＢと一致する。妥当な高水準の外的参照価格については表現の効果が見られず，代替案ＡともＢとも一致しない。誇張した高水準については留保価格のみ表現の効果が見られ，低一貫性よりも高識別性の方が高くなっている。これは代替案Ｂと一致するので，仮説２の代替案Ｂは部分的に支持される。

　Burton et al. (1993) は内的参照価格への効果を識別性の高低，および一貫性の高低で比較している。実験室実験は，電卓の価格比較広告を対象とした２×２×３被験者間要因配置デザインで，外的参照価格の表現の識別性と一貫性，および外的参照価格の水準を操作している。外的参照価格の表現は次の４つである。表現１は「今週のみのセール：他での価格は$＿＿＿，ここの価格は$＿＿＿ (Seen Elsewhere For $＿＿＿; Our Sale Price $＿＿＿ (Sale Price Valid This Week Only))」，表現２は「今週のみのセール：今までは$＿＿＿，今はたったの$＿＿＿ (Was $＿＿＿; Now Only $＿＿＿ (Sale Price Valid This

Week Only))」，表現3は「メーカー希望小売価格は$＿＿，毎日低価格のこの価格は$＿＿ (Manufacturer's Suggested List Price $＿＿ ; Our Everyday Low Price $＿＿)」，表現4は「他での価格は$＿＿，この店の価格は$＿＿ (Seen Elsewhere For $＿＿ ; Our Everyday Low Price $＿＿)」である。識別性と一貫性はそれぞれ2水準設定されている。低一貫性の表現は値引きが期間限定であることを表す表現1と表現2，高一貫性の表現は通常と同じ価格であることを表す表現3と表現4，高識別性の表現は競合店の価格を示す表現1と表現4，低識別性の表現は競合店の価格表示のない表現2と表現3としている。外的参照価格には妥当な高価格（$49.95），妥当な低価格（$34.95），および誇張した高価格（$69.95）を設定している。内的参照価格は公正価格，最低価格，留保価格で，広告観察後に測定している。分散分析の結果からは外的参照価格の主効果が3つの内的参照価格に有意水準1％で見られ（公正価格は$F=17.9$，最低価格は$F=4.3$，留保価格は$F=13.7$），それらは外的参照価格が高くなるにつれて高くなるという単調増加傾向を示している。また，識別性の主効果が公正価格（$F=7.9, p<.01$）と最低価格（$F=4.2, p<.05$）に見られ，それらは識別性が高い方が高くなっている。一貫性の主効果は有意ではない。図表5-9は表現別に各内的参照価格の平均値を示している。最も効果的な表現は一貫性が低く，識別性の高い表現1である。価格比較広告では外的参照価格の表現方法にもユニークさが必要ということになる。

図表5-9 内的参照価格の平均

	表現1 低一貫性 高識別性	表現2 低一貫性 低識別性	表現3 高一貫性 低識別性	表現4 高一貫性 高識別性
公正価格	34.35	30.47	32.70	30.81
最低価格	24.85	22.62	23.89	23.27
留保価格	33.34	31.02	32.67	31.86

出所：Burton et al.(1993) を一部改変。

5. その他の要因

　この節では，価格比較広告の特性以外の要因を分析した研究を取り上げる。まず，Biswas and Blair (1991) は，外的参照価格の水準の他に，ブランド・タイプと店舗タイプの影響を分析している。また，価格比較広告の効果を図表5-10のように表している。以下の仮説を実験室実験により検証している。

　仮説1 A：内的参照価格は有名ブランドの広告よりも無名ブランドの広告の方がより大きく変化する。

　仮説1 B：有名ブランドと無名ブランドの差は，外的参照価格が妥当な水準よりも誇張した水準である方が大きくなる。

図表 5-10　参照価格の効果モデル

```
                    ┌──────────────────┐
                    │  価格比較広告を観察  │
                    └────────┬─────────┘
                             ↓
┌──────────────┐   ┌──────────────────┐   ┌──────────────────────────┐
│店舗内の他の価格│   │外的参照価格と販売価 │   │修正方向への影響要因：        │
│情報との比較    │──→│格を観察した結果，内 │──→│外的参照価格と内的参照価格の差│
│                │   │的参照価格を修正    │   │の方向                     │
└──────────────┘   └────────┬─────────┘   └──────────────────────────┘
                             ↓              ┌──────────────────────────┐
                    ┌──────────────────┐   │変化量への影響要因：         │
                    │修正した内的参照価格│   │①外的と内的参照価格の差の大き│
                    │を販売価格と比較    │──→│さ                        │
                    └────────┬─────────┘   │②内的参照価格の確信度（製品知識，│
                             ↓              │ブランド・ファミリアリティ，  │
                    ┌──────────────────┐   │ストア・ファミリアリティ，価 │
                    │価格ゲイン/価格ロス │   │格意識，購買後の期間，製品カ │
                    │の発生             │   │テゴリー内の値引きの頻度）    │
                    └────────┬─────────┘   │③外的参照価格の重要性（店舗の│
                             ↓              │評判，店舗の誇大広告の頻度など）│
                    ┌──────────────────┐   └──────────────────────────┘
                    │    購買意図       │   ┌──────────────────────────┐
                    └──────────────────┘   │他の影響要因：              │
                                            │①店の立地，②店の雰囲気，③サー│
                                            │ビスの質，④クレジットの有用性│
                                            └──────────────────────────┘
```

出所：Biswas and Blair (1991) を加筆修正。

仮説2：最低市場価格の推定値は非ディスカウント店の広告よりもディスカウント店の広告の方がより大きく変化する。

仮説3：妥当な水準の外的参照価格が広告観察後の通常価格の推定値に与える影響は，最初の推定値に依存する。もしも外的参照価格が最初の推定値よりも高かった場合には，最後の推定値は最初の推定値よりも高くなる。反対に低かった場合には，最後の推定値は最初の推定値よりも低くなる。

実験は2×2×2被験者間要因配置デザインで，販売価格が$229のVCRの価格比較広告を対象とし，ブランド・タイプ，店舗タイプ，外的参照価格を操作している。ブランドには有名ブランド（Emerson）と無名ブランド（Colorguard）を，店舗タイプには非ディスカウント店（Foley's）とディスカウント店（Wal-Mart）を，外的参照価格には誇張した水準（$599）と妥当な水準（$299）を設定している。内的参照価格は，通常価格，市場最低価格，平均価格，最高価格で，広告の観察前後に測定している。仮説1の検証では，最初の内的参照価格と最後の内的参照価格の差を3つの内的参照価格で平均した値を従属変数とする分散分析を行っている。その結果，ブランドの主効果が有意水準10％で見られ，内的参照価格の変化分は有名ブランドでは＋$68，無名ブランドでは＋$86となり仮説1Aと一致している。また，最低価格に対するブランドと外的参照価格の交互作用が有意水準5％で見られている。外的参照価格が妥当な水準である場合には内的参照価格の変化分は有名ブランドが＋$52，無名ブランドが＋$52と差がないが，誇張した水準である場合には変化分は有名ブランドが＋$93であるのに対し，無名ブランドは＋$148となり，仮説1Bと一致している。仮説2の検証では最低市場価格の変化分を従属変数とする分散分析を行っている。その結果，店舗タイプの主効果が有意水準1％で確認され，変化分はディスカウント店が＋$47であるのに対し，非ディスカウント店は＋$23となり仮説2が支持されることが示されている。仮説3の検証は最後の通常価格を従属変数とする

分散分析で行っている。その結果,外的参照価格と最初の通常価格の交互作用が有意水準1％で見られている。外的参照価格が妥当な水準である場合,最初の通常価格が外的参照価格よりも高い場合には通常価格の変化分が−$73であるのに対し,最初の通常価格が外的参照価格よりも低い場合には変化分は＋$22となり,仮説3と一致している。

Grewal et al. (1998) は,価格比較広告に示された外的参照価格と販売価格,および知覚品質の内的参照価格への影響を因果構造モデル (causal model) を構築して分析している。以下の仮説を実験室実験により検証している。

　仮説1：知覚品質と内的参照価格の間には正の関係がある。
　仮説2：販売価格と内的参照価格の間には正の関係がある。
　仮説3：外的参照価格と内的参照価格の間には正の関係がある。

実験は2×2被験者間要因配置デザインで,実在ブランドの自転車 (Raleigh USA) を対象とし,販売価格と外的参照価格を操作している。販売価格には高水準 ($349.95) と低水準 ($249.95),外的参照価格には高水準 ($500) と低水準 ($400) を設定している。内的参照価格は平均市場価格と公正価格である。LISRELによる分析の結果からは内的参照価格に対し,知覚品質は有意水準0.1％,販売価格は有意水準0.1％,外的参照価格は有意水準1％の影響を与えることが明らかになっている。内的参照価格は,知覚

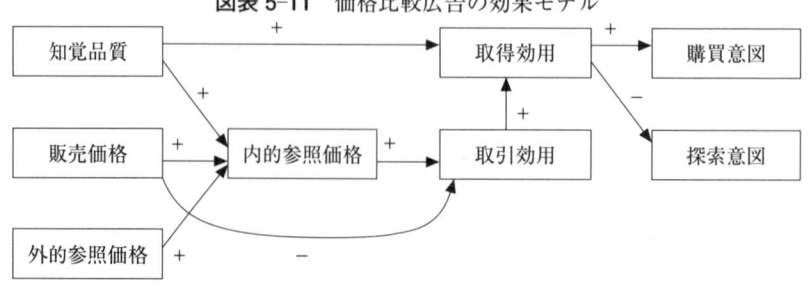

図表 5-11　価格比較広告の効果モデル

出所：Grewal et al.(1998).

品質が高くなるほど（$t=4.31$），販売価格が高くなるほど（$t=7.38$），および外的参照価格が高くなるほど（$t=2.62$）高くなる。分析では2種類のモデルを比較したが，それらの適合度は等しく，最終的には図表5-11に示されているより単純なモデルが最適であると判断している。

6．本章のまとめ

価格比較広告を用いて外的参照価格という情報を提示することは消費者にとって価格判断に有用と捉えられているようである。消費者の内的参照価格は，外的参照価格が高いほど高くなる傾向にある。このことは，価格比較広告は広告時点において消費者の価格受容性を高める効果があるだけでなく，将来観察する販売価格に対してもより好意的な判断を生じさせる効果があることを意味する。ただし，このような効果の大きさは，外的参照価格の水準，ブランドや店舗のタイプに依存して異なることに注意する必要がある。また，過去の広告活動の影響も受ける。価格比較広告はあまり行いすぎると効果が弱まる。

【注】
（1）ここで示される仮説は，直訳では分かりにくい場合にはより明瞭な表現に変えている。また，本章の目的と無関係の仮説は取り上げていない。

第6章 製品広告が内的参照価格に与える影響

1. はじめに

　本章では，印刷された製品広告が内的参照価格に与える影響に焦点を当てる。第5章では小売の段階で行われる価格比較広告が内的参照価格に影響を与えることを確認したが，ここでは主にメーカーが行う製品広告を対象とする。製品広告は，メーカーが消費者に対し，自社商品の存在や情報を知らせる，あるいは自社製品が競合製品と比較して優れていることを説得する標準的な方法である。製品広告には，これらの情報的かつ説得的な機能に加えて，内的参照価格を上昇させる機能があるのだろうか。もしそうであれば製品広告は消費者の価格受容性を高めることになるので，一層強力なプロモーション手段となる。また，このことは，消費者が販売価格を判断する時点ではなく，その前の段階，すなわち販売価格の観察前の早い段階において内的参照価格をコントロールすることが可能であるということを意味する。これまで製品広告の内的参照価格への影響を分析した研究は行われていない。したがって，この章の目的は，広告が内的参照価格に影響を与える機能を有しているのかどうか，そしてそれはどのように影響するのかを調べることである。本章では2つの経験的研究を行う。研究1では，広告の製品情報を一定として販売価格の表示方法の違いについて分析し，研究2では特定の製品情報の効果を分析する。内的参照価格の測定には，両研究とも第2章において一般的であることが確認された期待価格を採用する。

2．研究1：販売価格の表示方法の効果[1]

2−1．オープン価格について

　最近，メーカーが商品に希望小売価格を設定するのではなく，小売店が自由に販売価格を設定する「オープン価格」という方法で販売される商品が増加している。オープン価格方式が導入されている製品カテゴリーは，パソコン，テレビ，携帯電話，アパレル，日用雑貨，食品などと幅広く，そしてこの範囲はさらに拡大する傾向にある。オープン価格導入のきっかけは，1971年1月に公正取引委員会が設置した希望小売価格の表示基準である[2]。これによると，希望小売価格から20%以上値引きして販売している小売店が全国の小売店のうち過半数を占める場合，あるいは希望小売価格から15%以上値引きして販売している小売店が全国の小売店のうち3分の2以上を占める場合には，メーカーによる希望小売価格が不当表示であると認定される。これにより，希望小売価格を実売価格の変化に合わせて改訂していくよりも，それを撤廃してオープン価格を採用するメーカーが増加した。メーカーがオープン価格を導入するメリットは2点ある。ひとつはブランド・イメージを守るためである。小売店が「メーカー希望小売価格の○割引」というような売り方をするとブランドに安物のイメージが付いてしまう危険性が高い。もうひとつは取引体系の簡素化や事務処理コストの軽減である。従来の価格設定である建値制では，値引き販売によって生じる小売店の利益の減少分は，メーカーがリベートという形で補う。オープン価格にすれば価格設定は小売店次第なので，メーカーは利益を補塡する必要はなくなる[3]。オープン価格は，当初は発売後に時間が経過し，かつ値崩れを起こした商品に対して採用されていたが，最近では新製品にも採用されている。

　ところで，身近になってきたこのオープン価格という販売方法に対し，消費者は肯定的，および否定的態度を形成しているようである。博報堂生活総

2．研究1：販売価格の表示方法の効果

合研究所の調査によると，オープン価格に対する肯定的な意見としては「自由競争が盛んになってよい」が全体の49.6％，「複雑な値引き競争が分かりやすくなってよい」が9.8％を占める一方で，否定的な意見としては「割高なのか割安なのか分からなくて不安」が41.4％，「店に行かないと価格が分からなくて困る」が37.8％，「どうせ裏でメーカーが価格を決めていると思う」が24.6％ある。また，Business Data 誌には「オープン価格では商品の価値が判断しにくい」と感じている消費者が2割いることが示されている。これらのデータから示唆されるように，オープン価格に対する消費者の態度には困惑が感じられる。実際，メーカーの顧客相談窓口への消費者による商品価格の問い合わせはかなりあるようである。ただし，オープン価格に対する態度は状況に依存しており，商品の価格チェックや商品間の価格比較などが容易に行える小売店や，店舗間の価格比較でさえも容易にするインターネットなどの環境で接触した場合と，広告やダイレクトメールなどの価格探索が直ちに行えない環境で接触した場合とでは異なってくると思われる。特に，後者の場合には価格をすぐに確認できないという不快さ・不便さが原因となって否定的態度が生じやすいと思われる。これまで，大部分の商品において販売価格が設置されていることが当たり前の買物環境に慣れ親しんできた消費者にとっては，このような状況は不自然であろう。仮に商品に対して好意的態度が生じたとしても，価格情報不在による否定的態度が大きければ，そのような好意的態度は低下するどころか，消失してしまうことさえあり得る。

　そこで，オープン価格で販売される商品について消費者は具体的にどのような反応をするのだろうかという疑問が生じる。オープン価格で販売されることで販売価格へ注意が向けられ，価格への関与は高まるのだろうか。オープン価格で販売されることで商品の価格イメージは影響を受けるのだろうか。すなわち，オープン価格の商品は低価格であると思われるのだろうか。オープン価格で販売されることで商品の品質評価は影響を受けるのだろうか。本研究ではこれらの中から内的参照価格に関連する疑問を対象として，購買前

の段階，すなわち広告接触という商品に対する態度形成の段階で分析する。ここで対象とする広告は印刷広告である。オープン価格化の進展に伴い，オープン価格と記載された製品広告が増加している。オープン価格の表示が付いた広告は具体的な販売価格を示す価格広告とは異なるが，同時に価格について全く触れない非価格広告とも異なる。にもかかわらずこれまで，オープン価格と記した広告に焦点をあてた研究例はないのである。したがって，このような消費者の反応を調べることは消費者行動研究上だけでなくマーケティング上の観点からも意義があると思われる。

　過去の研究において，商品情報には消費者の価格感度を低下させる効果があることが示されている。例えば，Saywer et al. (1979) は，商品内容に関する詳細な情報が提示されているときには価格の商品選択決定への影響は見られないが，それらの情報がないときには価格が低いほど商品の選択確率が高まることを発見している。Huber et al. (1986) は，選択環境においてブランド・ネームに商品の品質情報が追加されると消費者の価格感度が低下することを示している。しかし，このような価格感度の変化は，商品情報の提供だけでなく価格情報の表示方法にも依存すると思われる。例えば Burton et al. (1993) は，値引きの表示方法によって消費者の値引き評価が異なることを示している[4]。このことから，オープン価格という表示の有無や希望小売価格の有無といった価格情報の表示の違いによって，消費者の反応が異なる可能性が示唆される。

　そこで，本研究では，商品情報を一定として価格情報のみを変化させたときの消費者の反応を調べることにしたい。具体的には，オープン価格と表示した広告（以下，オープン価格広告），メーカー希望小売価格を表示した広告（以下，希望小売価格広告），および価格に関する表示のない広告（以下，非価格広告）の消費者に与える影響を比較分析する。

2−2. 仮　説

　最初に，相対的な価格イメージに対する広告の影響について考えよう。相対的価格イメージとは，商品が他のブランドと比較して高い，あるいは安いと思うのかを表したものである。相対的価格イメージへの効果は広告タイプによって異なると思われる。非価格広告の場合，価格に関する表示が一切ないため，消費者は価格よりも商品内容が訴求点であるという印象を強めることが予想される。反対に，希望小売価格広告では価格が商品の訴求点のひとつとして消費者に受けとられるために，消費者はその商品が比較的高い商品であるという印象をもたないだろう。オープン価格広告の場合には，オープン価格が過去に値崩れ商品に設定されてきた経緯があり，消費者にもそのような認識があると思われることから，消費者は商品が高いというイメージをそれほど持たないと予想する。したがって，他のブランドよりも高いというイメージはオープン価格広告が一番弱く，非価格広告が一番強くなることが予想される。

　内的参照価格は，相対的な価格イメージと関係するはずである。つまり，内的参照価格は，他ブランドよりも高いというイメージが強いほど高くなるのである。したがって，内的参照価格は相対的価格イメージが弱いオープン価格広告で一番低くなり，それが強い非価格広告で一番高くなることが予想される。ただし，希望小売価格広告はオープン価格広告や非価格広告と違い，価格が明確に表示されているため内的参照価格の形成のされ方は異なるであろう。つまり，内的参照価格は，オープン価格広告と非価格広告では商品の印象と過去に観察した類似商品の販売価格に基づいて形成されるのに対して，希望小売価格広告では希望小売価格の影響を強く受けて形成されるのである。第5章で見たように，内的参照価格は価格比較広告における希望小売価格や通常価格などの表示の影響を受ける。通常，販売価格は希望小売価格よりも低く設定されていることが多いので，希望小売価格広告を観察した消費者の内的参照価格は希望小売価格よりも低くなることが予想される。しかし，そ

の内的参照価格がオープン価格広告や非価格広告から生じる内的参照価格と比べて高いのか低いのかを予想することはできない。そこで，内的参照価格については，非価格広告とオープン価格広告の効果についてのみ仮説を立てる。

　　仮説：他ブランドよりも高いかどうかという相対的価格イメージはオープン価格広告，希望小売価格広告，非価格広告の順で強くなる。内的参照価格は，オープン価格広告よりも非価格広告の方が高くなる。

2－3．調　査

　この項ではわれわれの提示した仮説を検証するために行ったアンケート調査について説明する。調査票は広告の価格表示の部分以外は全て同じなので，この調査は価格表示を操作する実験室実験である。

2-3-1．実験のデザイン

　製品カテゴリーにはカラー・ネガフィルムを選択した。選択基準は，オープン価格が導入されているカテゴリーであること，消費者の製品知識が高くも低くもない中間的なカテゴリーであること（製品知識の高低による影響をできるだけ軽減するため），重視する製品属性が比較的少ないこと（製品評価の違いによる影響をできるだけ軽減するため），および販売価格についてある程度の予想ができることである。オープン価格が実際に導入されている乾電池，カラー・ネガフィルム，パソコン，携帯電話，およびDVDプレーヤーについて，27名の大学生を対象としたプリテストを行った結果，重視する属性数が少ないカテゴリーは乾電池とカラー・ネガフィルムであり（両方とも最大4属性，平均2属性），「1＝非常によく知っている」から「5＝全く知らない」までの5段階尺度で測定した製品知識はカラー・ネガフィルムとDVDが中間的な水準にあることが明らかになった（平均値は乾電池が2.2，ネガフ

ィルムが3.2, パソコンが2.5, 携帯電話が1.7, DVDが3.1)。以上の結果から, カラー・ネガフィルムが調査対象として妥当であると判断した。メーカー希望小売価格は, 類似製品の実際の市場価格に近い633円とした。

実験は広告のタイプを操作する一要因, 3水準の被験者間要因配置デザインで, 金額表示はなくオープン価格と記載されるオープン価格広告, 希望小売価格が記載される希望小売価格広告, および価格に関する記載の全くない非価格広告(コントロール広告)を設定した。価格情報は広告の一番下の欄に記載し, オープン価格広告では「希望小売価格：オープン価格」, 希望小売価格広告では「希望小売価格：〇〇円　税別」と表示した[5]。知名度やイメージの影響を避けるためにメーカー名は使用していない。ブランド名については架空のブランド名（GOLD CROWN）を使用した。価格に関する記載以外, すなわち見出し, 説明などの広告コンテンツは, 3タイプの広告間で全く同一である。見出しは「新発売！　高品質ネガフィルム。GOLD CROWN 400フィルム。」, 商品内容は, 「35mmカラー・ネガフィルム。フィルムの粒子サイズを縮小する新技術を開発。あなたの大切な瞬間をより鮮明でシャープ, かつイキイキとした質感で写し出します。様々な撮影状況に対応したオールラウンドの商品です。ISO写真感度：400。撮影枚数：24枚撮り。」で, 実在商品の広告に用いられている表現を参考にして作成した。

2-3-2. サンプルと実験の手順

調査には225名の大学生が参加した。被験者には実験用の小冊子を配布した。小冊子の1ページ目には調査に関する説明をした。具体的には, 調査が消費者の商品評価に与える広告効果について調べることを目的としていること, 調査対象の商品は近い将来販売予定の新商品であるためブランド名は仮称であること, および, 被験者が観察する広告はまだ草案段階にあり, この調査を通して得られた意見に基づいて改善していく予定であることを説明した。また, 同ページに前述の製品関与に関する情報も記載した。2ページ目

は印刷広告をページ全体に表示した。3ページ目以降は，広告に関する質問，被験者のカラー・ネガフィルムの購買経験と選択基準，オープン価格広告に関する質問，そしてデモグラフィックスに関する質問を行った。

2-3-3．変数の測定

被験者が広告を観察した後に，相対的価格イメージと内的参照価格を測定した。相対的価格イメージは，広告商品が他のブランドと比べて割高に感じるのか，あるいは割安に感じるのかを表すもので，「広告の商品の価格は他のカラー・ネガフィルムと比べてどの程度だと予想しますか？」という質問に対して「1＝他よりかなり高い」から「5＝他よりかなり安い」までの5段階尺度で測定した。内的参照価格は期待価格とし，「広告の商品は小売店で，いくらぐらいで販売されていると思いますか？」という質問に対して自由回答方式で測定した。

2－4．分析結果

最初に，相対的価格イメージを従属変数とする分散分析を行った。その結果，広告タイプの主効果が確認され（$F(2,215)=14.62, p<.0001$），平均値はオープン価格広告が2.46，希望小売価格広告が2.43，非価格広告が1.92となった（値が低いほど他ブランドよりも価格が高いというイメージが強いことを表している）。Tukey検定からはオープン価格広告と非価格広告との間，および希望小売価格広告と非価格広告の間に有意水準1％の差が確認された。

続いて行われた内的参照価格を従属変数とする分散分析からも，広告タイプの主効果が確認された（$F(2,215)=5.46, p<.01$）。平均値はオープン価格広告が614.21円，希望小売価格広告が553.16円，非価格広告が794.49円となった。予想と一致して，消費者の内的参照価格は希望小売価格よりも低く形成されている。つまり，消費者は商品をメーカーの希望小売価格よりも安く購入できると考える傾向にあるのである。Tukey検定からは，希望小売価

格と非価格広告の間に有意水準１％の差が，オープン価格広告と非価格広告の間に有意水準５％の差が確認された。相対的価格イメージと内的参照価格のどちらも，オープン価格の表示と希望小売価格の表示の間に統計的に有意な差が見られない。以上の結果は，希望小売価格は内的参照価格を下げるが低価格というイメージを生じさせないこと，オープン価格広告の与える価格イメージは希望小売価格広告と類似していること，および非価格広告は高価格商品というイメージを抱かせる傾向にあることを示唆している。したがって，仮説は部分的に支持される。

その他報告すべき結果が２つある。ひとつは，内的参照価格よりも多く支払ってもよいと回答した62名の被験者の最高支払価格についてである。これを内的参照価格で割った値を従属変数とする分散分析の結果からは広告タイプの主効果が確認された（$F(2, 56) = 4.84$, $p < .05$）。平均値は，オープン価格広告が内的参照価格の1.29倍，希望小売価格広告が1.09倍，非価格広告が1.40倍となった。被験者の価格受容性を高める効果は非価格広告が一番高い傾向にあることが分かる。もうひとつは，オープン価格広告に関する一般的な意見についてである。質問は２つ行った。ひとつは「最近，メーカー側で定価を定めないで，それぞれのお店が自由に売価を決める「オープン価格」

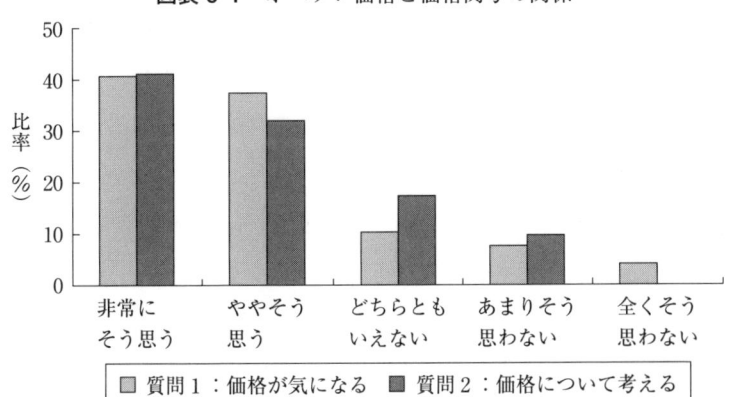

図表 6-1　オープン価格と価格関与の関係

という方法が多くなってきています。販売価格ではなく「オープン価格」と表示した広告を見ると（見たとしたら），販売が気になりますか？」，もうひとつは「ある程度関心のある商品について広告で「オープン価格」という表示を見ると（見たとしたら），「販売価格はこのぐらいだろう」などと考えてしまう方ですか？」で，いずれも「1＝非常にそう思う」から「5＝全くそう思わない」までの5段階尺度で測定した。図表6-1はその結果を示している。この図から，オープン価格広告には消費者の注意を価格に向けさせるといった価格関与を高める効果があることが分かる。

3．研究2：製品情報の効果[6]

3－1．広告メッセージのタイプ

広告メッセージのタイプは客観的なメッセージと主観的なメッセージに大別される。Edell and Staelin (1983) によると，客観的メッセージは事実に基づいた立証可能な情報を表現するのに対し，主観的メッセージは広告で訴求している製品の特徴を測定する尺度についての一般的な決まりごとがなく，メッセージの解釈が視聴者に委ねられている情報を表現する。Edell and Staelinは，客観的なメッセージの視聴者はより多くの肯定的意見とより少ない否定的意見を述べたのに対し，主観的なメッセージの視聴者はより少ない肯定的意見とより多くの否定的意見を述べたことを分析し，客観的なメッセージの方が主観的なメッセージよりも消費者の好意的な反応を促す能力が高いことを発見している。

本研究では，消費者の内的参照価格に影響を与えるという点において有効となる広告は，メッセージが客観的か主観的かだけではなく，消費者に訴求する情報によっても異なると考える。つまり，情報によっては客観的メッセージも主観的メッセージも有効になるということである。したがって本研究では，両タイプのメッセージを採用し，それぞれのタイプに適当と思われる

情報を設定することで，両タイプの効果を分析する。この研究は探索的研究なので，仮説は特に設定しない。

3-2. 調　査

調査は実験室実験である。製品カテゴリーは，被験者がある程度の製品知識を有していること，被験者は価格についてある程度の見当がつくこと，および，その製品の購入は被験者にとって無関係ではなく，被験者が自分自身を潜在的な顧客として考えることができること，という3つの基準に基づき，自動車を選択した。

3-2-1. 広告のメッセージ

前述したように，広告のメッセージには客観的メッセージと主観的メッセージの両方を用いる。客観的メッセージは，具体的なデータを含むものなので，本研究ではメッセージに使われるデータ水準を操作する。客観的メッセージとしては環境関連情報を採用する。環境関連情報を選択した理由は，環境を意識した製品選択をするという環境に敏感な消費者の存在が指摘されているからである (Cramer 1991)。例えば，Voss (1991) は，65％の消費者が環境にやさしい商品の購入に努めていること，82％が環境にやさしい製品に対してより多く支払うことに賛成していること，71％のアメリカ人が環境にやさしい製品を購入するためにブランド・スイッチをしたことを報告している。

また，もうひとつの客観的なメッセージとしてキャッシュバック（リベート）情報を採用する。一般に，キャッシュバックを訴求する広告は販売価格の表示がない状態で行われることが多い。このような広告は特に，アメリカの自動車広告では一般的である。キャッシュバックというマーケティング手段が普及してきているにもかかわらず，このような広告が消費者の価格判断にどのように影響するのかを分析した例は少ない。Raghubir (1998) は，ク

ーポンに表示される値引きの大きさが消費者の予想する販売価格に及ぼす影響について分析し，クーポンを観察した被験者は観察しなかった被験者に比べて購入価格を低く予想すること，および20%の値引きが表示されたクーポンを観察した被験者は，10%のクーポンを観察した被験者よりも購入価格を高く推定することを発見している。この結果から，販売価格を表示しないキャッシュバックというプロモーション手段が内的参照価格へ及ぼす影響を示唆できる。ただし，キャッシュバックはクーポンとひとつの重要な点で異なることに注意すべきである。それは，クーポンでは商品の購入とクーポンの償還時点が通常は同時であるのに対して，キャッシュバックでは商品購入とキャッシュバックの償還時点が分離していることである。第4章で見たようにFolkes and Wheat (1995) の研究からはキャッシュバックの内的参照価格への影響は小さいことが示されているが，販売価格が提示された状況におけるキャッシュバックの効果を分析しているので，Folkes and Wheat の結果をここにそのまま適用することはできない。本研究では，販売価格の表示がないときのキャッシュバックの効果はRaghubirのクーポンで見られた効果と同様であり，キャッシュバックされる金額の大きさによって，内的参照価格が変化する程度が異なってくると考える。

　主観的メッセージでは，主観的情報を一定として情報源の有無を操作する。情報源に対する信頼性（source credibility）の高さはメッセージの訴求内容に対する容認可能性（acceptability）を高めることが知られている（Fishbein and Ajzen 1975）。主観的メッセージには特定の製品属性に関する情報を採用するが，対象とする属性は重要度が相対的に低水準のものとする。その理由は，前述したように主観的メッセージに対する好感度は客観的メッセージと比べて低いことが過去の研究で明らかになっているので，情報源の存在によりその低水準にある好感度を高められるかどうかを，内的参照価格の変化から調べたいからである。重要度の低い属性を対象とすることでメッセージに対する消費者の関心を低い状態にすれば，情報源の効果を調べやすい。ここ

では重要度の低い属性として音響システムを選択する。Luce（1998）は，自動車に関連する15の属性について消費者の主観的重要性を測定しており，音響システムの重要度が比較的低いことを発見している。したがって，主観的メッセージは音響システムの品質情報とする。

3-2-2．実験のデザイン

実験には仮想的自動車（hypothetical car）を用いた。広告で操作する情報は環境関連情報，キャッシュバック，および音響システムの品質で，実験デザインは2×2×2被験者間要因配置である。環境関連情報は排ガスの汚染低減水準（pollution reduction level）とし，高低（30％と5％）を設定した。音響システム品質情報には情報源の有無を，キャッシュバック情報にはキャッシュバック額の高低（$2,500と$500）を設定した。キャッシュバック額は予備調査から決定した。その調査からは，被験者が予想する自動車の販売価格に$2,500と$500のキャッシュバックが提供されたときに有意水準5％の有意差が見られ，この2水準を用いることの有効性が確認された。広告のヘッドライン，自動車のカラー写真，自動車の特徴など，実験で操作する3情報以外は全て同じである。

環境関連情報である汚染低減水準はManrai et al.（1997）が行った予備調査に基づいて決定した。Manraiらの研究は，広告されている自動車について被験者が予想する汚染低減の程度を測定しており，5％と60％はその予想の下限値と上限値であること，31.1％の被験者が10％水準を，26.7％が20％水準を，15.6％が30％水準を，11.1％が40％水準を選択したことを報告している。本研究では被験者が懐疑的にならないようなもっともらしい水準を選択することにし，高水準として30％を，低水準として5％を選択した。この情報の広告表現には，Manrai et al. が使用した表現をそのまま用いている。汚染低減水準が高い条件で用いられた表現は，「私どもは，この新モデルとともにグリーン活動へのリーダシップをとります。このモデルは，現在市場に

ある他の自動車と比べると汚染低減水準を30％も低くすることができます。このモデルは今後も環境を配慮した非常に優れた製品としての基準となり続けるでしょう」である[7]。汚染低減水準が低い条件にも同じ表現を用い，低減率のみを30％から5％に変えている。

音響システム品質の情報源は技術的な雑誌であるステレオ・レビュー・マガジン（Stereo Review Magazine）とした。予備調査によって，この雑誌が自動車の音響システムについて信頼できる評価をすると知覚されていることを確認している。「1＝信頼できない（not credible）」から「5＝信頼できる（credible）」までの5段階尺度で測定した測度の平均値は3.6となっている。情報源のある条件の表現は，「シンフォニーのような素晴らしい音響に喜びを感じるでしょう。ステレオ・レビュー・マガジンは，この車が最高の音響システムを装備していると伝えています。私どもは自動車に最高の音響を装備することに，自動車のスタイルにかける努力と同じぐらい多くの努力をつぎ込んでいます。このモデルではあなたの満足度は保証されています」である[8]。情報源のない条件でも同じ表現を用いたが，専門誌による評価の部分を「この車は最高の音響システムを装備しています」という表現に変えている。

キャッシュバック額が高い条件で用いた表現は「何よりもすごいのは，あなたに＄2,500がキャッシュバックされることです。これは無視するにはあまりにもったいないチャンスです。」である[9]。キャッシュバック額が低い条件にも同じ表現を用い，金額のみを＄2,500から＄500に変えている。

3-2-3．サンプルと実験の手順

調査には113名の大学生が参加した。調査は，チラシを大学会館内の複数の掲示板や壁に貼ってアナウンスした。参加希望者には調査会場とした大学会館内のミーティングルームに来てもらい，その場で調査に参加してもらった。参加への謝礼として参加者全員に現金5ドルが支払われた。被験者は8

種類ある広告のひとつにランダムに割り当てられた。一広告あたり被験者数は13名～15名である。

　実験は全てパソコン上で行われた。最初の画面では，調査の目的は広告の製品評価への影響を分析することであり，被験者のタスクは調査の中で架空の新車とその印刷広告を評価することであることを説明した。次の画面では，自動車の内容とカラー写真を提示した。自動車の内容は，

　　タ　イ　プ：4ドア・セダン，中型，
　　エ ン ジ ン：150馬力 V-6,
　　トランスミッション：4速オートマチック,
　　乗車定員：5,
　　エアコン：標準装備,
　　燃料タンク容量：17.1 gallon

である。これらの属性は自動車専門誌で一般的に用いられる。続いて，被験者は内的参照価格について回答し，自動車の特徴を表すカテゴリーを選択した（詳細は後述）。次の画面では，自動車の印刷広告を提示した。このとき，広告に対する被験者の関与を高めるために，「ある自動車メーカーがこの広告をキャンペーンに利用する計画を立てている」という説明もつけた。被験者は，次の画面において広告の印象について回答し，再び内的参照価格について回答し，自動車の特徴を表すカテゴリーを選択した。最後に，被験者はタスク関与，製品クラスの精通性，環境問題に関する知識，広告の信頼性，デモグラフィックスに関する質問に回答し，実験を終了した。

3-2-4. 変数の測定

　内的参照価格は期待価格とし，広告の観察前後で「この車は，カー・ディーラーでどのくらいの価格で販売されていると思いますか？（How much do you think this car sells for at car dealers?）」という質問を行い，自由回答方式で測定した。分析には，この2つの内的参照価格の差，すなわち広告によ

る内的参照価格の変化量を用いている。

　広告露出後に内的参照価格が変化した場合，それが生じた原因を把握することは重要である。そこで，被験者の自動車に対するカテゴリー判断（category judgment）を広告観察の前後で測定し，その変化から内的参照価格が変化した理由を探ることにした。カテゴリー判断（categorization）は，対象とする製品の主観的な解釈と定義される。カテゴリー判断の測定は，対象とする自動車を表現していると思う言葉（カテゴリー）を選択してもらうという方法で行った。選択肢としてあげたカテゴリーは14種類で，経済的（economy），ぜいたく（luxury），安心感（reliable），性能（performance），スポーティ（sports），コミューター（commuter），安価（inexpensive），環境にやさしい（environmental friendly），安全（safe），快適（comfort），レジャー志向（leisure oriented），ツーリング（touring），高価格（expensive），普通の価格（moderate price）である。複数選択を可能としたが，広告露出後のカテゴリー判断では，ひとつ以上の言葉を選択した被験者に対してさらに，その車を最も良く表現していると思う言葉をひとつに絞って選択するように求めた。

　その他，広告に対する態度と広告の信頼性を広告露出直後に測定した。広告に対する態度は，「興味をひく（appealing）―興味をひかない（unappealing）」，「情報が有益（informative）―情報が有益でない（uninformative）」，「面白い（interesting）―つまらない（uninteresting）」，「理解し易い（easy to understand）―理解し難い（hard to understand）」の4つのSD尺度，および「この広告は紹介されている車を購入したい気にさせる」という質問に対して「1＝全くそう思わない」から「7＝非常にそう思う」までの7段階尺度で測定した（Wells 1964）。広告の信頼性は，4つの質問で測定した。それらは，「広告メッセージは信頼できると思いましたか？」，「汚染低減（あるいは音響システム，キャッシュバック）情報は信頼できると思いましたか？」であり，「1＝全くそう思わない」から「7＝非常にそう思う」までの7段階

尺度で測定した。

3－3. 分析結果

　最初に, 内的参照価格の変化量を従属変数として分散分析を行った。その結果, 環境関連情報と音響システムの品質情報の交互作用のみが有意水準5％で見られた ($F(1,106)=5.42$)。汚染低減水準が高い条件の方が, 音響システム情報の情報源の有無による差が大きい。内的参照価格は, 汚染低減水準が高くて音響システム情報に情報源が提供されているときに最も高く, 汚染低減水準が低くて音響システム情報に情報源が提供されているときに最も低くなっている。種類の全く異なる2情報の交互作用のみが統計的に有意であるということは, マネジェリアルの観点からすると解釈が難しいが, この結果は, 具体的で高水準のデータを記した客観的メッセージを, 重要性は低いが情報源を伴った主観的メッセージと組み合わせると内的参照価格を相対的に高水準へ移行させる可能性があることを示唆していると言える。しかし, このことを一般化するには本研究では採用していない情報を用いた更なる分析が必要とされる。

　次に, 分散分析を内的参照価格の変化の方向別に行った。広告露出後に, 41.6％の被験者が内的参照価格を上昇させ, 44％が低下させている。分析の結果, 内的参照価格が低下した群でキャッシュバック情報の主効果が有意水準5％で見られた ($F(1,106)=5.23$)。内的参照価格の変化量は, キャッシュバック額の大きい条件の方が大きくなっている (平均は$-4,227.59 vs. $-1927.78)。したがって, キャッシュバック情報には一部の消費者に対して内的参照価格を低下させる機能があることが分かる。

　続いて, 広告露出後に内的参照価格が変化した被験者のカテゴリー判断を調べた。図表6-2は内的参照価格の変化をベースにしたカテゴリー判断の変化を示している。内的参照価格が上昇した群では, 「環境にやさしい」というカテゴリーを70.2％増加させている。内的参照価格が低下した群では,

154　第6章　製品広告が内的参照価格に与える影響

図表6-2　カテゴリー判断の変化

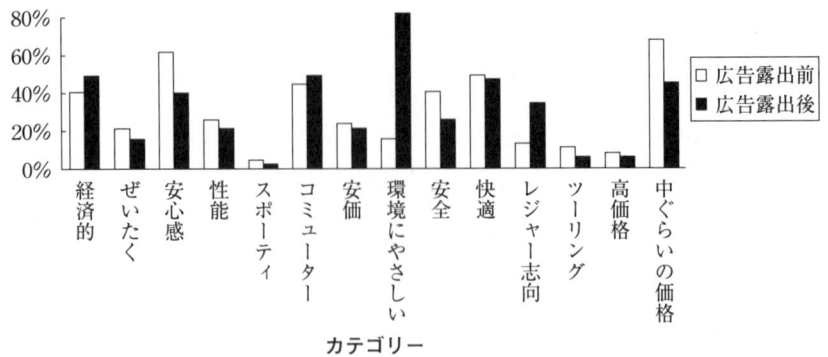

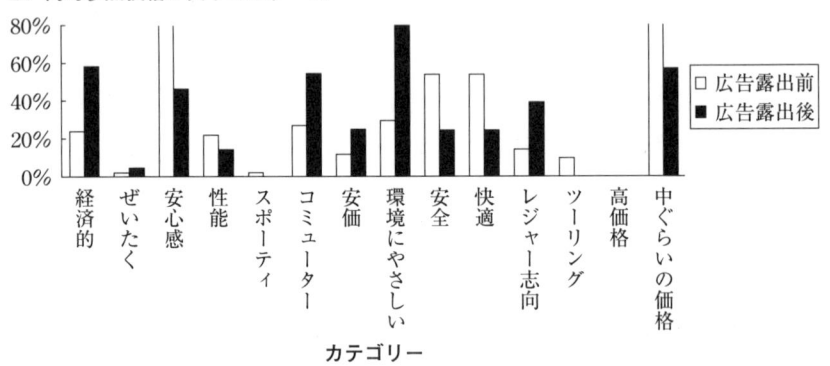

A. 内的参照価格が上昇したケース

B. 内的参照価格が低下したケース

「環境にやさしい」と「経済的」というカテゴリーを30％以上増加させ，「安心感」，「安全」および「快適」のカテゴリーを30％以上減少させている。これらの結果は，本研究で作成した広告は，安心感，安全性，快適性に高い価値を置く人の内的参照価格を低下させ，環境にやさしい製品に高い価値を置く人の内的参照価格を上昇させる傾向にあることを示している。環境に配慮した製品は比較的高価格であるという認識があるようである。

前述したように，広告露出後のカテゴリー判断では，被験者は自動車を最もよく表現している言葉をひとつ選択している。選択利率の多い方から順に

見ると，55%の被験者が「環境にやさしい」を，13.3%が「コミューター」を，9.7%が「経済的」を選択しており，環境情報は音響システムやキャッシュバック情報に比べてかなり大きいインパクトを持っていることを示している。

最後に，内的参照価格の変化量に対する広告の信頼性と広告に対する態度の影響を回帰分析によって分析した。その結果，広告メッセージ全体の信頼性が高いほど，あるいはキャッシュバック情報の信頼性が高いほど，内的参照価格は高くなる傾向にあることが明らかになった（広告メッセージ全体では $T=2.25, p<.05$, キャッシュバック情報では $T=1.93, p<.1$）。広告に対する態度の効果は見られなかった。

4．本章のまとめ

本章では2つの研究を行い，印刷広告が内的参照価格に影響を与えることを明らかにした。研究1では，幅広い製品カテゴリーで採用され急速に普及しているオープン価格という販売方法に注目し，オープン価格と表示した商品広告（オープン価格広告）の効果を調べることを目的とした。具体的には，広告に対する消費者の反応について，オープン価格広告，メーカー希望小売価格を表示した広告（希望小売価格広告），および価格に関する記載の一切ない広告（非価格広告）の3タイプの広告間で比較分析した。広告は価格に関する情報のみを操作し，商品情報，広告のレイアウト，ブランド名などその他の広告コンテンツは固定した。分析の結果，次のことが明らかになった。第一に，非価格広告はオープン価格広告や希望小売価格広告よりも高い内的参照価格と他ブランドに比べて価格が高いというイメージを形成させることができる。また，オープン価格広告と希望小売価格広告の与える商品の価格イメージは類似している。第二に，希望小売価格を表示すると，内的参照価格はそれよりも低く形成される傾向にある。第三に，非価格広告は消費者の

価格受容性を最も高めることができる。消費者に内的参照価格より高額でも支払う意思がある場合，その最高支払い価格は非価格広告が一番高い。第四に，オープン価格広告は消費者の価格関与を高める傾向がある。

これらの結果から得られるインプリケーションは次の通りである。第一に，オープン価格広告は消費者の価格に対する関心を高めるため，内的参照価格をかなり明確にするとともに，価格感度を高める可能性がある。したがって，オープン価格による販売方法を採用する製品広告では，オープン価格販売であるという表示を一切行わずに，詳細な製品情報の提供に焦点を当てた広告にすることが勧められる。第二に，希望小売価格を表示している商品の広告は，消費者の価格への関心をオープン価格広告ほど高めないが，消費者の内的参照価格を下げてしまう傾向にある。つまり，消費者は商品が希望小売価格より低い価格で販売されていることを期待する傾向にあるので（本研究では内的参照価格の平均値はメーカー希望小売価格の87％），小売店での販売価格はメーカー希望小売価格よりも低く設定されることが望ましい。ただし，それらの差が大きすぎると，商品に対する価格イメージだけでなく，希望小売価格に対する消費者の信頼性に影響を与えるので注意が必要とされる。

研究2では，自動車の広告における環境関連情報，音響システムの品質情報，およびキャッシュバック情報が内的参照価格に影響を与えるかどうかを探索した。環境関連情報とキャッシュバック情報には具体的な数値を用いる客観的なメッセージを，音響システムについては技術的特性を含めず文章で表現する主観的なメッセージを選択した。分析の結果，次のことが明らかになった。第一に，内的参照価格は環境関連情報と音響システムの品質情報との交互作用の影響を受け，情報源のある音響システムの品質情報と排ガスの汚染低減水準の高い環境関連情報との組み合わせが一番高くなる。音響システムのような相対的重要性の低い情報に専門誌による評価などの外部情報を追加的に提供すると，メッセージに対する信頼性を強化するハロー効果を生じさせるようである[10]。また，汚染低減水準といった客観的な環境関連情

報は，製品イメージに強いインパクトをもたらすようである。第二に，被験者の反応には異質性が存在する。内的参照価格が上昇した群と低下した群を別々に扱った分析からは，内的参照価格の低下はキャッシュバック情報によるもので，キャッシュバック額が大きいほど内的参照価格は低くなることが明らかになった。カテゴリー判断の分析からは，この群は「安心感」，「安全」，および「快適」の評価を低下させていることが分かり，これの特性に高い価値を置く人に対してはここで採用した情報は効果的ではないといえる。内的参照価格の上昇は，広告メッセージ全体についての信頼性やキャッシュバック情報についての信頼性が高いことが起因しているようである。カテゴリー判断の分析からは，この群は「環境にやさしい」という評価を大幅に上昇させており，環境関連情報に内的参照価格を上昇させる効果があることを示している。

【注】
（1） この研究は，白井（2003a）の一部を抜粋して転載したものである。
（2） オープン価格制の導入については，鈴木（1984）が詳しい。
（3） 現実にはリベートを全廃した真のオープン価格化には至っていない。詳細は小本（1997）を参照のこと。
（4） Burton らは，"Manufacturer's Suggested List Price $＿＿；Our Everyday Low Price $＿＿" と "Was $＿＿；Now Only $＿＿ (Sale Price Valid This Week Only)" の2表現を識別性の低い値引き表現，"Seen Elsewhere For $＿＿；Our Sale Price $＿＿ (Sale Price Valid This Week Only)" と "Seen Elsewhere For $＿＿；Our Everyday Low Price $＿＿" の2表現を識別性の高い値引き表現とし，識別性が知覚値引き価値へ与える効果を分析している。その結果，識別性が高い方が知覚値引き価値は高くなることが示されている。
（5） オープン価格での商品販売ではどのような表示が実際に用いられているのかを調べたところ，「希望小売価格：オープン価格」という表現が多く確認された。したがって，本研究ではこのような表現を用いている。
（6） この研究は Shirai and Banks（2001）の一部を翻訳して転載したもので

ある。
（ 7 ） この表現は翻訳で，実際に用いた表現は "We are ready to take the lead in the green movement with this new model. This model will produce 30% less pollution than the automobiles on the road today. It will set the standard in automobile environment excellence for this year and beyond!" である。
（ 8 ） この表現は翻訳で，実際に用いた表現は "Drive to the delights of symphonic sounds." *Stereo Review Magazine* says, "This car has an excellent sound system." Our efforts to make our cars surround you with great sounding music go back as far as our efforts to make them stylish. With this model, your sonic satisfaction is guaranteed." である。
（ 9 ） この表現は翻訳で，実際に用いた表現は "On top of it all, now you can get $2500 CASH BACK!!! This deal is too good to pass up." である。
（10） ハロー効果とは，専門誌への好意的評価が広告メッセージへの信頼性を高めるというように，ある分野で高く評価されていることが，関連する他の分野においても高く評価されることを意味する。

第7章　内的参照価格に影響を与える消費者特性

1. は じ め に

　第1章で説明したように内的参照価格は消費者が過去に観察した価格を知覚・符号化してから記憶したものなので，当然のことながら消費者特性の影響を受ける。本章では，どのような消費者特性が内的参照価格の消費間における差異をもたらすのかを検討したい。第1章で行われたレビューからは，消費者の想起する価格の精度に影響を与える消費者特性が明らかにされている。しかし，内的参照価格の水準，形成方法，使用などに影響を与える消費者特性を分析した研究例はほとんどない。例外としてはO'Neill and Lambert (2001) の研究があり，価格意識と価格と品質間には正の関係があるという信念（price-quality inference）が影響要因であることを発見している。内的参照価格は，価格意識が高いほど低くなり，価格が高いほど品質が良いと信じるほど高くなるのである。本章では2つの経験的研究を行う。研究1では消費者の製品に対する態度と利用経験が内的参照価格の水準の形成方法に及ぼす影響を分析し，研究2では内的参照価格に基づく価格判断の結果が，その直後に行われる情報探索意図を通して将来用いる内的参照価格（すなわち価格判断）に与える影響について分析する。

2. 研究1：製品態度と利用経験の効果[1]

2－1. は じ め に
　内的参照価格は，消費者が商品に対して感じる価値を反映しているのだろ

うか。すなわち，消費者がある商品に対して魅力を感じて高い価値を見出している場合と全く関心がなく低い価値を付与している場合とでは，内的参照価格の水準や形成のされ方は異なるのだろうか。今，ある海外旅行パッケージを利用することを考えている消費者がいるとしよう。この消費者は過去の利用経験や類似商品の知識などをもとに，パッケージに含まれる属性（旅行会社の知名度，旅行先，宿泊ホテルのグレード，食事代が含まれるか否か，航空運賃，添乗員の有無など）を考慮して，このぐらいの価格が妥当だろうという内的参照価格を形成することが考えられる。このとき，この消費者がこのパッケージに魅力を感じている場合には，そうでない場合よりもより多く支払う意思があると考えられる。魅力を感じる商品はその消費者にとって製品価値が高いからである。この場合，内的参照価格は消費者の知覚製品価値の影響を受けることになる。ところが一般には，内的参照価格と主観的な製品価値は独立であると考えられている。例えば，Thaler（1985）は消費者の効用を取引効用と取得効用に分類し，内的参照価格と販売価格の比較によって生じる価格評価を取引効用，商品の取得出費と期待商品価値のトレードオフを取得効用としている[2]。つまり，内的参照価格はそのような主観的製品価値の影響を受けないとされているのである。このことは，消費者の知覚する製品価値は，最終的な製品の購買価値評価に影響するのであって，内的参照価格には直接影響しないことを示唆している。そこで，本研究ではこのことを確認する。

　さらに本研究では，利用経験の有無の効果についても分析する。内的参照価格は，利用経験があれば製品について何らかの知識を持つので，利用経験のない場合と比べて異なるはずである。第3章では製品知識のない消費者の内的参照価格の形成プロセスが製品知識の蓄積に伴いどのように変化するのかを分析した。本研究では，利用経験がなくても製品属性を理解しやすい製品を対象とし，実際の利用経験がある消費者とない消費者間で内的参照価格の形成プロセスを比較する。また，第3章では製品評価を16回経験させるこ

とにより「経験」を実験的に操作したが，本研究では利用経験の回数ではなく実際の経験の有無で消費者を分類するので製品知識が高い消費者と低い消費者間の比較とは異なる。

2-2. 仮　説

　消費者は多属性商品を購入しようとするとき，商品属性に関する必要な情報を確認し，それらの価値判断に基づいて内的参照価格を構成することにより最終的な価格判断を行うと考えられる。個々の属性の価値判断は消費者のイメージ，知識や過去の経験などに基づいて行われる。つまり，消費者が市場における個々の属性の価値をどう認識しているかが内的参照価格形成の鍵となるので，内的参照価格は主観的で，かつ消費者間で異質的である。しかし，この属性評価は消費者が個々の属性に対して個人的に感じているニーズや重要性の程度や選好が反映されないという意味で客観的である。したがって，次の仮説が立てられる。

　仮説1：内的参照価格は商品に対する態度の影響を受けない。

　また，同一，あるいは類似した商品に関する過去の経験は，内的参照価格に影響を与えると思われる。経験があれば商品に含まれる各属性の一般的重要性がより明確になっているので，その知識が価格判断に反映されるだろう。一方，経験がない消費者は，第3章で議論したように各属性の価値を推測することで価格を判断するだろう。そこで，次の仮説が立てられる。

　仮説2：内的参照価格は商品の利用経験の影響を受ける。

2-3. 調　査

　この項では前述の仮説を検証するために行った調査の内容について説明する。調査は，パソコンを用いた実験室実験である。調査はJR新宿駅近くに用意した会場で実施した。

2-3-1. 実験のデザイン

調査対象とした製品カテゴリーはハワイ旅行パッケージである。海外旅行パッケージには、パッケージ内容（属性）が商品選択決定に重要な影響力を持つこと、重視される属性数が比較的少数であること、およびそれらの属性が消費者間で同質的であるという特徴があるため、調査対象として妥当であると考えた。また、ハワイは海外旅行先としては一般的であり、被験者にとって内的参照価格の形成が比較的容易であると考えた。パッケージに含まれる属性と水準は、海外旅行パッケージに関する知識の高い旅行代理店の従業員と相談の上、決定した。実験のデザインは2×2×2×2被験者間要因配置で、宿泊ホテルのグレード、食事、宿泊する島、および利用航空会社を操作している。宿泊ホテルのグレードには高水準（ハイアット・リージェンシー、シェラトン・ワイキキなど）と低水準（クイーン・カピオニ、アウトリガー・マリアなど）を、食事には高水準（朝夕食を含む、レストランと食事は指定リストから選択、朝はビュッフェ）と低水準（食事は含まれない）を、宿泊する島には高水準（オワフ島2泊＋マウイ島かハワイ島2泊）と低水準（オワフ島のみ）を、利用航空会社には高水準（日本の会社、日本航空）と低水準（外国の会社、ノースウェストあるいはユナイティッド航空）を設定した。

2-3-2. サンプルと実験の手順

被験者は専門学校生を含む大学生以上の男女140名である。分析には、入力データに異常値が見られたサンプルを除く131名のデータが使われた。被験者の内訳は、性別では男性48％、女性52％、年齢別では10代24％、20代53％、30代17％、40代以上7％、職業別では学生36％、会社員44％、アルバイト・パート8％、その他12％である。

調査は全てパソコン上で行われた。最初に、調査に関する説明を表示した。また、被験者には「現在、夏休み期間中に利用する、一人分の4泊6日のハワイ旅行パッケージを購入することを計画中である」というシナリオを提示

し，自分がその状況に置かれていることを想定するように説明した。ここで被験者の購入予算を測定した。次に，16種類のパッケージのひとつを提示して，内的参照価格とパッケージへの態度を回答した。このタスクは16種類のパッケージそれぞれについて繰り返された。パッケージの提示順序はアプリケーションによりランダムに決定した。最後に，被験者は海外旅行の利用経験とデモグラフィックスに関する質問に回答し，調査を終了した。

2-3-3. 変数の測定

測定した変数は，内的参照価格，製品態度，および海外旅行パッケージの利用経験である。内的参照価格は期待価格で測定し，「この商品は旅行代理店で，いくらぐらいで販売されていると思いますか？」という質問を行い自由回答方式で測定した。製品態度は，16タイプのパッケージそれぞれについて，「このパックを気に入りましたか？」という質問を行い，「はい」か「いいえ」のどちらかを選択するよう求めた。利用経験は，「海外旅行パッケージをこれまでに利用したことがありますか？」という質問に対して「はい」か「いいえ」のどちらかを選択するよう求めた。

2-4. 分析結果

最初に，仮説1を検証するために製品態度別に分散分析を行った。図表7-1はその結果を示している。製品態度によって内的参照価格の形成方法が異なることが分かる。異なる点は，パッケージが気に入らない場合には航空会社の主効果が，気に入っている場合は食事と航空会社の交互作用が有意になっていること，および気に入らない場合には宿泊する島よりも食事を重視しているが，気に入っている場合には食事よりも宿泊する島を重視していることである。

次に，気に入っている場合と気に入らない場合の内的参照価格の分布にずれがあるかどうかを調べた。パッケージを気に入っている場合と気に入らな

図表 7-1 製品態度別分散分析の結果

	気に入らない (N = 1054)	気に入っている (N = 1042)
ホテル	209.09***	102.51***
食事	57.33***	21.34***
宿泊する島	34.37***	43.78***
航空会社	7.40***	n. s.
ホテル×食事	6.72***	7.64***
ホテル×宿泊する島	n. s.	n. s.
ホテル×航空会社	n. s.	n. s.
食事×宿泊する島	n. s.	n. s.
食事×航空会社	n. s.	6.63**
宿泊する島×航空会社	n. s.	n. s.
R^2	0.788	0.796
平均	107,449	127,142
標準偏差	70,678	86,469

注：表中の値は F 値，***：有意水準1％，**：5％，*：10％。

い場合の分布にずれがない，という帰無仮説をウイルコクソンの順位和検定した結果，帰無仮説は有意水準1％で棄却された。平均値は，気に入らない場合が107,449円，気に入っている場合が127,142円で，気に入っている場合の方が高くなっている。図表7-2はパッケージ内容を気に入っている場合と気に入らない場合の内的参照価格の平均値を属性ごとにプロットしたものである。この図からも，気に入っている場合と気に入らない場合の差を見ることができる。以上の結果から，被験者の内的参照価格の形成は製品態度の影響を受けることが分かった。したがって，仮説1は支持されない。ただし，この傾向は，全ての内的参照価格について見られるのではなく，消費者自身と直接関係する内的参照価格，すなわち，期待価格，受容価格，公正価格などに限られると思われる。したがって，市場価格をベースとする平均価格や通常価格などの内的参照価格では，製品態度の影響は受けにくいと思われる。

続いて，仮説2を検証するために海外旅行パッケージの利用経験別に分散

2．研究1：製品態度と利用経験の効果　165

図表 7-2　属性別平均内的参照価格の製品態度間での比較

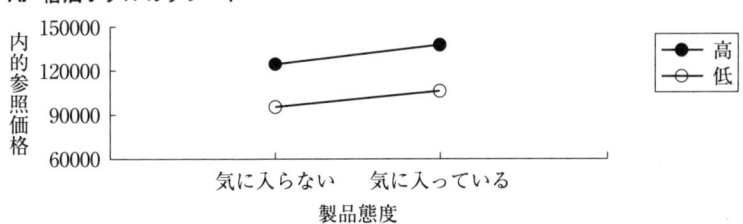

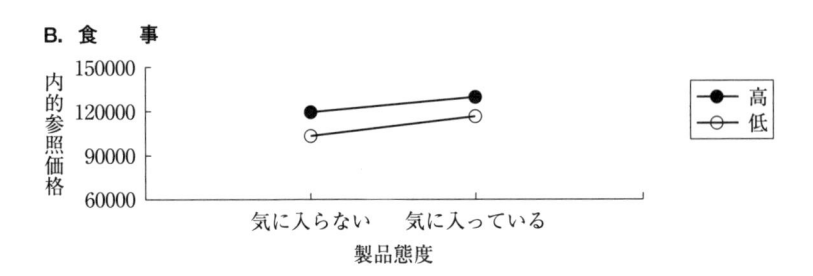

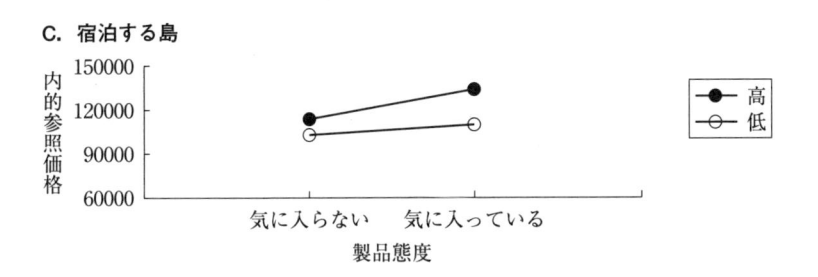

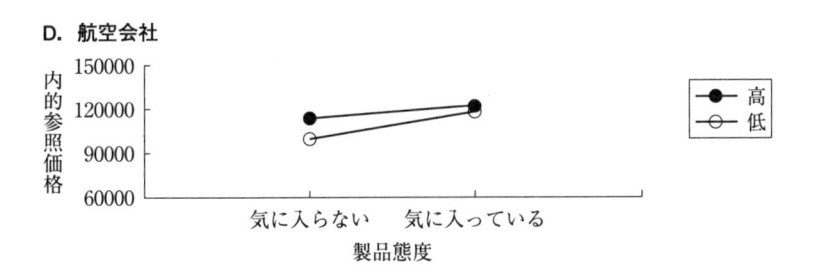

A. 宿泊ホテルのグレード

B. 食　　事

C. 宿泊する島

D. 航空会社

図表 7-3　利用経験別分散分析の結果

	利用経験なし (N = 752)	利用経験あり (N = 1344)
ホテル	182.58***	208.97***
食事	59.09***	42.21***
宿泊する島	32.53***	59.78***
航空会社	8.37***	n. s.
ホテル×食事	n. s.	11.35***
ホテル×宿泊する島	n. s.	n. s.
ホテル×航空会社	4.88**	n. s.
食事×宿泊する島	n. s.	2.76*
食事×航空会社	n. s.	5.20**
宿泊する島×航空会社	n. s.	n. s.
R^2	0.791	0.768
平　　均	105,489	123,814
標準偏差	65,159	85,842

注：表中の値は F 値，＊＊＊：有意水準 1 ％，＊＊： 5 ％，＊：10％。

図表 7-4　予算と内的参照価格の相関係数

	N	r
全　　体	2096	0.452
製品態度：		
気に入っていない	1054	0.411
気に入っている	1042	0.488
利用経験：		
経験なし	752	0.571
経験あり	1344	0.404

注：全て有意水準 1 ％で有意。

分析を行った。図表 7 - 3 はその結果を示している。利用経験によって内的参照価格の形成の仕方が異なることが分かる。異なる点は，利用経験がない場合には航空会社の主効果とホテルと航空会社の交互作用が，ある場合にはホテルと食事の交互作用，食事と宿泊する島の交互作用，宿泊する島と航空

会社の交互作用が有意になっていること，および利用経験のない場合には宿泊する島よりも食事を重視し，ある場合には食事よりも宿泊する島を重視することである。

次に，利用経験のある場合とない場合の内的参照価格の分布にずれがあるかどうかを調べた。利用経験のある場合とない場合の分布にずれがない，という帰無仮説をウイルコクソンの順位和検定した結果，帰無仮説は有意水準1％で棄却された。平均値は，利用経験のない場合には，105,489円，ある場合には123,814円となり，利用経験のある場合の方が高くなっている。したがって，仮説2は支持される。

最後に，注目すべき結果として，図表7-4に示されているように，予算と内的参照価格には有意な正の相関関係があることをここに記しておきたい。予算が高いほど内的参照価格は高くなる傾向にある。

3．研究2：追加的価格情報探索の効果[3]

3-1．はじめに

販売価格は，内的参照価格よりも高ければ割高（価格ロス）に感じられ，低ければ割安（価格ゲイン）に感じられる。第1章で見たように，消費者は価格ゲインよりも価格ロスにより強く反応する傾向にあることが示されている。本研究では，この価格判断の結果，すなわち内的参照価格と販売価格の差の方向が，判断の直後に行う価格情報探索の意図，およびその価格情報探索によって取得された市場価格情報を将来の価格判断において使用する意図に影響を与えると考える。もしこれらの効果が有意となれば，内的参照価格はメーカーや小売店が過去に実施してきた価格設定活動の影響を受けるだけでなく，価格判断の結果として生じた消費者自身による自発的かつ追加的な価格情報の探索行動の影響も受けるということになる。第1章で見たように，価格判断が購買意思決定へ与える直接的効果は明らかにされているが，この

判断が将来の価格判断に与える間接的効果については分析されていない。したがって，本研究では価格判断がその直後の価格情報探索行動を介した将来の価格判断に与える間接的効果の可能性について調べることにする。ただし，ここで本研究が分析の対象とするのは価格ゲインと価格ロスという方向の影響であって，内的参照価格と販売価格の差の大きさではないことに注意されたい。

3−2. 仮　説

過去の研究は，耐久性製品の購買意思決定において価格が重要となるにもかかわらず（Rothe and Lamount 1973），消費者は購買前に価格情報の探索や製品間の価格比較をあまり行わないことが明らかにされている（Beatty and Smith 1987）。本研究では，消費者が価格情報探索を行うかどうかは，最初に観察した販売価格が自分の内的参照価格よりも高かったのか，あるいは低かったのかによって異なってくると考える。具体的には，価格情報の探索意図は，販売価格が内的参照価格よりも低かった場合よりも（価格ゲイン），高かった場合の方が（価格ロス）高くなると予想する。なぜなら，価格ゲインからは喜びが生じ，消費者はその喜びを素直に享受して観察した販売価格をそのまま受容してしまうからである。したがって，その後に行う価格情報探索（追加的情報探索）のベネフィットを低く感じる。反対に，価格ロスからはショックや不快感が生じ，消費者はその価格ロスが自分の不適切な価格知識が原因となっているのかどうかを調べるように動機づけられる。したがって，価格情報探索を追加的に行うニーズと動機が高まるのである。そこで，次の仮説がたてられる。

　仮説1：消費者の追加的価格情報の探索意図は，価格ゲインよりも価格ロスが生じたときの方が高い。

同様の議論を追加的価格情報探索で取得した市場価格を将来の価格判断に用いる意図についても適用することができる。仮説1にあるように，価格ロ

3. 研究2：追加的価格情報探索の効果

スは価格ゲインよりも消費者の価格知識を高める。したがって，それらの市場価格を将来の価格判断において内的参照価格として用いる意図は，価格ゲインよりも価格ロスが生じた消費者の方が高くなることが予想される。また，価格ロスが生じた消費者は，それから生じる不快感から自分の内的参照価格が正しくないという事実をより鮮明に記憶する可能性が高い。そしてそれは，市場価格といった新しい価格情報をより重視することにつながる。したがって，次の仮説が立てられる。

仮説2：消費者が追加的価格情報探索で取得した市場価格を将来の価格判断に用いる意図は，価格ゲインよりも価格ロスが生じたときの方が高い。

3-3. 調査

前述した仮説を検証するために実験室実験を行った。この調査は第2章の研究1で行われた調査と一緒に行っている。ただし，この部分の調査では製品タイプの他に，内的参照価格が実際の販売価格から乖離する方向を操作しているので，実験のデザインは3×2の被験者間要因配置となる。製品タイプは，製品に対する価格イメージと関与が高いパソコン，それらが中程度の携帯電話，およびそれらが低いシャンプーである。知覚価格差には，販売価格が内的参照価格よりも高い状況（価格ロス）と低い状況（価格ゲイン）を設定した。

3-3-1. 実験の手順

第2章の研究1で説明した手順の後に，「今，あなたはパソコン（携帯電話，シャンプー）を購入しようと専門店（シャンプーの場合は近くの店）にきています。パソコン（携帯電話，シャンプー）の価格を見たところ思ったよりも安く（あるいは高く），自分の価格判断が実際と違っていることに気がつきました」というシナリオを提示し，価格情報の探索意図を測定した。次に，

「そこで，さまざまなパソコン（携帯電話，シャンプー）の価格を見て妥当な価格を把握することにしました」というシナリオを提示し，被験者が用いる情報探索の手段を測定した。続いて，「情報探索の結果，パソコンの価格知識がある程度身についたとします」というシナリオを提示し，価格情報探索によって取得した価格知識を将来の価格判断に用いる意図を測定した。

3-3-2．変数の測定

　価格情報の探索意図は，「このとき，あなたはいろいろなパソコンの価格を調べるなどの情報探索をしますか？」という質問に対し，「1＝納得がいくまで行う」から「4＝全くしない」までの4段階尺度で測定した。価格情報の探索手段は，「このとき，あなたはどの程度情報探索をしますか？」という質問をして，「1．今いる店の様々な価格を調べる」，「2．他の店に行って調べる」，「3．専門誌で調べる」，「4．インターネットで調べる」，「5．知人に聞く」，「6．販売員に聞く」という6種類の手段から選択してもらった。この質問への回答は複数選択を可能とした。探索意図は価格情報探索の程度を，探索手段は価格情報探索の深さを測っている。価格情報探索による価格知識を将来の価格判断に用いる意図については，「今後，パソコンの価格を評価するときには次の価格をどの程度参考にしますか？」という質問を行い，情報探索の中で観察した一番高い価格（最高市場価格），情報探索の中で観察した一番安い価格（最低市場価格），情報探索の中で観察した中間的な価格（中間市場価格）の3タイプの市場価格それぞれについて「1＝非常に参考にする」から「5＝絶対に参考にしない」までの5段階尺度で測定した。

3-4．分析結果

　まず，仮説1にある消費者の追加的価格情報の探索意図は価格ゲインよりも価格ロスが生じたときの方が高いという予想について検証する。価格情報探索は，価格情報の探索意図と用いる探索手段の2側面で調べる。価格情報

3. 研究2：追加的価格情報探索の効果

の探索意図については t 検定の結果，価格情報の探索意図は携帯電話で有意な差があることが示されている（$t(122)=2.2, p<.05$）。平均値は価格ゲインが2.0，価格ロスが1.6となり，探索意図は価格ゲインよりも価格ロスの方が高い。パソコンとシャンプーについては有意差が見られなかった。価格情報探索に用いる手段の数については，t 検定の結果，パソコンで有意差が示されている（$t(112)=2.1, p<.05$）。平均値は価格ゲインが2.4，価格ロスが3.1となり，価格ゲインよりも価格ロスの方が多い。価格ロスが生じた場合に採用される手段としては「他の店に行って調べる」が77.4％，「知人に聞く」が74.2％と多く，価格ゲインが生じた場合に採用される手段としては「今いる店の様々な価格を調べる」が86.5％と多い。携帯電話とシャンプーについては有意差が見られなかった。製品に対する価格イメージと関与が低い製品では知覚価格差の方向による影響を受けないようである。したがって，知覚価格差の方向が価格情報探索に与える影響は製品タイプに依存する傾向にあり，仮説1を部分的に支持しているといえる。

ここで，仮説の検証とは無関係であるが，追加的価格情報の探索意図と探索手段の数は製品間で異なることを記しておきたい。探索意図を従属変数とする分散分析からは製品タイプの主効果が（$F(2,285)=33.8, p<.01$），探索手段の数を従属変数とする分散分析からは，製品タイプの主効果が（$F(2,285)=39.8, p<.01$）有意となっている。消費者は，製品に対する価格イメージと関与が高いほど，追加的価格情報探索をより多く，そしてより深く行う傾向にあるということになる。

続いて，消費者が追加的価格情報探索で取得した市場価格を将来の価格判断に用いる意図は，価格ゲインよりも価格ロスが生じた場合の方が高いという仮説2を検証する。t 検定の結果，最高市場価格を用いる意図にはパソコンと携帯電話で有意差があることが示されている（パソコンでは $t(112)=1.7, p<.1$，携帯電話では $t(122)=1.7, p<.1$）。平均値は，パソコンでは価格ゲインが3.2で価格ロスが2.8，携帯電話では価格ゲインが3.1で価格ロスが2.7と

なり，価格ゲインよりも価格ロスの方が高い。シャンプーについては，中間市場価格を用いる意図に有意差があることが示されている（$t(82)=2.0$, $p<.05$）。平均値は価格ゲインが2.3，価格ロスが1.8である。したがって，価格情報探索で観察した市場価格を将来の価格判断に用いる傾向は価格ゲインよりも価格ロスが生じた場合に強くなるが，用いる市場価格タイプとそれらを用いる意図の程度は製品によって異なることになる。この結果は仮説2を部分的に支持しているといえる。

さらに追加的な結果として，中間市場価格の使用意図が製品間で異なることを記しておきたい。中間市場価格の使用意図を従属変数とする分散分析は製品タイプの主効果が有意となっている（$F(2,284)=4.5$, $p<.05$）。平均値は，パソコンが1.7，携帯電話が2.0，シャンプーが2.1となり，パソコンが一番高い。

4．本章のまとめ

本章では2つの経験的研究を行い，消費者特性と内的参照価格の関係を分析した。研究1からは，内的参照価格が製品に対する態度や利用経験という消費者特性によって異なることが明らかにされた。製品に対して好意的な態度を形成している場合や利用経験のある場合の方が，内的参照価格は高く形成される。

研究2からは，内的参照価格に基づく価格判断の結果が，その直後に行われる追加的価格情報の探索意図に影響を与え，そしてその価格情報探索で観察した市場価格を将来の価格判断に用いる意図に影響を与えることが明らかにされた。追加的価格情報の探索意図は，価格ゲインよりも価格ロスが生じた場合の方が高くなる傾向にある。また，この探索意図は製品に対する価格イメージと関与が高い製品の方が低い製品よりも高い。追加的価格情報の探索で得られた市場価格情報を将来の価格判断に用いる可能性についても，価

格ゲインよりも価格ロスが生じた場合の方が高くなることが明らかにされた。ただし，このとき用いられる市場価格は，価格イメージと製品関与が中程度以上の製品では最高市場価格，それらが低い製品では中間市場価格である。したがって，価格判断の結果はその時点における購買意思決定だけでなく，将来の価格判断にも影響を与えることを確認できた。

【注】
（1） この研究は，白井（1997）の一部を加筆修正し，転載したものである。
（2） Monroe（1990）は，取引効用を販売価格と内的参照価格の差で，取得効用を販売価格と留保価格の差で表現できると説明し，Bearden et al.（1992）はMonroeに基づいて実際に測定したが，取得効用の測定に問題が残されている。一般に，留保価格は内的参照価格のひとつとして考えられているが（Winer 1988），MonroeやBearden et al.は取引効用に用いられる内的参照価格と区別している。
（3） この研究はShirai（2003b）の一部を翻訳し，転載したものである。

第8章 内的参照価格と消費者によるセールス・プロモーションのカテゴリー化[1]

1. はじめに

　メーカーや小売店が消費者の購入する特定商品に対して行うセールス・プロモーション（以下，SP）は，売上の増加と維持，顧客ロイヤルティの構築，ブランド・スイッチングの促進，あるいは潜在顧客による購買の誘発を目的として行われる。SPに消費者の購買意欲を高める効果があるのは，それが消費者に何らかのベネフィットを提供するからである。最近の研究からは，消費者はSPを単に利得として解釈しているのではなく，いくつかのカテゴリーに基づいて解釈していることが明らかにされている。つまり，消費者はSPをカテゴリー化しているのである。カテゴリー化は心理的プロセスであり測定するのは容易ではないが，SPの内的参照価格への影響を通して推測できる。そこで本章ではこの考え方について詳しく説明し，それに基づいて過去の研究で得られた知見を考察する。そして最後に，SPのカテゴリーと消費者の知覚する価値の関係について検討する。消費者のライフスタイルや消費者を取り巻く買物環境の変化により，消費者に商品情報を伝達し，購買を説得する典型的な手段である広告の効果が薄れ，代わって消費者の購買意思決定に直接働きかける機能を持つSPの重要度が高まっている。この現状を踏まえると，ここで消費者の視点からSPの違いに焦点を当て，その効果について考察することは意義があると思われる。

2. SPのカテゴリー化とその基準

2-1. カテゴリー化とSP

　消費者は，新たに取得した情報を処理するときに，その情報を類似する既存の知識と関連づけて評価することでその作業を簡略化するということが知られている[2]。このようなプロセスはカテゴリー化（categorization）と呼ばれている。カテゴリー化で用いられる既存知識は通常，複数のカテゴリーで構成されている。例えば，ある消費者は自動車を経済的な車，スポーティな車，および高級車という3つのカテゴリーに分類しているかもしれない。これらのカテゴリーは消費者の過去の経験や価値判断に基づいて形成された消費者固有の分類基準なので，必ずしも実際の市場の状態と一致しない。今，上述の消費者が自動車Xという新車の存在を広告によって認知したとしよう。このとき，この消費者は自動車Xを属性情報や外見などをもとに，自分が形成している3つのカテゴリーのどれかに当てはめて解釈しようとする。もしも自動車Xがこれらのカテゴリーのいずれにも当てはまらないと判断された場合には，自動車Xをメンバーとする新しいカテゴリーが形成されるか，既存のカテゴリーのひとつが自動車Xを含む新しいカテゴリーへと更新される。このように様々な情報をカテゴリー化することにより複雑かつ大量の情報を構造化および単純化でき，情報処理が容易になるのである。カテゴリー構造が把握できると消費者の商品に対する評価や購買行動のより正確な予測につながるので，これを理解することはマーケティング上非常に重要とされている。

　それでは，SPのカテゴリー化について考えてみよう。消費者は日常生活の中で様々なSPを観察するが，それらをどのように捉えているのだろうか。もしもそれらを「利得」とか「お得なもの」というように一元的に捉えているのであれば，どのSPが提供されてもそれらの客観的価値が同程度であれ

ば，消費者の反応は類似するはずである。ところが，現実には，採用されるSPによって消費者の反応は異なっている。例えばNeslin et al. (1985) は，クーポンにはトイレット・ペーパーの購入数量を増加させる効果があるが，メーカーや小売店の新聞広告にはそのような効果がないことを明らかにしている[3]。したがって，それらのSPの本質的価値は同じであるとしても，消費者からするとそれらは異なるということになり，SPはカテゴリー化されていると推測することができる。

SPのカテゴリー化はThaler (1985) の提唱するメンタル・アカウンティング理論と関係する。この理論は，損失と利得という2つの事象があるときに，利得が損失と統合されて評価される場合と損失と分離して評価される場合とでは，最終的な知覚価値が異なることを説明している。これは，Kahneman and Tversky (1979) のプロスペクト理論を基礎としている。プロスペクト理論では，図表8-1に示されているように消費者の知覚する価値関数Vを非線形で表現している。この価値関数の特徴は，消費者の刺激（情報）に対する価値評価がニュートラルな参照点（原点）を基準として利得と損失の領域に分かれること，関数型は利得の領域では凹型に，損失の領域では凸型になっていること，および曲線の傾きは利得よりも損失の方が急であることの3点である。1点目の特徴は消費者の知覚価値は参照点を基準とする相対的評価に基づいていることを，2点目の特徴は消費者の感受性は刺激が大きくなるほど，あるいは小さくなるほど逓減することを，そして3点目の特徴は消費者の感受性は刺激の大きさが同じであっても，利得よりも損失である方が高いことを表している。消費者の知覚価値が，利得が損失と統合されて評価される場合と損失と分離して評価される場合とで異なるのは，3点目の特徴である損失回避の影響を受けるからである。

Thaler (1985) によると，利得の金銭的価値 (X) が損失の金銭的価値 (-Y) よりもかなり小さい場合，最終的な知覚価値は，それらが分離して評価される方が統合して評価されるよりも高くなる。なぜなら，利得と損失

178　第 8 章　内的参照価格と消費者によるセールス・プロモーションのカテゴリー化

図表 8-1　メンタル・アカウンティング理論

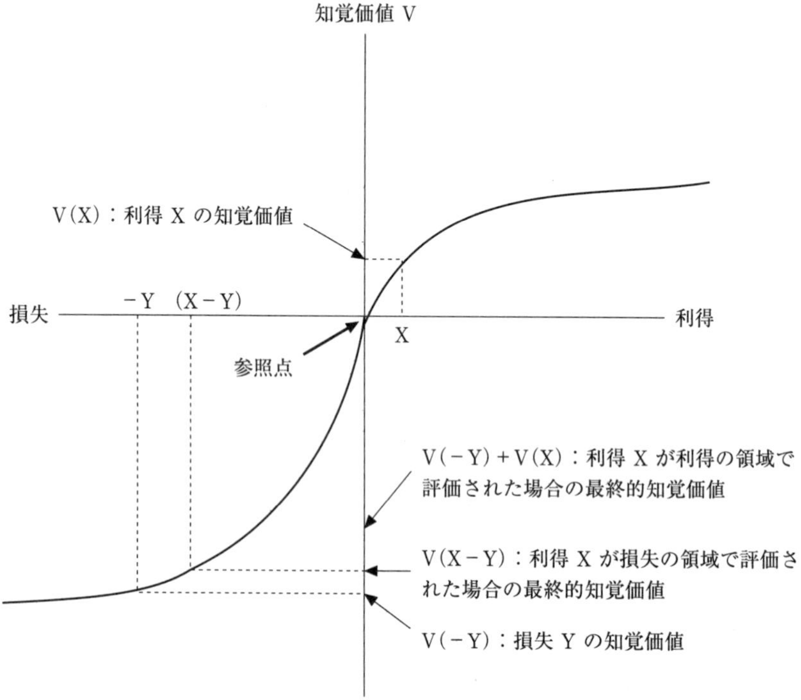

```
                       知覚価値 V
                          │
                          │
              V(X)：利得 X の知覚価値
                          │         ┌──────────
                          │      ／
           －Y　（X－Y）   │    ／
  損失 ─────┼──────┼──────┼──┼──────── 利得
                          │／ X
                       参照点
                          │
                          │   V(－Y)＋V(X)：利得 X が利得の領域で
                          │←  評価された場合の最終的知覚価値
                          │
                          │   V(X－Y)：利得 X が損失の領域で評価さ
                          │←  れた場合の最終的知覚価値
                          │
                          │   V(－Y)：損失 Y の知覚価値
```

出所：Thaler (1985).

が統合される場合には利得は損失の領域で損失と一緒に評価されるので（すなわち－Y＋X），損失は利得の分だけ減少するけれども減少分が小さいために最終的な知覚価値（V(－Y＋X)）はそれほど改善しないからである。反対に，利得が損失と分離して評価される場合には，利得は利得の領域で評価されるので利得自体の知覚価値（V(X)）が意識され，損失の知覚価値（V(－Y)）をかなり減少させることができるのである。この場合の最終的な知覚価値はV(－Y)＋V(X) である。図表 8 - 1 は V(－Y)＋V(X)＞V(－Y＋X) であることを示している。したがって，最終的な知覚価値は，利得が損失の領域で評価されるのか，あるいは利得の領域で評価されるのかによって異なり，

利得がロスよりもかなり小さい場合には利得は利得の領域で評価される方が高くなるのである。

　このケースはSPについても当てはまる。消費者にとってSPは利得，購入価格は出費という損失になり，SPは一般的には出費である損失よりもかなり小さいからである[4]。既存研究は，購入価格と統合して評価されるSPを「出費という経済的負担を減少させるSPのカテゴリー」，そして購入価格と分離して評価されるSPを「出費とは無関係であるSPのカテゴリー」としている[5]。以下では，前者のカテゴリーを「統合型SP」，後者を「分離型SP」と呼ぶことにする。メンタル・アカウンティング理論に従えば，分離型SPの方が統合型SPよりも消費者の知覚価値を高めるため，優れているということになる。

2-2．カテゴリー化の分類基準

　消費者によるSPのカテゴリー化はどのようにしたら把握できるのだろうか。カテゴリー化は心理的プロセスであり非観察変数である。消費者に直接尋ねるという方法が考えられるが，現時点では妥当な測定方法が開発されていない。Diamond and Johnson (1990) は，金額表示の値引き，比率表示の値引き，新聞に刷り込まれるクーポン，パッケージ内に封入されるクーポン，パッケージからはがし取るクーポン，郵送型キャッシュバック，増量，複数個購入でさらに1個のおまけ，パッケージの外側に同一製品を添付，同一製品の無料郵送，他製品の無料進呈，パッケージ内に封入される他製品のクーポン，パッケージの外側によく知られた他製品を添付，他製品の無料郵送，パッケージ内に封入されるおまけ，パッケージの外側に新製品を添付という16種類のSPを対象とし，それぞれの印象を「普段よりも損失が小さくなったと感じる」から「何か余分に手に入れたと感じる」までの7段階尺度で測定している。この測度は，前者に近いほど統合型SPとしてカテゴリー化されていることを，後者に近いほど分離型SPとしてカテゴリー化されている

ことを意味する。分析結果からは，時間や努力を必要とするSPは統合型SPになるが，その他のSPのカテゴリー化は明確に解釈できないことが示されている。このことは，対象とするSPについてどちらのカテゴリーと思うかを直接被験者に尋ねる方法では消費者のカテゴリー化を十分に捉えることはできないことを示唆している。また，被験者が質問内容を十分に理解していなかった可能性も考えられる。したがって，より有効な測定方法の開発が必要とされる。

　代替的方法としては測定可能な変数からカテゴリー化を推測するという方法がある。Diamond and Campbell (1989) は，内的参照価格への影響からSPのカテゴリー化を推測できるとしている。Diamond and Campbellによると，もしSPの観察によって消費者の内的参照価格が低下したならば，そのSPは統合型SPとして評価され，その金銭的価値は販売価格に統合されたことを意味する。内的参照価格の低下はSPにより販売価格が安くなったと解釈されていることを示すからである。反対に，内的参照価格に変化が生じなかったならば，そのSPは分離型SPとして販売価格とは別に評価されたことを意味する。この考え方は複数の研究で採用されており，マーケティング研究において定着していると言える。そこで本章では，この考え方に基づき，内的参照価格へのSPの影響を分析した研究を見ていき，それらの分析結果を基に，分析対象のSPがどのカテゴリーに分類されたのかを推測することにする。これらの研究は，第4章で概観した研究と一部が重なる。

　Diamond and Campbell (1989) は，値引き，増量，およびおまけの3タイプのSPが内的参照価格へ与える影響を分析している。SPは20週中6回，3週ごとに行われている。定価が$3.62の液体洗濯用洗剤を対象とした一要因，4水準の被験者間要因配置デザインの実験室実験により，1ドルの値引き，1ドルに相当する28%の増量，1ドル相当の柔軟仕上げシートのおまけ，SPの提供なしを設定している。内的参照価格は，平均価格，頻繁に設定された価格，期待価格，公正価格，留保価格で，20週にわたる販売価格の観察

後に測定されている。分析結果からは，内的参照価格は値引きにより低下するが，おまけや増量の影響を受けないことが明らかにされている。したがって，値引きは統合型SPとして，増量とおまけは分離型SPとして扱われたと推測でき，カテゴリー化の基準はSPが貨幣で提供されているかモノで提供されているか（価格SP vs. 非価格SP）であると推測できる。

次に，Folkes and Wheat (1995) は，値引き，クーポン，キャッシュバックの3つの価格SPを対象とした研究をしている。2被験者内要因配置×3被験者間要因配置デザインの実験室実験により，製品カテゴリーには定価が$24.99の電子アイスクリーム・メーカーと$11.99のオイル・ステインを，SPのタイプには値引き，クーポン，キャッシュバックを設定している。分析結果からは内的参照価格はSPにより低下するが，キャッシュバックは値引きやクーポンほど低下しないことが明らかにされている。また，内的参照価格は，SPの特典を直ちに受け取れるSPの方が，受け取るまでに時間を要するSPよりも低下すること，および，SPの特典を受け取るのに必要とされる努力の有無（自分から応募 vs. 小売店の方から郵送）とは無関係であることが示されている。以上の結果から，値引きとクーポンは統合型SPであり，キャッシュバックは分離型SPであること，およびSPの特典がすぐ受けられるのかどうかといった特典を受けるまでの時間がカテゴリー化の基準であることが推測できる。この結論は，価格SPであっても特典を受けるまでに時間がかかると，分類されるカテゴリーが異なることを示しており，上述のDiamond and Campbellの発見を拡張している。

続いてSinha and Smith (2000) は，50％の値引き，通常価格で1個買うともう1個が無料でもらえるというおまけ，および通常価格で2個買うと半額になるというSPを対象とした研究をしている。この3つのSPの金銭的価値は1個50％の値引きと同等である。6×2×2被験者間要因配置デザインの実験室実験により，スーパーの採用するSPのタイプ，製品の割高感，製品の保存性を操作している。スーパーは上記の3つのSPのいずれかを採

用するが，スーパーは2店あり，それぞれが異なるSPを採用することを前提としているので，2店のSPの組み合わせは全部で6種類になる。製品タイプについては，買い置きが可能で割高感の高い製品として定価が$6.79の液体洗濯用洗剤を，買い置きが可能で割高感の低い製品として定価が1ロール69セントのトイレット・ペーパーを，買い置きが困難で割高感の高い製品として定価が$4.69のフレッシュ・スライス・チーズを，買い置きが困難で割高感の低い製品として定価が$1.49の食パンを選択している。分析結果からは，どの製品カテゴリーにおいても内的参照価格は3つのSPの影響を受けないことが示されている。したがって，この3種類のSPは，分離型SPとして評価されたと考えることができる。値引きが分離型SPであるという結果は，上述のDiamond and CampbellとFolkes and Wheatの研究における値引きを統合型SPとする結果と異なるが，これは値引きの大きさがカテゴリー化の要素であることを示唆している。つまり，同じ値引きであっても値引き幅が異なると解釈されるカテゴリーが異なるのである。Sinha and Smithは50%というかなり大きな値引きを対象としている。消費者はこれを特別なイベントであり，出費とは無関係の特別な利得，すなわち分離型SPとして解釈したのである。したがって，値引きはよく行われる大きさであれば統合型SPに，普通よりも大きければ分離型SPになる。

　以上の結果をまとめると，消費者は，一般的な大きさの値引きとクーポンは統合型SPとして，大きな値引き，リベート，増量，おまけ，ひとつ購入するともうひとつをプレゼント，および2つ購入すると半額というSPは分離型SPとしてカテゴリー化されると判断できる。Candon et al. (2000) は，価格プロモーションは実益的ベネフィット（utilitarian benefit）に，非価格プロモーションは享楽的ベネフィット（hedonic benefit）に関連づけられることを説明している。SPのカテゴリー化は，この消費者の知覚するベネフィットと関係している可能性がある。

3．カテゴリー化が知覚価値に与える効果

　2－1項において，メンタル・アカウンティング理論に従えば，分離型SPの方が，統合型SPよりも消費者の知覚価値が高くなるということを説明した。この節では，SPのタイプと消費者の知覚価値の関係を分析した研究について概観し，それらの研究成果がこの見解と一致しているかという点，および同じカテゴリーにあるSPの知覚価値は等しいのかという点について考察したい。

　Diamond and Sanyal (1990) は，実際の店舗において，買物客に対しストア・クーポンをペアで提示してどちらかを選択してもらうフィールド実験を行っている。値引きとおまけの価値を比較するのに，定価が$1.89であるスパゲッティ・ソースの実在ブランドを対象とする2タイプのクーポン選択環境を設定している。ひとつは，対象製品を購入したときに，49セントの缶スープがもらえるクーポン（クーポン1）と25セントの値引きを受けられるクーポン（クーポン2）のどちらかを選択するもので，もうひとつは，対象製品と49セントの缶スープを購入すると49セントの値引きを受けられるクーポン（クーポン3）とクーポン2のどちらかを選択するものである。したがって，この実験のデザインは一要因，2水準の被験者間要因配置である。3つともクーポンという名称が使用されているが，実質的にはクーポン1はおまけ，クーポン2は対象商品の値引き，クーポン3は別の商品の追加的購入による対象商品からの同額の値引きであると言える。Diamondらは，クーポン1はおまけが強調されているので分離型SP，クーポン3は値引きが強調されているので統合型SPとしている。分析対象はクーポン1とクーポン3であるが，両者とも49セント相当のベネフィットを提供するため，それらを直接比較させると両者の本質的価値が無差別であることが被験者に明らかになってしまう。それを避けるために，それぞれをクーポン2と比較させる

ことで，クーポン1とクーポン3の選択比率に違いが生じるかどうかを分析している。

分析結果からは，クーポン1とクーポン2を比較するケースでは，クーポン1を選択した被験者は55.6%，クーポン2を選択した被験者は44.4%となり，クーポン1の方が好まれることが示されている。クーポン3とクーポン2を比較するケースでは，クーポン2を選択した被験者は73%，クーポン3を選択した被験者は27%となり，ケース2の方が好まれることが示されている。χ^2検定からは，クーポンの選択環境とクーポンの選択比率には有意な関係があることが明らかになっている（$\chi^2=6.13, p<.05$））。したがって選好度は，統合型SPと判断されるクーポン3よりも分離型SPと判断されるクーポン1の方が高いということになる。クーポン3は購入への強制が感じられるので，好まれないようである。このことは，人間は強制されているとか自分の自由が脅かされているといった信念をもつと非常に反抗的で頑固になるという Lessne and Natarantonio (1988) のリアクタンス理論と一致する。この結果は，分離型SPの方が，統合型SPよりも知覚価値が高いというメンタル・アカウンティング理論と一致する。

次に，Chen et al. (1998) は，値引きとクーポンを比較している。実験室実験のデザインは2×2×2被験者間要因配置で，製品カテゴリー，SPのタイプ，およびSPの表示方法を操作している。製品カテゴリーには高価格製品として定価が$1,595のパソコン（Compaq 486DX50）を，低価格製品として定価が$7.95のフロッピー・ディスク（Fuji MF2DD）を選択している。SPタイプには値引きとクーポンを，そしてSPの提示方法には金額表示と比率表示を設定している。被験者が想定するシナリオは，「既に上述の製品を購入することを決めている。ある日，クレジット・カード会社からより高品質の製品が10%引き（比率表示のシナリオでは実際の金額を提示）で販売されるというダイレクトメールを受け取る。その高品質の製品とは上記の購入予定製品よりも価格が25%高いコンパックのペンティアム60である（フロッ

ピー・ディスクのシナリオでは Fuji XF4HD)」である。クーポンが提示されるシナリオでは,「クーポンが同封されている」という表現がこのシナリオに加わる。実験では被験者の知覚する利得と購入意向を測定している。図表 8 - 2 は,クレジット・カード会社が紹介した高品質の製品に対するそれらの平均値を示している。知覚利得を従属変数とする分散分析からは,製品タイプの主効果が有意であり ($F=2.93$),知覚利得は低価格製品よりも高価格製品の方が高いことが示されている。SP タイプの主効果は有意となっていない。また,製品タイプと SP の提示方法の交互作用が有意となり ($F=2.93$),知覚利得は,パソコンでは金額表示の方が,フロッピー・ディスクでは比率表示の方が高いことが示されている。購入意向を従属変数とする分散分析からは,製品タイプの主効果 ($F=2.84$) と SP タイプの主効果 ($F=4.58$) が有意であり,購入意向は,低価格製品よりも高価格製品の方が,値引きよりもクーポンの方が高いことが示されている。Chen et al. はこれらの結果について,値引きは消費者全員が対象となるのに対し,郵送型クーポンはクーポンの受取人のみが対象となるため,消費者は値引きよりも郵送型クーポンに特権を感じて購入価値を高めたと説明している。したがって,値引きは統合

図表 8-2 知覚利得と購入意向の平均

	クーポン		値引き	
	金額表示	比率表示	金額表示	比率表示
パソコン				
知覚価値	5.93	5.43	6.0	5.47
購入意図	5.47	5.57	5.13	5.0
フロッピー・ディスク				
知覚価値	5.0	5.27	4.93	5.67
購入意図	6.07	6.07	5.47	5.33

注:知覚価値は「1=非常に少ない〜7=非常に大きい」で,購入意図は「1=全くない〜7=非常にありうる」で測定。

出所:Chen et al. (1998) を一部改変。

型SPだが郵送型クーポンは分離型SPであること，およびメンタル・アカウンティング理論と一致して分離型SPの方が統合型SPよりも知覚価値は高いことが示唆される。

2－2項で説明したSinha and Smith (2000) は，50%の値引き，通常価格で1個買うともう1個が無料でもらえるというおまけ，および通常価格で2個買うと半額になるというSPの知覚価値も測定している。分析結果からは5段階尺度で測定された知覚価値はSPタイプによって有意に異なり ($F=21.54, p<.01$)，値引きが3.64で一番高く，おまけが2.96で次に高く，2個購入による値引きが2.31で一番低いことが示されている。前述したリアクタンス理論にあるように，値引きを受けるのに2個の購入が要求されるSPは，購入を強制している面があるので知覚価値は低くなるようである。したがって，2－2項で見たように，大きい値引き，おまけ，2個購入することで半額になるという3タイプのSPは全て分離型SPに属するが，それらの知覚価値は異なるということを示唆している。

続いてHardesty and Bearden (2003) は，増量と値引きが知覚価値に与える影響を比較している。また，ベネフィットの大きさが与える影響も分析している。実験室実験のデザインは3×2被験者間要因配置で，ベネフィットの大きさとSPタイプを操作している。実験は3回行われており，ベネフィットの大きさには，調査1では低 (10%)，中 (25%)，高 (50%) の3水準が，調査2と調査3では中 (25%) と高 (50%) の2水準が設定されている。対象とした製品カテゴリーは，調査1では練り歯磨き，調査2では練り歯磨きと石鹸，調査3では練り歯磨き，ゴミ袋，洗剤，ハンドクリームである。図表8-3は知覚価値の平均値を示している。分析結果からは，10%と25%のベネフィットの知覚価値に有意差はないことが示されている。また，50%のベネフィットでは，知覚価値は増量よりも値引きの方が，金額表示よりも比率表示の方が高くなることが示されている。ベネフィットが大きい場合には値引きは増量と同じ分離型SPになることは既に確認しているが，こ

3. カテゴリー化が知覚価値に与える効果   187

図表 8-3　知覚価値の平均

	ベネフィット水準		
	低	中	高
実験 1：練り歯磨き			
値引き	15.34	18.33	23.05
増量	16.05	18.00	20.37
実験 2：練り歯磨き			
値引き	—	19.13	25.45
増量	—	19.84	19.27
実験 2：石鹸			
値引き	—	22.39	25.60
増量	—	23.55	24.21
実験 3：練り歯磨き，ゴミ袋，洗剤，ハンドクリーム			
値引き	—	17.83	17.79
増量	—	17.50	17.33

注：知覚価値は4つの質問で構成されている。表中の値はそれぞれを「1＝小さい～7＝大きい」で測定したものを合計した値。それらの信頼性係数 α は0.89。
出所：Hardesty and Bearden (2003) を一部改変。

の結果はそれらの知覚価値は異なることを示している。さらに，25％のベネフィットでは，値引きと増量の知覚価値，および金額表示と比率表示の知覚価値に有意差がないことが示されている。ベネフィットがこのように一般的な大きさの場合には値引きは統合型SPになり増量とは異なるカテゴリーとなるのに，それらの知覚価値には有意差がないということになる。これはメンタル・アカウンティング理論と一致しない。

以上見てきた研究結果は，統合型SPよりも分離型SPの方が高いというメンタル・アカウンティング理論と必ずしも一致しないことを示している。被験者に提示された購買状況，製品カテゴリー，およびSPの金銭的価値の大きさなども知覚価値に影響を与えているようである。また，同じカテゴリ

一にあっても SP のタイプによって知覚価値の程度は異なることも明らかになっており，SP のカテゴリーはさらに複数のサブ・カテゴリーで構成されている可能性が示唆される。例えば，他の製品も合わせて購入するとか同一製品をもうひとつ購入することで値引きなどの特典を提供する SP は，消費者に購入が強制されているといった不快感を生じさせるので，知覚価値のより低いサブ・カテゴリーに含まれる。また，クーポンは買物環境における入手し易さによって知覚価値の異なるサブ・カテゴリーに分類されるようである。さらに，高価格製品やベネフィットが大きい SP では，金額表示と比率表示の間に違いが生じるようで，表示方法を基準としてカテゴリーが分かれる可能性を示唆できる。高価格製品では金額表示の方が，ベネフィットが大きい SP では比率表示の方が知覚価値の高いカテゴリーに含まれる。

4．本章のまとめ

本章では，消費者が様々な SP についてどのように評価しているのかを内的参照価格から明らかにできることを説明した。つまり，SP の観察によって内的参照価格が変化するならば，その SP は統合型 SP として，反対に変化しなければ分離型 SP として評価されていると解釈できるのである。この考え方に基づき SP と内的参照価格の関係を分析した先行研究を概観することで次のことが明らかにされた。第一に，提供されるベネフィットが一般的な水準である場合には（商品価格の25%辺りまで），各 SP のベネフィットが同一水準であるとしたときの SP のカテゴリー化は図表8-4のようになる。SP は統合型 SP と分離型 SP の2タイプに大別されるが，それぞれのカテゴリーの中では相対的知覚価値の大きさに応じて更に3タイプのサブ・カテゴリーに分かれる。分離型 SP と統合型 SP の比較では分離型 SP の方が選好される傾向にあるが，一貫した結果が得られていないので更なる調査が必要である。第二に，ベネフィットがかなり魅力的である場合には（商品価格

4．本章のまとめ　189

図表 8-4　消費者によるSPのカテゴリー化：ベネフィットが一般的な水準の場合

	相対的知覚価値		
	高	中	低
統合型SP	**努力不要SP** ・ストア・クーポン ・値引き	**要努力SP** ・媒体クーポン	**購入強制感のあるSP** ・他製品の同時購入で対象商品を同額分値引き
分離型SP	**努力不要SP** ・増量 ・おまけ ・対象者限定の郵送型クーポン	**要努力SP** ・キャッシュバック	**購入強制感のあるSP** ・複数個購入による値引き・おまけ ・スタンプ○個でおまけ

図表 8-5　消費者によるSPのカテゴリー化：ベネフィットが非常に大きい場合

	相対的知覚価値	
	高	低
分離型SP	**価格SP** ・値引き ・キャッシュバック ・対象者限定の郵送型クーポン ・ストア・クーポン ・媒体クーポン	**非価格SP** ・複数個購入による値引き・おまけ ・スタンプ○個でおまけ ・他製品の同時購入で対象商品を同額分値引き

図表 8-6　サブ・カテゴリー数とベネフィット水準の関係

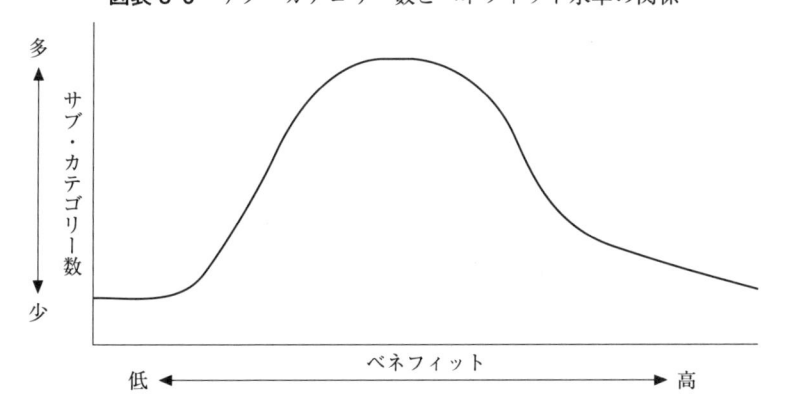

の50％辺りかそれ以上)，カテゴリーは図表8-4のように細かく分かれず，分離型SPという一元的なカテゴリーに近づくようである。ベネフィットが大きくなると知覚価値が非常に大きくなるため，対象者が限定されていることやベネフィットを受けるのに努力や時間が必要とされることはあまり重要でなくなるようである。ただし，ここでは価格SPの方が非価格SPよりも選好度は高くなるので，図表8-5にあるようにSPが価格か非価格かという点を基準とする2つのサブ・カテゴリーに分かれる。第三に，ベネフィットが非常に小さい場合には（商品価格の10％以下)，消費者がそれらを取るに足らないSPとして扱うため，一元的なカテゴリーになる。ここではベネフィットが小さすぎてSPが価格か非価格かという点も重要でなくなるため，サブ・カテゴリーは存在しないと思われる。したがって，サブ・カテゴリー数とベネフィット水準の関係は図表8-6に示されている通りで，サブ・カテゴリー数は25％前後のベネフィット水準で最大となり，25％よりも小さい水準の方が25％よりも大きい水準よりも少なくなるという歪んだ逆U字型になると予想する。以上のこのことから，ベネフィットが一般的な水準であるときには採用するSPをかなり慎重に決定することが重要となるが，それが小さいとき，あるいは大きいときにはその程度は軽減されると言える。

【注】
（1）　これは白井 (2004) を加筆修正し，転載したものである
（2）　詳細はRosch (1975) とOzanne et al. (1992) を参照されたい。
（3）　その他，Cotton and Babb (1978), Walters and Rinne (1986), Wilkinson et al. (1982) を参照されたい。
（4）　ただし，抽選によって提供される景品については，その金銭的価値が商品の価格よりも大きくなることが多い。ここではそのような懸賞型SPではなく，対象者全員が特典を受けられるSPを対象としている。
（5）　これらの研究はDiamond and Campbell (1989), Diamond and Sanyal (1990), およびShinha and Smith (2000) である。

第9章 価格交渉における内的参照価格の役割

1. はじめに

　本章では，売り手が自分の所有する製品を，仲介業者を通さずに直接，買い手に売買しようとするときに行われる価格交渉（price negotiation）において，内的参照価格が果たす役割について検討する。価格交渉における当事者，すなわち交渉者は買い手と売り手の2者である。このような交渉は日本ではそれほど馴染みがないが，国外では一般的である。しかし，急速にインターネット社会になった日本においてもこのような交渉がしやすい環境が整っており，今後増加していくことが予想される。一般に，売り手は売買対象となる製品をできるだけ高く売りたいと考え，買い手はそれをできるだけ安く買いたいと考える。このような状況では，買い手と売り手の購買への関与と価格意識は非常に高くなる。当然，買い手と売り手のどちらも何種類かの参照価格を明確に形成し，それに基づいて価格交渉を進めていくことが予想される。これらの参照価格には内的参照価格と外的参照価格の両方が採用され，内的参照価格が外的参照価格の影響を受けることも予想される。本章では最初に，価格交渉で用いられる参照価格のタイプについて考える。続いて，参照価格の価格交渉への影響を分析した既存研究を概観することで，価格交渉における内的参照価格の役割について考えたい。

2. 価格交渉で用いられる参照価格

　この節では価格交渉において用いられる参照価格について考える。基本的

な参照価格としてはまず，類似製品の取引価格などの市場価格が挙げられよう。第2章において，市場価格には最低市場価格，最高市場価格，平均市場価格など複数の価格があることを説明している。ところがここで想定する価格交渉は，消費者が小売店などを通して新製品を購入するという状況とは異なる。第一に，類似する製品に関する売買情報は入手できることはあっても，全く同じ製品に関する売買情報はあまりない。第二に，対象となる製品は中古である。第三に，買い手も売り手も売買の専門家ではないため類似製品の売買経験が乏しい。以上のことから，市場価格は参照価格となるが，売買対象となっている製品の値ごろ感を明確にするものではないと思われる。市場価格は，過去に観察した価格を記憶したものであれば内的参照価格となるが，当該交渉と関連する最近の情報であるならば外的参照価格となる。

　留保価格（reservation price）もまた，重視されることが予想される。留保価格は内的参照価格であり，交渉者がこの価格以下では契約しないとする水準である。売り手の留保価格はこれよりも低い価格では売らないとする水準であり，買い手の留保価格はこれよりも高い価格では買わないとする水準である。したがって，売り手の留保価格が買い手の留保価格よりも高い場合には，交渉の余地は全くなく契約成立は不可能となる。反対に，売り手の留保価格が買い手の留保価格よりも低い場合には交渉を進められることになる。このとき，売り手の留保価格から買い手の留保価格までの価格範囲は交渉可能ゾーン（bargaining zone）と呼ばれる。価格交渉においては，留保価格はかなり明確な水準で形成されていると思われる。また，交渉中は最終売買契約となる価格は不確実なので，交渉相手の留保価格を推測し，それを考慮することも考えられる。したがって，参照価格となる留保価格は交渉者自身のものと交渉相手のものの2タイプになる。

　願望価格（aspiration price）もまた，用いられる可能性が高いと思われる。願望価格とは交渉者が期待する最高水準の価格である。したがって，願望価格は内的参照価格である。この価格は，小売店などから新製品を購入すると

2. 価格交渉で用いられる参照価格

いう一般的な購買意思決定よりも，ここで想定するような価格交渉においてより重要となることが予想される。なぜなら交渉相手が望む価格や最終契約となる価格は不確実なので，交渉者は交渉相手の受容価格を推測しながら自分の望めそうな最高水準の価格を決定するからである。この推測される交渉相手の受容価格は，交渉相手の留保価格を交渉者が推定した値である可能性が高い。願望価格は交渉者にとってかなり望ましい水準であるので，通常，売り手の願望価格は買い手の願望価格よりも高くなる。このとき，買い手の願望価格から売り手の願望価格までの価格範囲は願望ゾーン（aspiration zone）と呼ばれる。もしも売り手の願望価格が買い手の願望価格よりも低いというようなことがあれば，買い手も売り手も非常に満足した状態で，しかも直ちに契約を成立させることになる。

　売り手が売買対象の製品を過去に購入したときの価格，すなわち購入価格は売り手にとって参照価格となる可能性がある。もしもこの購入価格が買い手にも知らされる場合には買い手にとっての参照価格となる可能性もある。しかし，購入後長い日数が経過している場合には購入価格は役に立たない情報となり，購入価格よりも新しい市場価格の方がより有用な情報として用いられるだろう。また，売買対象の製品は中古品であることから，売り手がこの製品を新品で購入していた場合もあまり参考にはならないと思われる。このことから，購入価格は内的参照価格となることはあってもその重視度は相対的に高くないと考えられる。

　参照価格として考えられる最後の価格は，交渉相手が最初に提示する提案価格（offer price）である。この価格は，提案された側にとっては客観的情報であるので外的参照価格である。ただし，第1章で説明したように，交渉者がこの提案価格に知覚符号化というプロセスを経て何らかの解釈を加えた場合には，解釈された提案価格は内的参照価格となる。売り手は自分の留保価格から願望価格までの価格範囲（売り手の提案価格ゾーン）の中で提案価格を決定し，買い手は自分の願望価格から留保価格までの価格範囲（買い手の

194　第9章　価格交渉における内的参照価格の役割

図表9-1　価格交渉における参照価格

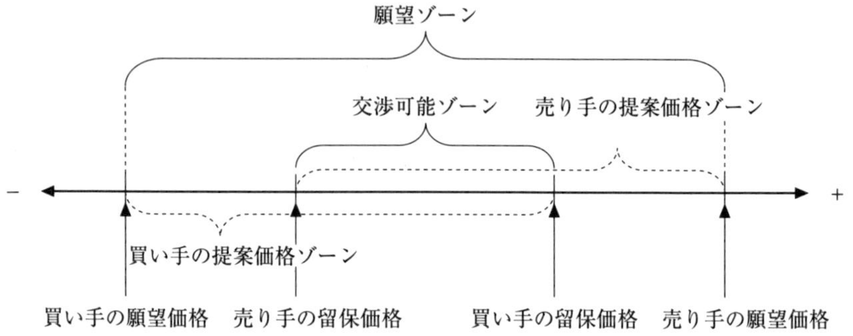

```
                    願望ゾーン
        ┌─────────────────────────────────┐
                交渉可能ゾーン    売り手の提案価格ゾーン
              ┌─────────────┐  ┌──────────────────┐
  ─◄─────┬────────┬────────┬────────┬─────▶＋
         │        │        │        │
         │   買い手の提案価格ゾーン  │
         │        │        │        │
    買い手の願望価格  売り手の留保価格  買い手の留保価格  売り手の願望価格
```

提案価格ゾーン）の中で提案価格を決定する。このとき，買い手も売り手も最初に提示する提案価格は自分の願望価格の近くに設定し，繰り返し行われる価格交渉を経て，自分の留保価格の方向に向かって調整していくことが予想される。図表9-1は，価格交渉において重要となる参照価格の基本的な位置づけを示したものである。

3．参照価格が価格交渉に与える効果

続いて，価格交渉に対して参照価格が及ぼす影響を分析した研究を概観する[1]。これまでの研究は留保価格，市場価格，あるいは願望価格のそれぞれが契約結果に与える効果を認めてきているが（Locke and Latham 1990, Raiffa 1982, Walton and McKersie 1965, White and Neale 1994），これらの価格を同時に分析していない。そこでWhite et al. (1994) は，留保価格，願望価格，および市場価格の3価格それぞれに実験的操作を加えることで，それらが成立した契約価格に与える影響力を比較している。具体的には以下の仮説を検証している。

　仮説1：契約成立価格は，交渉可能ゾーンが高い方が高くなる。
　仮説2：契約成立価格は，市場価格が高い方が高くなる。

仮説3：契約成立価格は，願望ゾーンが高い方が高くなる。

仮説検証は，家の売買を対象とする2つの実験室実験から行っている。実験1のデザインは2×2×2被験者間要因配置で，市場価格，交渉可能ゾーン，および願望ゾーンを操作している。市場価格には高低（\$230,000と\$220,000）を，交渉可能ゾーンには高低（売り手が\$220,000と買い手が\$240,000のゾーンと売り手が\$210,000と買い手が\$230,000のゾーン）を，願望ゾーンには高低（買い手が\$205,000と売り手が\$255,000のゾーンと買い手が\$195,000と売り手が\$245,000のゾーン）を設定している。市場価格の\$220,000あるいは\$230,000という値はそのまま交渉者に提示されるのではなく，市場で最近取引された家の契約価格を3つ提示している。交渉者がその3つの契約価格を1平方フィート単位で計算し，それを現在交渉対象となっている家の広さに合わせて計算すると\$220,000あるいは\$230,000が得られる。例えば，市場価格が\$220,000のケースでは，リスト番号06898で1,715平方フィートの家の契約価格が\$204,800，リスト番号04725で1,875平方フィートの家の契約価格が\$223,500，リスト番号08614で1,920平方フィートの家の契約価格が\$228,500という情報が提示される。この3つの家の契約価格は1平方フィートあたり約\$119である。交渉対象の家は1,846平方フィートなので，市場の契約価格に基づいて計算されるこの家の価格，すなわち市場価格は119×1,846＝\$220,000となる。売り手の被験者が想定するシナリオは，「売り手はセンターヴィルで5年前に\$155,000で購入した家を，不動産会社に支払う手数料などを節約するために自分で売ることにした。不動産投資家の友人と相談した結果，販売価格（願望価格）を\$245,000（または\$255,000）に設定した。この家はこの地域では最も良い家のひとつであると思われるし，この地域ではここ1年間に家の売買が行われていない。だから，売り値は1年前の市場価格よりも高くした。この家は既に数週間売りに出されているので，売り手はここで最低\$210,000（または\$220,000）以上であれば売ることにした（留保価格）。売り値がこの水準を下回る場合には，無理に売ってし

図表 9-2　契約価格の平均

	低い交渉可能ゾーン （$210,000–230,000）	高い交渉可能ゾーン （$220,000–240,000）
市場価格 $220,000		
低い願望ゾーン（$195,000–$245,000）	$225,100	$228,208
高い願望ゾーン（$205,000–$255,000）	$229,058	$229,313
市場価格 $230,000		
低い願望ゾーン（$195,000–$245,000）	$223,042	$228,938
高い願望ゾーン（$205,000–$255,000）	$223,900	$230,063

出所：White et al.(1994) を一部改変。

まうよりもこの水準で売れるまで待ちたいと考えている。先週この家を見に来て関心を示していた人が，今日電話してきて交渉のミーティングを持ちたいと言ってきている。」である。買い手の被験者が想定するシナリオは，「センターヴィルの家の価格はここ数年上昇中である。買い手は$175,000から$250,000あたりで家を探している。最近，この地域にある家の所有者が出している販売広告を見た。この家は買い手が望んでいた家のタイプに近い。先週，売り値が$245,000となっているこの家を見に行きとても気に入った。その後，この家の価値を測るために比較可能な他の家の情報を集めた（市場価格）。そして，この家を$230,000（または$240,000）以下の価格で買うことに決めた（留保価格）。実際には$195,000（または$205,000）にできるだけ近い価格で買いたいと思っている（願望価格）。今日，所有者と会って自分の希望する販売価格を提示することになっている。」である。

　この実験には196人の被験者が売り手と買い手に分かれて参加したので，価格交渉に参加したのは98組である。40分にわたる交渉の結果，94組が契約を成立させている。図表9-2は契約価格の平均値を示したものである。分散分析からは，交渉可能ゾーンの主効果が有意となり（$F=11.66, p<.001$），契約価格は低いゾーンでは$225,421，高いゾーンでは$229,131であること

が示されている。この結果は仮説1と一致している。市場価格と願望価格の主効果は有意とならなかったので，仮説2と仮説3は支持されない。

　留保価格のみが契約価格に影響を与えるという実験1で見られた結果は，留保価格が目立ちすぎていたことや市場価格が十分に強調されていなかったことが影響して生じた可能性がある。そこで実験2では，留保価格の効果の頑健性を調べるために，交渉者が交渉で参照とする価格のタイプを操作している。実験デザインは一要因，3水準の被験者間要因配置で，参照価格のタイプは市場価格，留保価格，および願望価格である。前述した交渉者のシナリオに「自分が市場価格（あるいは留保価格，願望価格）と同じくらい良い結果を出すことが望まれている」という内容を追加している。市場価格は$230,000とし，実験1と違い明示的に提示している。交渉可能ゾーンの範囲は実験1よりも拡大させており，売り手が$225,000，買い手が$255,000である。願望ゾーンの範囲は実験1と同じ$50,000で，売り手が$275,000，買い手が$225,000である。

　実験には156人の被験者が売り手と買い手に分かれて参加したので，価格交渉に参加したのは78組である。実験の方法は実験1と同じである。交渉の結果，69組が契約を成立させている。分散分析からは，契約の参照とする価格タイプの主効果は有意でないことが示されている。契約価格の平均値は，参照とする価格が市場価格の場合には$238,973，留保価格の場合には$241,233，願望価格の場合には$240,600となっている。ただし契約価格は，市場価格（$230,000）や願望ゾーンの中央値（$250,000）よりも交渉可能ゾーンの中央値（$240,000）に近いので，留保価格の影響が一番強いことが示唆される。以上の2つの実験結果から，契約価格は，契約者の重視する参照価格のタイプ，すなわちインセンティブ構造とは無関係であること，留保価格の影響を受けること，および市場価格や願望価格の影響を受けないことが明らかになっている。

　Blount et al. (1996) は，売り手と買い手が最終的に契約する価格に対し，

主観的情報である留保価格と客観的情報である市場価格のどちらがより強く影響を与えるのかを分析している。また，消費者が知覚する価格変動性も影響要因として捉え，知覚価格変動の異なる製品タイプの影響も分析している。以下の仮説を検証している。

仮説1：契約価格は，消費者の知覚する価格変動の小さい製品の方が大きい製品よりも低くなる。

仮説2：消費者の知覚する価格変動の小さい製品では，契約価格は市場価格の影響を受けるが，交渉可能ゾーンの影響を受けない。

仮説3：消費者の知覚する価格変動の大きい製品では，契約価格は交渉可能ゾーンの影響を受けるが，市場価格の影響を受けない。

実験室実験は3つ行われている。実験1は2×2×2被験者間要因配置デザインで，製品タイプ，交渉可能ゾーン，市場価格を操作している。製品タイプには価格変動性の高低を設定しており，価格変動が小さい製品としてステレオを，大きい製品としてアンティークの回転木馬を選択している。交渉可能ゾーンには高低（売り手が$2,200と買い手が$2,700のゾーンと売り手が$2,400と買い手が$2,900のゾーン）を，市場価格には高低（$2,450と$2,650)を設定している。市場価格が$2,650で交渉可能ゾーンの中央値が$2,450のケースは売り手に有利となり，市場価格が$2,450で市場価格が交渉可能ゾーンの中央値が$2,650のケースは買い手に有利となる。市場価格は，ステレオでは地元にある店で販売されている同じシステムの平均的な価格，回転木馬では地元のギャラリーで販売されている類似する回転木馬の販売価格としている。

実験には232人の被験者が売り手と買い手に分かれて参加したので，価格交渉に参加したのは116組である。被験者は自分の留保価格を示され，それよりも良い価格（売り手はそれよりも高い価格，買い手はそれよりも安い価格）でなければ取引しないように説明を受けた。次に，地元の新聞に掲載されたと仮定した売り手の販売広告を読み，売り手と買い手が一組になって30分間

図表 9-3　契約価格の平均（実験 1）

	低い交渉可能ゾーン （$2,200-$2,700）	高い交渉可能ゾーン （$2,400-$2,900）
アンティークの回転木馬		
低い市場価格（$2,450）	$2,471	$2,605
高い市場価格（$2,650）	$2,548	$2,639
ステレオ		
低い市場価格（$2,450）	$2,340	$2,412
高い市場価格（$2,650）	$2,498	$2,478

出所：Blount et al.(1996) を一部改変。

で価格交渉を行った。交渉の結果，108組が契約を成立させている。図表 9-3 は契約価格の平均値を示している。分散分析からは，製品タイプの主効果が有意となり（$F=32.08, p<.000$），契約価格は知覚価格変動が小さい製品（ステレオ）の方が大きい製品（回転木馬）よりも低いことが示されている。したがって，仮説 1 は支持される。市場価格の主効果と交渉可能ゾーンの主効果も有意であることが示されている（市場価格は $F=12.58, p<.001$，交渉可能ゾーンは $F=8.63, p<.004$）。続いて仮説 2 と仮説 3 を検証するために，製品別に分散分析を行っている。分析結果からは，ステレオでは市場価格の主効果は有意であるが（$F=12.63, p<.001$），交渉可能ゾーンの主効果は有意でないことが示されている。反対に回転木馬については交渉可能ゾーンの主効果が有意であるが（$F=10.60, p<.002$），市場価格の主効果は有意でない。したがって，仮説 2 と仮説 3 は支持される。

続いて行われた実験 2 では仮説 2 と仮説 3 と類似する次の仮説を検証している。

　仮説 4：市場価格が契約価格に与える影響は，消費者の知覚する価格変動が小さい製品では見られるが，大きい製品では見られない。

実験 2 は 2×2 被験者間要因配置デザインで，市場価格と製品タイプを操

作している。市場価格と製品タイプは実験1と同じである。交渉可能ゾーンは売り手が$2,200，買い手が$2,900に固定している。市場価格は交渉可能ゾーンの中央値（$2,550）から100ドル下（$2,450）と100ドル上（$2,650）となる。実験には158人の被験者が売り手と買い手に分かれて参加したので，価格交渉に参加したのは79組である。調査の方法は実験1と同じである。交渉の結果，77組が契約を成立させている。分散分析の結果からは，市場価格の主効果（$F=10.12, p<.002$）と製品タイプと市場価格の交互作用（$F=2.74, p<.1$）が有意であることが示されている。知覚価格変動の小さいステレオでは，契約価格は市場価格が低い場合には$2,348，高い場合には$2,550となり，t検定から有意差が確認されている（$t=4.23, p<.001$）。反対に，知覚価格変動の大きい回転木馬では，契約価格は市場価格が低い場合には$2,444，高い場合には$2,507となり，t検定から有意差は確認されていない。したがって，仮説4は支持される。

最後に行った実験3では，市場価格の定性的性質が市場価格への重視度に影響を与えるかどうかに焦点を当てており，以下の仮説を検証している。

　　仮説5：市場価格が交渉可能ゾーンの中央値よりも低い場合，契約価格は市場価格が複数の取引を参照としている方が単一の取引を参照としている場合よりも低くなる。

　　仮説6：市場価格が交渉可能ゾーンの中央値よりも高い場合，契約価格は市場価格が複数の取引を参照としている方が単一の取引を参照としている場合よりも高くなる。

　　仮説7：市場価格が複数の取引を参照としている場合，契約価格は市場価格情報が既に終了した取引である場合よりも代替的取引である場合の方が低くなる。

仮説5と仮説6は，市場情報の量が多くなるほど情報の信頼性が高くなるので，契約価格に与える影響も大きくなることを予想している。仮説7は，既に成立した複数の契約情報よりも，選択可能な複数の取引情報の方が交渉

図表 9-4 契約価格の平均（実験 3）

	単一取引	複数取引
低い市場価格（$2,350）		
終了情報	$2,484	$2,380
有用情報	$2,312	$2,323
高い市場価格（$2,750）		
終了情報	$2,590	$2,688
有用情報	$2,518	$2,646

出所：Blount et al. (1996) を一部改変。

力を高めるため，契約価格に与える影響も大きいことを予想している。実験3はアンティークの回転木馬のみを対象として，2×2×2被験者間要因配置デザインで市場価格，市場価格の数，市場価格のタイプを操作している。交渉可能ゾーンは売り手が$2,200，買い手が$2,900に固定している。市場価格には交渉可能ゾーンの中央値の200ドル上（$2,750）と200ドル下（$2,350）を設定している。市場価格の数は契約で参照とされる取引の数で，単一と複数を設定している。市場価格のタイプには，最近成立した契約に関する情報と代替案に関する情報の2水準を設定している。実験には216人の被験者が売り手と買い手に分かれて参加したので，価格交渉に参加したのは108組である。交渉の結果，107組が契約を成立させている。図表9-4は契約価格の平均値を示している。分散分析からは，市場価格の主効果（$F=49.09, p<.0001$），市場価格タイプの主効果（$F=6.48, p<.01$），市場価格と市場価格の数の交互作用（$F=5.56, p<.02$）が有意であることが示されている。市場価格が$2,350と交渉可能ゾーンよりも低いケースでは，契約価格は単一取引では$2,404，複数取引では$2,351となり，仮説5を支持している。また，市場価格が$2,750と交渉可能ゾーンよりも高いケースでは，契約価格は単一取引では$2,550，複数取引では$2,667となり，仮説6を支持している。仮説7は，市場価格数と市場価格タイプの交互作用が有意になら

なかったので，支持されない。契約価格は市場価格の数の影響を受けないが市場価格のタイプに関係し，終了した契約に関する情報よりも現在選択可能な代替的情報であるときの方が低くなる。

　これらの3つの実験結果から得られる知見は，市場価格を参照価格として用いるかどうかは製品タイプによって異なるということである。市場価格の重要度は，価格変動が低いと知覚される製品の方が高いと知覚される製品よりも高い。ただし，知覚価格変動の大きい製品であっても，市場価格が複数の取引情報を提供している場合には単一の取引情報を提供している場合に比べて市場価格への重視度は高くなる。また，市場価格の重要度は，既に終了した取引よりも現在の選択肢である取引である方が高くなる。さらに，留保価格の重要度は，価格変動が高いと知覚される製品の方が低いと知覚される製品よりも高くなる。

　Kristensen and Garling (1997a) は，交渉者の提案価格（offer price）の影響に着目している。最初の提案価格が参照価格となることは Benton et al. (1972) や Hamner (1974) によって示唆されている。また，Neale & Bazerman (1991) や Neale et al. (1987) は，交渉者が交渉相手の提示する提案価格を複数の参照価格に基づいて評価することを指摘している。この研究では，交渉者による相手の提案価格についての評価は自分の留保価格との比較から行われ，提案価格が自分の留保価格よりも高ければ損失として，逆に低ければ利得として評価すると考えている。また，交渉者が続いて示す修正提案価格（counteroffer）は，相手の提案価格だけでなくこの評価も基準とするとして，次の仮説を設定している。

　　仮説：交渉者が相手の提案価格に対応して示す修正提案価格には，相手の提案価格と参照価格の両方が影響を与える。

　この研究では売り手が最初に価格を提示するケースを想定している。通常，修正提案価格は自分にとってより有利となる価格を提示するので，買い手による修正提案価格は，売り手による最初の提案価格よりも低くなる。Kristensen and Garling は，この低下分（売り手の提案価格—買い手の修正提案価格）が売り手による最初の提案価格を買い手がどう評価したかに依存すると提案し，利得よりも損失と知覚されたときの方が大きくなるという予想を立てている。この関係は図表9-5に示されている。利得と知覚した場合（売り手による提案価格が買い手の留保価格よりも低い場合）には，買い手は次に示す修正提案価格を売り手による提案価格よりも少し低い価格に設定する。反対に損失として知覚した場合（売り手による提案価格が買い手の留保価格よりも高い場合）には，買い手は次に示す修正提案価格を自分の留保価格よりも低く設定する。したがって買い手の修正提案価格は，売り手による提案価格よりもかなり低い価格になる。具体的には次のことを予測している。

予測1：買い手が続いて示す修正提案価格は，買い手が売り手による最初の提案価格を損失としてではなく利得として知覚した場合の方が高くなる。

また，同様の効果を交渉結果についても予想している。

予測2：買い手が売り手による最初の提案価格を損失としてではなく利得として知覚した場合の方が，交渉回数は減少し，交渉最後の提案価格（negotiated outcome）は高くなる。

実験室実験はマンションの売買を対象とした3×2×2被験者間要因配置デザインで，売り手による最初の提案価格，売り手の留保価格，買い手の留保価格を操作している。売り手による最初の提案価格には高中低（SEK 230,000，SEK 250,000，SEK 270,000）を，売り手の留保価格には高低（SEK 170,000 と SEK 130,000）を，買い手の留保価格は高低（SEK 210,000 と SEK 290,000）を設定している。SEK はスウェーデンの通貨である。買い手の留保価格が SEK 210,000 である場合は売り手による最初の提案価格よりも低いので，買い手は売り手による提案価格に対して損失を知覚することになる。買い手の留保価格が SEK 290,000 である場合は売り手による最初の提案価格よりも高いので，買い手は売り手による提案価格に対して利得を知覚する

204　第9章　価格交渉における内的参照価格の役割

図表 9-5　提案価格と留保価格が修正提案価格に与える影響

(1) 買い手が売り手による提案価格を利得と知覚した場合

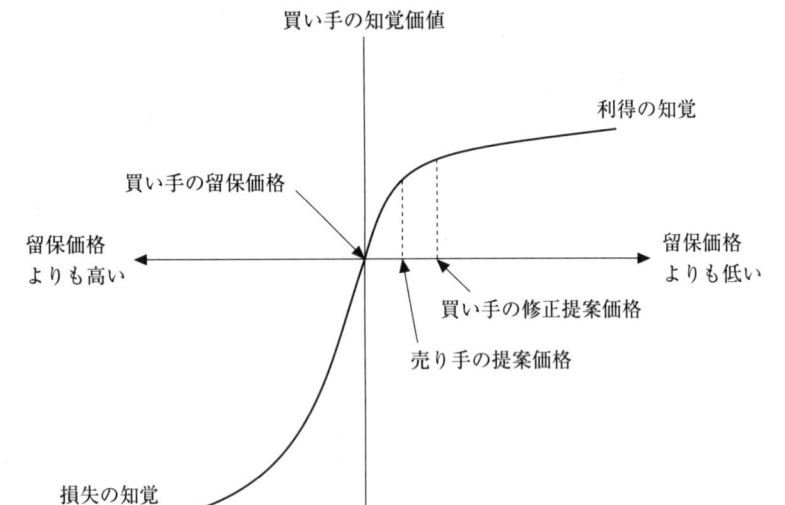

買い手の知覚価値

利得の知覚

買い手の留保価格

留保価格よりも高い

留保価格よりも低い

買い手の修正提案価格

売り手の提案価格

損失の知覚

(2) 買い手が売り手による提案価格を損失と知覚した場合

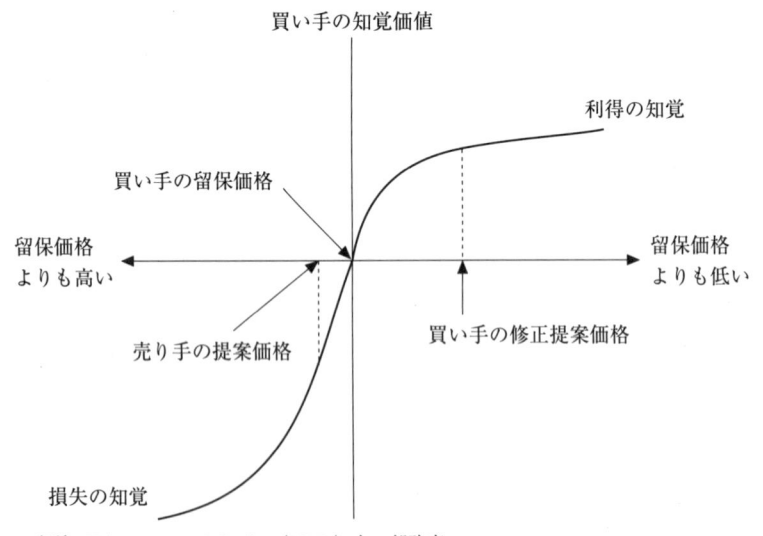

買い手の知覚価値

利得の知覚

買い手の留保価格

留保価格よりも高い

留保価格よりも低い

売り手の提案価格

買い手の修正提案価格

損失の知覚

出所：Kristensen and Garling (1997a) を一部改変。

ことになる。実験では，最初に買い手と売り手は別々の部屋で首都圏にあるマンションの実際の市場価格を下限から上限までの範囲で観察した。次に買い手は，自分が支払ってもよいとする最高水準の価格（留保価格）と自分が購入できると確信する最低水準の価格（願望価格）を決定し，売り手は自分が売っても良いとする最低水準の価格（留保価格）と最高水準の価格（願望価格）を決定した。続いて買い手はマンションの購入に関心があって，それらの価格を調べるために新聞広告を読んだと仮定するよう求められた。買い手のタスクはマンションをできるだけ低い価格で購入することで，売り手のタスクはそれをできるだけ高い価格で販売することである。続いて，買い手と売り手は一組になって交渉を開始した。交渉回数は最高12回とし，毎回，売り手が先に提案価格を示した。実験では，売り手には自分の最初の提案価格と留保価格が示され，買い手には自分の留保価格と新聞広告で観察したと仮定する価格（売り手による最初の提案価格）が示された。買い手はこの情報の観察後に，売り手による最初の提案価格に対する満足度を10から90の間で評価した。

　図表9-6は分析の結果をまとめたものである。分散分析からは，買い手による最初の修正提案価格に対して買い手の留保価格の主効果（$F=29.65, p<.001$），売り手による最初の提案価格の主効果（$F=44.81, p<.001$），およびそれらの交互作用（$F=14.15, p<.001$）が有意であることが示されている。買い手による最初の修正提案価格は，売り手による最初の提案価格が高くなるほど高くなり，売り手による提案価格に損失を知覚した場合よりも利得を知覚した場合の方が高くなっている。これは仮説と予測1と一致している。また，売り手による最初の提案価格に対する売り手の満足度に対しても留保価格の主効果（$F=61.70, p<.001$）と売り手による最初の提案価格の主効果（$F=62.72, p<.001$）が有意であることが示されている。次に，交渉結果について見てみよう。買い手による交渉最後の修正提案価格に対しては買い手の留保価格の主効果（$F=29.26, p<.001$），売り手による最初の提案価

図表9-6 分析結果

	買い手の留保価格					
	低			高		
	売り手による最初の提案価格			売り手による最初の提案価格		
	低	中	高	低	中	高
満足度	-3.7	-13.3	-21.5	18.9	6.8	-2.2
買い手による最初の修正提案価格	202,800	210,400	213,300	236,700	253,500	273,300
買い手による最後の修正提案価格	242,100	250,000	252,700	258,100	275,600	294,400
修正提案回数	8.3	8.8	9.7	6.7	6.9	6.6
契約不成立の比率	4.2%	8.3%	12.5%	2.4%	0	0

出所：Kristensen and Garling(1997a) を一部改変。

格の主効果（$F=101.33, p<.001$），およびそれらの交互作用（$F=31.03, p<.001$）が有意であることが示されている。契約不成立の比率と修正提案の回数に対しては，買い手の留保価格の主効果が有意となった（$F=13.03$ と $F=4.64$）。これらの結果は予測2と一致している。したがって，売り手による最初の提案価格と買い手の留保価格は買い手が示す修正提案価格に影響を与えるが，影響力は売り手による最初の提案価格の方が大きいということになる。また，買い手が売り手による最初の提案価格を損失でなく利得と知覚した場合の方が買い手による修正提案価格は高く（購入価格は高く），修正提案回数は少なく，そして契約不成立の比率は少ない。

ところで，留保価格は最初の提案価格の影響を受けて変化するという発見がある（Kristensen and Garling 1996）。これは，留保価格は参照価格として採用されるにもかかわらず，変動しやすい性質があることを示唆している。そこでKristensen and Garling（1997b）は，留保価格が，推定市場価格や売り手が最初に提示した価格に影響されるにもかかわらず参照価格として用いられることを実証するために，実験1において以下の仮説を検証している。

仮説1：買い手は自分の留保価格を参照価格として用いる。
仮説2：買い手は自分の留保価格を，売り手による最初の提案価格や買い手による推定市場価格を基にして修正する。つまり，留保価格は，最初の提案価格と推定市場価格は高い方が高くなる。

被験者は，経営学専攻の学生と心理学専攻の学生であり，全員が買い手として実験に参加した。実験はマンションの売買を対象とした2×2×2被験者間要因配置デザインの実験室実験で，売り手による最初の提案価格，推定市場価格，学生タイプを操作している。被験者はまず，自分が住んでいる首都圏にあるマンションの販売価格を範囲で観察し，この情報を元にして特定のマンションについて自分が支払っても良いとする最高価格（最初の留保価格）を決定した。次に，被験者の関心が高いと仮定した8つのマンションそれぞれについて，売り手の提案価格（最後の提案価格）を観察した。これらの提案価格はSEK 270,000からSEK 340,000の間である。これらの価格は，被験者がそれぞれのマンションの販売広告を新聞で見て売り手に価格交渉をしたときに，売り手が改めて示してきたと仮定した価格であり，売主が新聞に掲載していた販売価格（最初の提案価格）よりも低くなっている。この最後の提案価格には，最初の提案価格よりもSEK 20,000低いとSEK 40,000低いという2水準が設定されている。次に，被験者は推定市場価格を観察した。この推定市場価格には売り手の提案価格よりもSEK 20,000低いとSEK 40,000低いという2水準が設定されている。そして，被験者の半分が売り手の後の提案価格に対する満足度について10～90の間で回答した。この値から50を引いた値が正となる場合を満足，負となる場合を不満足としている。最後に，被験者は留保価格を再度回答した（最後の留保価格）。

最初に分析したのは売り手による最後の提案価格への満足度である。学生タイプ，推定市場価格，最初の提案価格を独立変数とする分散分析からは，推定市場価格の主効果が有意となり（$F=26.5, p<.001$），満足度は推定市場価格が高い方が低い場合よりも高くなることが示されている。最初の提案価

図表9-7　最後の留保価格の平均（実験1）

	最初の提案価格			
	低		高	
	推定市場価格		推定市場価格	
	低	高	低	高
満足度測定あり				
経営学専攻	276,084	300,250	281,083	297,958
心理学専攻	272,292	288,542	271,250	290,958
満足度測定なし				
経営学専攻	266,250	285,208	268,334	288,750
心理学専攻	271,875	287,708	275,000	291,166

出所：Kristensen and Garling (1997b).

格の主効果や学生タイプの主効果は有意となっていない。この最初の提案価格が有意でないという結果は，Kristensen and Garling (1996) の結果と異なる。次に留保価格について分析している。図表9-7は最後の留保価格の平均値を示している。最初と最後の留保価格を合わせて従属変数とし，学生タイプ，満足度，測定段階（前後）を独立変数とする分散分析からは測定段階の主効果が有意となり（$F=96.8, p<.001$），最後の留保価格は最初の留保価格よりも低下したことが示されている。また，最後の留保価格を従属変数，学生タイプ，満足度測定の有無，推定市場価格，最初の提案価格を独立変数とする分散分析からは，推定市場価格の主効果（$F=10.04, p<.01$）と最初の提案価格の主効果（$F=8.6, p<.01$），および4要因交互作用（$F=5.9, p<.05$）が有意であることが示されている。最後の留保価格は，推定市場価格が高い方が低い場合よりも高く，最初の提案価格が高い方が低い場合よりも高くなっており，仮説2と一致する。Kristensen and Garlingは，以上の結果から推定市場価格が最後の提案価格に対する満足度と最後の留保価格に同様の影響を与えていることが示されており，このことが参照価格として留保

価格が採用されていることを示唆しているとして,仮説1は支持されると結論している。

願望価格は前述した White et al. (1994) では契約価格への影響力が低く,参照価格として用いられる可能性が低いことが示されたが,重要であるという指摘もある (Raiffa 1982)。また,2節においても述べたように,買い手は願望価格を自分が推定する売り手の留保価格に基づいて決定する可能性がある。このことを明らかにするために,実験2では買い手の願望価格と買い手が推定する売り手の留保価格が一致するかどうかを分析している。実験は 2×2×2×2 被験者間要因配置デザインの実験室実験で,価格タイプ,学生タイプ,推定市場価格,最初の提案価格を操作している。学生タイプ,推定市場価格,最初の提案価格は実験1と同じである。価格タイプは買い手である被験者が回答するように求められる価格のタイプで,自分の願望価格と自分が推定する売り手の留保価格が設定されている。また,売り手による最初の提案価格と推定市場価格が,買い手が推定する売り手の留保価格に影響を与えるかどうかも分析している。実験2のやり方は実験1と同じである。被験者は実験に買い手として参加している。

満足度を従属変数,価格タイプ,学生タイプ,推定市場価格,最初の提案価格を独立変数とする分散分析からは,推定市場価格の主効果 ($F=38.65$, $p<.001$) と推定市場価格と最初の提案価格の交互作用 ($F=5.49$, $p<.05$) が有意であることが示されている。被験者の回答価格を従属変数,価格タイプ,学生タイプ,満足度測定の有無,測定段階を独立変数とする分散分析からは,測定段階の主効果が有意となり ($F=102.94$, $p<.001$),最初の回答価格と最後の回答価格に有意差が確認されている。最後の回答価格を従属変数,価格タイプ,学生タイプ,満足度測定の有無,推定市場価格,最初の提案価格を独立変数とする分散分析からは,推定市場価格の主効果 ($F=4.27$, $p<.05$),価格タイプの主効果 ($F=5.11$, $p<.05$),学生タイプと満足度測定の有無の交互作用 ($F=4.65$, $p<.05$) が有意であることが示されている。図表9-

図表 9-8　最後の回答価格の平均（実験 2）

	最初の提案価格			
	低		高	
	推定市場価格		推定市場価格	
	低	高	低	高
願望価格				
経営学専攻	274,688	287,188	276,875	287,344
心理学専攻	272,188	285,165	272,031	285,469
売り手の留保価格の推定値				
経営学専攻	281,719	292,812	282,500	292,969
心理学専攻	278,594	287,969	280,000	292,031

出所：Kristensen and Garling (1997b).

8は，最後の回答価格の平均値を示している。買い手が推定する売り手の留保価格は，買い手の願望価格よりも高い。このことは，願望価格が他の要因を考慮して形成されたか，売り手の留保価格の推定値よりも意識的に低く形成されたかのどちらかであることを示唆している。後者であるとすれば，買い手は自分の願望価格の形成については楽観的であるいうことになる。

　実験 1 と実験 2 の結果は，売り手による最初の提案価格に対する買い手の満足度は最初の提案価格の影響を受けない，あるいはその影響が弱いことを示している。そこで，実験 3 ではこの最初の提案価格の効果を強める試みをしている。実験の方法は実験 1 と実験 2 と同じである。実験室実験のデザインは売り手による最初の提案価格，価格タイプ，満足度評価のタイミングを操作する 2×2×2 被験者間要因配置である。被験者である買い手は 6 つのマンションについて，売り手が提示している提案価格を観察するが，これらの提案価格は SEK 260,000 から SEK 350,000 の間にある。売り手による最初の提案価格には，提案価格と等しいという水準と提案価格よりも SEK 40,000 高いという水準が設定されている。価格タイプと満足度評価のタイミ

ングは実験2と同じである。満足度を従属変数，価格タイプ，満足度評価のタイミング，最初の提案価格を独立変数とする分散分析からは，最初の提案価格の主効果のみが有意であることが示されている（$F=28.7, p<.001$）。回答価格については有意な効果はない。回答価格の平均値は，願望価格ではSEK 278,205，買い手が推定する売り手の留保価格ではSEK 277,825で，かなり類似している。

これらの3つの実験結果をまとめると次の通りである。買い手は自分の留保価格を，それが推定市場価格に影響されるにも関わらず参照価格として用いる。売り手による最初の提案価格が買い手の留保価格に与える影響は小さいが，売り手が次に提示する提案価格の満足度に影響を与える可能性がある。また，買い手の願望価格は買い手が推定する売り手の留保価格と一致しないが，どちらも推定市場価格の影響を受ける。これについてKristensen and Garlingは，買い手は願望価格を形成するときに，売り手の留保価格が推定市場価格に合わせてどのように変化するのかを推測し，その推測を考慮していることを示唆するとしている。

Poucke and Buelens (2002) は，留保価格，願望価格，最初の提案価格の影響力を比較している。価格交渉に関する研究は，これらのどれが最も重要なのか，交渉結果を予測するのにこの3価格全てが必要か，それは買い手と売り手では異なるのか，といった疑問については明らかにしていない。この研究は，この疑問を明らかにすることを目的として行われている。仮説は特に設定していない。調査は2つ行っている。

調査1は水処理施設（water treatment plant）の売買契約を対象としている。384人の被験者が売り手と買い手に分かれて参加したので，価格交渉に参加したのは192組である。この研究では最良の代替案（BATNA, best alternative to a negotiated agreement）の影響も分析している。BATNAはFisher and Ury (1981) が導入した概念で，交渉者は最も良い代替案が示す水準までは強い立場をとれることを示唆している。売り手にはBATNAとし

図表 9-9 分析結果(調査1)

	平均	標準偏差	1	2	3	4	5	6
1. 売り手の留保価格	6,488	2,125						
2. 売り手の願望価格	10,593	3,162	0.53**					
3. 売り手の提案価格	14,133	4,333	0.37**	0.83**				
4. 買い手の留保価格	15,119	5,027	-0.06	0.04	0.08			
5. 買い手の願望価格	10,054	3,696	-0.04	0.09	0.10	0.75**		
6. 買い手の提案価格	6,771	3,294	0.03	0.12	0.10	0.49**	0.82**	
7. 契約価格	9,844	3,050	0.18*	0.47**	0.49**	0.43**	0.62**	0.63*

注:平均と標準偏差は百万ベルギー通貨単位。
出所:Poucke and Buelens (1997).

て第三者の付け値(bid)が提示されている。買い手のBATNAは新しい施設の建設が有効な代替案かどうかを明示していないので曖昧になっている。売り手と買い手は説明を読み,自分の留保価格,願望価格,予定している提案価格(intended opening offer)を決定した。次に一組になって交渉を開始した。この交渉では,売り手と買い手のどちらでも先に提案価格を提示することができる。交渉の結果,183組が契約を成立している。

図表9-9は,売り手と買い手の内的参照価格と契約価格,およびそれらの相関分析の結果を示したものである。標準偏差は買い手よりも売り手の方が小さいことから($F=5.59, p<.001$),売り手間の回答値の類似性が明確に提示されていたBATNAの影響を受けて高くなったことが示唆される。契約価格と内的参照価格の相関係数は,売り手よりも買い手の方が高いが,これは契約内容が売り手よりも買い手の意向に近い形で成立したことを意味している。特に,願望価格との相関係数は0.62,最初の提案価格との相関係数は0.63で,留保価格との相関係数0.43よりも高く,買い手にとってかなり良い結果になったことが分かる。次に,提案価格の提示を買い手が先に行った場合と売り手が先に行った場合を比較している。買い手は自分が先に提示し

た場合には後に提示した場合よりも1％安く買っており，売り手は自分が先に提示した場合には後に提示した場合よりも3.5％高く売っている。しかし，この差は統計的に有意ではなく，提案価格の提示者タイプによる影響はなかったことになる。続いて行ったステップワイズ回帰分析からは，契約価格への影響力は買い手による提案価格が一番強く（$R^2=0.397$），次いで売り手の提案価格（$R^2=0.576$），買い手の願望価格（$R^2=0.601$），売り手の願望価格（$R^2=0.609$）の順であることが明らかになっている。売り手と買い手の留保価格は影響していない。買い手と売り手の提案価格だけで契約価格の57％を説明している。次に Poucke and Buelens は，最初の提案価格と願望価格の差の絶対値をオファー・ゾーンとする概念を提案し，最初の提案価格の代わりにこのオファー・ゾーンを用いた多重回帰分析を行っている。その結果，影響力は買い手の願望価格が一番強く（$t=9.15, p<.01$），次いで売り手の願望価格（$t=6.68, p<.01$），買い手のオファー・ゾーン（$t=-4.01, p<.01$），売り手のオファー・ゾーン（$t=3.33, p<.01$）の順であることが示されている。留保価格の影響は有意となっていない。したがって，留保価格よりも最初の提案価格の影響力が強いことになる。

　続いて行われた調査2では，売り手のBATNAも買い手と同様に曖昧にしている。売り手に示されたBATNAは売買対象の施設を未知コストで壊すという代替案である。調査2の方法は調査1と同じである。106人の被験者が売り手と買い手に分かれて参加したので，価格交渉に参加したのは53組である。交渉の結果，48組が契約を成立させている。図表9-10は，売り手と買い手の内的参照価格と契約価格，およびそれらの相関分析の結果を示したものである。売り手の内的参照価格の標準偏差は売り手のBATNAが曖昧になったことが影響したようで，調査1と比べると大きくなっている。予想に反して，買い手の内的参照価格の標準偏差は調査1よりも小さくなっている。契約価格との相関係数は，買い手の提案価格が一番強く，次に買い手の願望価格，売り手の提案価格，買い手の留保価格の順となっている。ステ

図表 9-10　分析結果（調査2）

	平均	標準偏差	1	2	3	4	5	6
1. 売り手の留保価格	5,745	3,897						
2. 売り手の願望価格	10,835	3,952	0.59**					
3. 売り手の提案価格	15,448	4,554	0.33**	0.78**				
4. 買い手の留保価格	12,717	3,863	−0.22	−0.13	−0.02			
5. 買い手の願望価格	8,608	3,179	0.02	0.01	0.06	0.81**		
6. 買い手の提案価格	5,713	2,558	0.13	0.04	0.06	0.61**	0.88**	
7. 契約価格	8,700	3,101	0.21	0.24	0.45**	0.35*	0.53**	0.57**

注：平均と標準偏差は百万ベルギー通貨単位。
出所：Poucke and Buelens (1997).

ップワイズ回帰分析の結果からは，調査1と比べると提案価格の影響が大きくなっていることが示されている。影響力は買い手の提案価格が一番強く（$R^2=0.32$），続いて売り手の提案価格（$R^2=0.5$），売り手の願望価格となっている（$R^2=0.54$）。この結果は調査1の結果をより顕著にしており，最初の提案価格の重要性を明確にしている。

　以上の2つの調査結果をまとめると，留保価格，願望価格，最初の提案価格の中では，最初の提案価格が一番影響すること，および価格交渉力は売り手よりも買い手の方が強いということになる。

4．本章のまとめ

　本章では，売り手と買い手の2者間で行われる価格交渉において重要となる内的参照価格と外的参照価格を挙げ，次にそれらの参照価格が交渉に与える影響を分析した研究を概観した。価格交渉は，小売店などを通して新製品を購入するという購買意思決定とは全く異なるが，このような状況においても複数の参照価格が価格交渉において重要な役割を持っていることが実証さ

れている。ここで取り上げた研究成果からは，内的参照価格の中でも留保価格が特に重要であることが明らかになった。また，留保価格は，価格変動が小さい製品よりも大きい製品においてより重視される傾向にあることも明らかになった。消費者は，販売価格が不安定に変動するような状況に置かれると自分の留保価格を明確に意識するようになるのである。願望価格は，交渉者に最良の代替案（BATNA）があるときに重視されるようである。BATNAがあると交渉力が高まるので，交渉者は願望価格を強く意識して交渉するようになるのである。この状況では留保価格は強く意識されない。反対に，BATNAがなければ最低水準の受容可能価格である留保価格を強く意識して交渉するようになるのである。

　市場価格もまた，価格交渉において採用され，価格変動が小さいと知覚される製品や複数の市場価格が提供される場合により重要視されることが分かったが，これらの研究では市場価格を内的参照価格ではなく外的参照価格として扱っている。価格交渉では，内的参照価格としての市場価格はそれほど重視されていないと考えられているようである。しかし，内的参照価格としての市場価格と外的参照価格としての市場価格が与える影響を比較することでこのことを確認する必要があると思われる。さらに，交渉相手が最初に提示する提案価格も交渉に影響を与えることが明らかになった。この提案価格は，留保価格や願望価格などの内的参照価格よりも強い影響力を持つ傾向にあるようである。以上のことから，価格交渉においては留保価格と願望価格が内的参照価格として用いられ，特に留保価格が重視されることが確認できた。

【注】

（1）　ここで示される仮説は，直訳では分かりにくい場合にはより明瞭な表現に変えている。また，本章の目的と無関係の仮説は取り上げていない。

結　章　内的参照価格研究の課題と展望

1. 本書のまとめ

　本書では，9章にわたって内的参照価格の重要性とその性質をより深く理解することを試みた。まず第1章において，内的参照価格の定義と価格判断への影響プロセスを説明し，購買意思決定において内的参照価格が重要な役割を果たすことを，過去に行われた実証研究を概観しながら確認した。また，内的参照価格の精度に関する実証研究も概観することで，その精度はそれほど高くないことを説明した。精度の低さは内的参照価格が過去に観察した販売価格をそのまま記憶したものではないことを示している。ところで，この精度の低さは販売価格の想起能力が低いことを示しているのであって，販売価格が購買意思決定に影響しないことを示しているのではないことに注意すべきである。Monroe and Lee（1999）は，販売価格の想起能力は消費者が意識的に覚えられる価格を表しているが消費者が無意識に知っている価格を表しているのではないこと，および想起能力が低かったとしても内的参照価格に基づく販売価格の判断は購買意思決定に影響を与えることを説明している。

　第2章では，内的参照価格の多面的性質について検討した。内的参照価格には測定上定義される価格が多数あるという多面的性質を持っていることが指摘されているにも関わらず，これをテーマとする研究は少ない。この章では，この多面的性質に関連する研究を概観し，続いて2つの経験的研究を行った。研究1からは，次の4点が明らかにされた。第一に，製品に対する価格イメージと関与が高くなるほど，用いられる内的参照価格の数は多くなり，

用いられるタイプも異なる。価格イメージと製品関与が高い製品においては，留保価格，最低受容価格，平均観察価格，通常価格，および期待価格が重視され，中程度の製品においては通常価格と期待価格が重視され，低い製品においては通常価格が重視される。特に，留保価格，公正価格，最低受容価格，平均観察価格，購入価格の使用は製品によって異なる傾向にある。第二に，価格判断における使用について製品間で差がない内的参照価格がある。通常価格と期待価格は製品間で共通してよく用いられる価格であり，最低観察価格と最高観察価格はそれほど重要視されない価格である。第三に，公正価格と購入価格の重要性は相対的に高くない。最後に，消費者が最も重視する内的参照価格は，製品間だけでなく消費者間においても異なる。

研究2では，様々な内的参照価格に対する消費者の一般的な理解を明らかにした。一般的理解とは，価格判断における重要度，価格判断での使用性向，形成への関与，使用されるかどうかが製品カテゴリーによって異なるかどうか，および使用されるかどうかがブランドによって異なるかどうかという5つの性質に対する消費者の考えである。これらの性質を9種類の内的参照価格について測定した。分析の結果，次の3点が明らかにされた。第一に，重要度，使用性向，関与については，通常価格と期待価格がかなり高く評価され，最高観察価格と最低受容価格はかなり低く評価される。第二に，通常価格と期待価格は多くの製品カテゴリーで使用される傾向が高いが，最低受容価格は特定の製品カテゴリーに限定して使用される傾向が高い。第三に，購入価格は多くのブランドで使用される傾向が高いが，留保価格は特定のブランドに限定して使用される傾向が高い。

第3章では，製品に関する知識・経験のない消費者がどのようなルールに基づいて内的参照価格を形成するかを分析した。また，そのルールが知識・経験の蓄積に伴いどのように変化するかも分析した。その結果，多属性製品の形成ルールは，知識・経験が増加するにつれて複雑な非加法型ルールから単純な加法型ルールへとシフトしていくことが明らかにされた。また，内的

1. 本書のまとめ 219

参照価格の精度は価格判断の経験を積むにつれて改善はするが，高い水準には至らないという学習の限界も明らかにされた。

第4章では，様々なセールス・プロモーションが内的参照価格に与える影響を分析した研究を概観し，これまで十分に研究されてきていない値引きパターンの効果に着目した経験的研究を2つ行った。研究1では，最終的な値引き費用が一定である複数の値引きパターンが消費者の内的参照価格へ及ぼす影響を分析した。分析の結果，値引きの頻度と値引き幅の組み合わせで設定されるパターンでは，内的参照価格は値引きを低頻度で大幅に行うパターンが一番高く，値引きを中頻度で複数の値引き幅で行うパターンが次に高く，値引きを高頻度で小幅に行うパターンが一番低くなることが明らかにされた。また，値引きのタイミングが異なる値引きパターンでは，値引きを前期に集中して行うパターンが一番高く，値引きを分散して行うパターンが次に高く，値引きを後期に集中して行うパターンが一番低くなることが明らかにされた。内的参照価格は，値引きが集中して行われると低下するが，値引き終了後は時間をかけて元の水準に戻ってくるのである。

研究2では，複数期間にわたって設定される値引きパターンで操作可能な3つの値引き特性，すなわち値引きが多いか少ないかという値引きの頻度，値引きが大幅か小幅かという値引き幅の大きさ，および値引き幅が一定か複数かという値引き幅のバリエーションに注目して，それらの主効果と交互作用が内的参照価格に及ぼす効果について分析した。その結果，内的参照価格は，値引きの頻度が低いほど，値引き幅が小幅であるほど，値引き幅にバリエーションがある方が高くなることが明らかにされた。また，値引きが大幅であるときには，値引きの頻度を低くするか値引き幅にバリエーションをもたせる方が内的参照価格は高くなることも明らかにされた。

第5章では，どのような価格比較広告が内的参照価格に影響を与えるのかを過去の研究を概観しながら検討した。その結果，消費者の内的参照価格は，外的参照価格が高いほど高くなる傾向にあることが明らかにされた。このこ

とは，価格比較広告は広告時点において消費者の価格受容性を高める効果があるだけでなく，将来観察する販売価格についてもより好意的な価格判断を生じさせる効果があることを意味する。また，価格比較広告の効果は，外的参照価格のタイプ，ブランドや店舗のタイプに依存して異なること，価格比較広告は実施頻度が高くなると効果が弱まることも明らかにされた。

　第6章では，製品広告の影響に着目した経験的研究を2つ行った。研究1では，幅広い製品カテゴリーで採用され急速に普及しているオープン価格という販売方法に注目し，オープン価格と表示した商品広告（オープン価格広告）の効果を調べることを目的とした。具体的には，広告に対する消費者の反応について，オープン価格広告，メーカー希望小売価格を表示した広告（希望小売価格広告），および価格に関する記載の一切ない広告（非価格広告）の3タイプの広告間で比較分析した。その結果，次のことが明らかにされた。第一に，非価格広告はオープン価格広告や希望小売価格広告よりも高い内的参照価格と他ブランドに比べて価格が高いというイメージを形成させることができる。また，オープン価格広告と希望小売価格広告の与える商品の価格イメージは類似している。第二に，希望小売価格を表示すると，内的参照価格はそれよりも低く形成される傾向にある。第三に，非価格広告は消費者の価格受容性を最も高めることができる。消費者に内的参照価格より高額でも支払う意思がある場合，その最高支払い価格は非価格広告が一番高い。

　研究2では，自動車の広告における環境関連情報，音響システムの品質情報，およびキャッシュバック情報が内的参照価格に影響を与えるかどうかを探索した。分析の結果，内的参照価格は環境関連情報と音響システムの品質情報との交互作用の影響を受け，情報源のある音響システムの品質情報と排ガスの汚染低減水準の高い環境関連情報との組み合わせが一番高くなることが明らかにされた。音響システムは他の属性と比べると重要性が低いので，情報内容の相対的重要性の低い情報において，専門誌による評価などの外部情報を追加的に提供することは，メッセージへの信頼性を強化するハロー効

果を生じさせているように思われる。また，被験者の反応は異質的で，広告観察後に内的参照価格を低下させた被験者と上昇させた被験者がいることが明らかにされた。低下させた被験者はキャッシュバック情報の影響を受けており，キャッシュバック額が大きいほど内的参照価格を下げている。また，このグループは安心感，安全，快適という評価を低下させており，これの特性に高い価値を置く人に対してはここで採用した情報は効果的ではないといえる。上昇させた被験者は，広告メッセージ全体についての信頼性やキャッシュバック情報についての信頼性を高く評価している。また，このグループは環境にやさしいという評価を大幅に上昇させており，環境関連情報に内的参照価格を上昇させる効果があることが示されている。

第7章では，内的参照価格と関係する消費者特性に着目した経験的研究を2つ行った。研究1からは，内的参照価格が製品に対する態度や利用経験という消費者特性によって異なることが明らかにされた。内的参照価格は，製品に対して好意的な態度を形成している場合や利用経験のある場合の方が高く形成される。研究2からは，内的参照価格に基づく価格判断の結果が，その直後の追加的情報探索意図を通して将来用いる内的参照価格に影響を与えることが明らかにされた。販売価格が内的参照価格よりも低かった場合よりも高かった場合の方が，価格情報の探索意図は高く，またその価格情報探索で入手した価格知識を将来の価格判断に用いる意図が高くなる傾向がある。

第8章では，内的参照価格への影響から，様々なセールス・プロモーションに対する消費者の評価を把握できることを説明した。最初にセールス・プロモーションのカテゴリー化について説明し，続いてセールス・プロモーションと内的参照価格の関係を分析した先行研究を概観することで次のことを明らかにした。第一に，提供されるベネフィットが一般的な水準である場合には，消費者はセールス・プロモーションを細かくカテゴリー化する傾向がある。カテゴリーは統合型か分離型かという次元，および相対的知覚価値の次元に基づく6つのサブ・カテゴリーで構成される。第二に，その評価はベ

ネフィットが大きくなるにつれて単純化する。セールス・プロモーションは全て分離型カテゴリーとなるが，販売価格を安くするタイプであるかどうかという次元で2つのサブ・カテゴリーに分かれる。第三に，その評価はベネフィットが非常に小さい場合に最も単純となり，どのプロモーションも取るに足らないプロモーションとして評価される。したがって，ベネフィットが一般的な水準であるときには採用するセールス・プロモーションをかなり慎重に決定することが必要となる。

第9章では，売り手が自分の製品を直接買い手に販売しようとするときに生じる価格交渉において内的参照価格が果たす役割を，先行研究を概観しながら検討した。その結果，内的参照価格の中でも留保価格が特に重要な役割を果たすことが明らかにされた。また，留保価格は，価格変動が小さいと知覚される製品よりも大きいと知覚される製品においてより重視される傾向にあることも明らかにされた。願望価格は，交渉者に最良の代替案があるときに重視される。最良の代替案があれば交渉力は高まるので，交渉者は願望価格を強く意識して交渉するようになる。この状況では留保価格はほとんど重視されない。市場価格もまた重視されるが，ここでは外的参照価格としての市場価格の効果が確認されている。

2．インプリケーション

本書から得られるインプリケーションは次の通りである。第一に，多数ある内的参照価格の中でどれが用いられるかは製品特性に依存する。企業は製品によって重視される内的参照価格を把握し，それに焦点をあてたマーケティング戦略の策定をすることが望ましい。

第二に，内的参照価格はコントロールが可能である。複数期間にわたって設定される値引きパターンや製品広告などを利用できる。値引きやクーポンを用いるときには，頻度，規則性，値引き幅の組み合わせ方を考慮に入れる

2. インプリケーション

べきである。無計画に実施すると内的参照価格を低下させてしまい，将来の価格受容性を低下させる。また，増量やおまけは内的参照価格に影響を与えずに高い価値を与えるので，かなり有効な手段である。さらに，製品広告も有効な手段である。ただし，価格の安さが訴求点でない場合には価格に関する表示を避けたほうがよい。また，広告に用いるメッセージについては客観的なメッセージと主観的なメッセージを組み合わせると効果的である。つまり，製品が消費者の関心の高い特性を高水準で有している場合には，そのことを客観的メッセージとして具体的に表現し，重要度の低い情報が訴求点である場合には主観的メッセージにして第三者の情報源も合わせて表示すると効果的である。

　第三に，内的参照価格は消費者の製品態度の影響を受けるので，内的参照価格の上昇だけでなく製品態度も上昇させる工夫が必要である。

　最後に，急速に浸透しているインターネット・ショッピングとの関連で述べたい。インターネット・モールなどで出店しているオンライン店舗で赤字経営のところが増加している。その理由として，消費者による店舗間，製品間での商品の比較などの情報探索が容易に，かつ効率的に行えるようになったことにより，これまでとは異なる競争が出現したことがあげられる。オフライン店舗では近隣に立地する店舗のみが競合相手であったのに，オンライン店舗では競争相手は，ボーダレスとなってインターネットで同様の商品を販売する店舗に代わるのである。また，競争相手の数は劇的に多くなる。しかしながら，インターネット販売には，遠隔地の顧客の開拓，流通コストの削減など様々なメリットも存在し，消費者需要も増加している現在では，今後も注目すべき販売手段である。それに，無名で小規模の店舗でも成功する可能性が高い。

　インターネットにおける買物環境では，消費者の内的参照価格は値引きの実施頻度に関係なくかなり低下する。販売価格の比較が容易であることから，他ブランドの価格や他店舗の価格といった外的参照価格の影響を受け易いの

である。したがって，価格以外の属性における製品間の差が小さいと知覚されている製品では，消費者がインターネットで製品探索をすればするほど，内的参照価格は低下して価格受容性は低下することになる。このような環境においては，競争相手と販売価格で競争するのは得策ではない。製品に，他にはないユニークな付加価値を加える，あるいは認知されていないユニークな点を強調することで製品の知覚価値を高め，内的参照価格を上昇させたり曖昧にしたりすることが，インターネット販売の成功を決定する鍵となる。付加価値が消費者にとって新奇で興味深いものであれば，既存の内的参照価格は曖昧になるか上昇し，価格受容性は上昇するだろう。例えば，清涼飲料水が「清涼飲料水」ではなく，「体に良い清涼飲料水」というように付加価値をもった別の製品カテゴリーとして消費者に認知されることにより内的参照価格は上昇するだろう。また，価格で勝負する場合には，他店の販売価格，過去の価格などの外的参照価格情報を積極的かつ多数提示することで，自社の価格優位性を示すと同時に他のサイトを探索するベネフィットを低下させることがすすめられる。

3．課題と展望

　本書で行われた研究にはいくつかの問題点が指摘できる。第一に，内的参照価格には多面的性質があり，用いられる内的参照価格は様々であるにもかかわらず，本書で行われた実証研究のほとんどは内的参照価格を期待価格で測定していることである。期待価格を用いることの妥当性については第2章において確認しているが，ここで行われた一連の研究において得られた結果が，測定対象とする内的参照価格によって異なってくる可能性は否めない。したがって，内的参照価格の多面性についてより一層の理解を深め，本書で得られた発見が大きく異なる内的参照価格は何であるのかを明らかにし，異なる場合にはそれがどう異なるのかを示す必要がある。第二に，実験室実験

法を用いているため，被験者の置かれた状況などが現実性に欠けることである。したがって，フィールド実験法などを利用することにより，本書で得られた発見を確認する必要がある。第三に，本書で行われた研究は一部の製品カテゴリーのみを対象としていることである。結果を一般化するためにも，より多くの製品カテゴリーについて同様の分析を行う必要がある。

今後の研究課題としては次の6点があげられる。第一に，価格判断に用いられる内的参照価格を分類する基準の解明が挙げられる。それぞれの内的参照価格が機能する条件や状況は依然として十分に検討されていない。小売店のタイプ，ブランドのタイプ，買物の目的，市場の特性など様々な要因が考えられる。内的参照価格を識別する条件を明確にできれば，より有効なコミュニケーション戦略を策定することが可能となるだろう。

第二に，価格判断に複数の参照価格が用いられる場合，それらの形成プロセスは同時なのか逐次的なのかを明らかにすることが挙げられる。第2章において，複数の内的参照価格が用いられる場合には，消費者は価格判断に満足感が得られるまで，必要かつ重要な内的参照価格を順に形成し価格判断を逐次行うということを説明した。この連続的な使用プロセスを実証する必要がある。

第三に，内的参照価格の範囲について詳細な分析が必要である。内的参照価格の範囲（価格許容範囲）を測定した研究には，この範囲が複数の内的参照価格の組み合わせで形成されていると考えているものが多い。例えば，Kosenko and Rahtz (1988)，Lichtenstein et al. (1988) および Rao and Sieben (1992) は，範囲の上限を留保価格，下限を最低受容価格としている。このことは個々の内的参照価格は範囲ではなく単一の価格で形成されることを示唆していることになる。ここで生じる疑問は，価格許容範囲は複数の内的参照価格で構成されるが，それぞれの内的参照価格は範囲になっていないのか，それとも内的参照価格それぞれが範囲として存在するのか，である。後者の場合だと範囲の上限を留保価格，下限を最低受容価格とする考え方に

は問題があることになる。いずれにしてもこの問題はほとんど解明されていないので，分析の必要がある。

　第四に，内的参照価格の重要性の大小を決定する要因の分析が挙げられる。内的参照価格の重要性を決める要因を把握することがあげられる。パッケージ，広告，限定販売，シーズナリティ，特別陳列などの製品関連要因，購買目的や消費者ムードなどの消費者関連要因など調査すべき要因が複数存在する。

　第五に，内的参照価格に影響を与えるプロモーション手段の更なる探索が必要である。特に印刷広告を対象とする継続的研究の実施が挙げられる。写真，ヘッドライン，レイアウトなどの広告コンテンツや広告情報処理の目的といった消費者特性など，分析可能な要因が多数残されている。

　最後に，内的参照価格の形成レベルを決定する要因の探索が挙げられる。内的参照価格は，ブランド・レベル，カテゴリー・レベル，あるいは他のカテゴリー・レベルで形成されることがある。どのような状況で，採用される内的参照価格のレベルが異なるのかを理解する必要があるが，この研究は全くなされていない。

参 考 文 献

Adelman, L. (1981), "The Influence of Formal, Substantive, and Contextual Task Properties and the Relative Effectiveness of Different Forms of Feedback in Multiple-cue Probability Learning Tasks," *Organizational Behavior and Human Performance*, 27, 423-427.

Alba, Joseph W., Carl F. Mela, Terence A. Shimp, and Joel E. Urbany (1999), "The Effect of Discount Frequency and Depth on Consumer Price Judgments," *Journal of Consumer Research*, 26 (September), 99-114.

Alba, Joseph W., Susan M. Broniarczyk, Terence A. Shimp, and Joel E. Urbany (1994), "The Influence of Prior Beliefs, Frequency Cues, and Magnitude Cues on Consumer Perceptions of Comparative Price Data," *Journal of Consumer Research*, 21 (September), 219-235.

Alba, J. W., and J. W. Hutchinson (1987), "Dimensions of Consumer Expertise," *Journal of Consumer Research*, 13, 411-454.

Alford, Bruce L. and Brian T. Engelland (2000), "Advertised Reference Price Effects on Consumer Price Estimates, Value Perception, and Search Intention," *Journal of Business Research*, 48, 93-100.

Allen, J. W., G. D. Harrell, and M. D. Hutt (1976), *Price Awareness Study*, Washington, DC: The Food Marketing Institute.

Anderson, N. H. (1981), *Methods of Information Integration Theory*, New York: Academic Press.

Bearden, William O., Ajit Kaicker, Melinda Smith de Borrero, and Joel E. Urbany (1992), "Examining Alternative Operational Measures of Internal Reference Prices," *Advances in Consumer Research*, 19, 629-635.

Bell, David R. and Randolph E. Bucklin (1999), "The Role of Internal Reference Points in the Category Purchase Decision," *Journal of Consumer Research*, 26 (September), 128-143.

Bell, David R. and James M. Lattin (2000), "Looking for Loss Aversion in Scanner Data: The Confounding Effect of Price Response Heterogeneity," *Marketing Science*, 19 (2), 185-200.

Benton, A. A., H. H. Kelley, and B. Liebling (1972), "Effects of Extremity of Offers and Concession Rate on the Outcomes of Bargaining," *Journal of Personality and Social Psychology*, 24, 73-83.

Biswas, Abhijit (1992), "The Moderating Role of Brand Familiarity in Reference Price Perceptions," *Journal of Business Research*, 25, 251-262.

Biswas, Abhijit and Edward A. Blair (1991), "Contextual Effects of Reference Prices in Retail Advertisements," *Journal of Marketing*, 55 (July), 1-12.

Biyalogorsky, Eyal and Ziv Carmon (1996), "Consumers' Price Expectations for Frequently Purchased Products," working paper.

Blount, Sally, Melissa C. Thomas-Hunt, and Margaret A. Neale (1996), "The Price is Right-Or Is it ? A Reference Point Model of Two-Party Price Negotiations," *Organizational Behavior and Human Decision Processes*, 68 (1), 1-12.

Brehmer, B. (1980), "In One Word : Not from Experience," *Acta Psychologica*, 45, 223-241.

Brehmer, B. (1969), "Cognitive Dependence on Additive and Configural Cue-criterion Relations," *American Journal of Psychology*, 82, 490-503.

Bridges, Eileen, Chi Kin Yim, and Richard A. Briesch (1995), "A High-Tech Product Market Share Model with Customer Expectations," *Marketing Science*, 14 (1), 61-81.

Briesch, Richard A., Lakshman Krishnamurthi, Tridib Mazumdar, and S. P. Raj (1997), "A Comparative Analysis of Reference Price Models," *Journal of Consumer Research*, 24 (September), 202-214.

Brown, F. E. (1971), "Who Perceives Supermarket Prices Most Validly ?" *Journal of Marketing Research*, 8 (February), 110-113.

Bultez, Alain (1975), "Price Cut versus Coupon Promotion : A Comparative Evaluation," working paper # 75/10, European Institute of Advanced Studies in Management, Brussels.

Burton, Scot, Donald R. Lichtenstein, and Paul M. Herr (1993), "An Examination of the Effects of Information Consistency and Distinctiveness in a Reference-Price Advertisement Context," *Journal of Applied Social Psychology*, 23, 2074-2092.

Business Data「メーカー希望小売価格が消える!?「オープン価格」の波及度デ

一タ」, 2001年4月号, 50-55。

Cacioppo, John T. and Richard E. Petty (1979), "Effects of Message Repetition and Position on Cognitive Response, Recall and Persuasion," *Journal of Personality and Social Psychology*, 37 (January), 97-109.

Canover, J. N. (1986), "The Accuracy of Price Knowledge: Issues in Research Methodology," *Advances in Consumer Research*, 13, 589-593.

Castellan, N. J. (1977), "Decision Making with Multiple Probabilistic Cues," in N. J. Castellan, N. B. Pisoni, & G. R. Potts (Eds.), *Cognitive theory* (Vol. 2), Hillsdale, NJ: Erlbaum.

Celsi, Richard L. and Jerry C. Olson (1988), "The Role of Involvement in Attention and Comprehension Processes" *Journal of Consumer Research*, 15 (2), 210-224.

Chandon, Pierre, Brian Wansink, and Gilles Laurent (2000), "A Benefit Congruency Framework of Sales Promotion Effectiveness," *Journal of Marketing*, 64 (October), 65-81.

Chandrashekaran, Rajesh and Dhruv Grewal (2003), "Assimilation of Advertised Reference Prices: the Moderating Role of Involvement," *Journal of Retailing*, 79, 53-62.

Chandrashekaran, R. (2001), "The Implication of Individual Differences in Reference Price Utilization for Designing Effective Price Communications," *Journal of Business Research*, 53, 85-91.

Chandrashekaran, Rajesh and Harsharanjeet Jagpal (1995), "Is There a Well-Defined Internal Reference Price?" *Advances in Consumer Research*, 22, 230-235.

チャタジー, S&B. プライス著 (佐和隆光・加納悟訳), 『回帰分析の実際』, 1981年, 新曜社。

Chen, Shih-Fen S., Kent B. Monroe, and Yung-Chien Lou (1998), "The Effects of Framing Price Promotion Messages on Consumers' Perceptions and Purchase Intentions," *Journal of Retailing*, 74 (3), 353-372.

Cotton, B. C. and Emerson M. Babb (1978), "Consumer Response to Promotional Deals," *Journal of Marketing*, 42 (July), 109-113.

Cramer, Jerome (1991), "The Selling of the Green," *Time*, 138 (September 16), 48.

Della Bitta, Albert J. and Kent M. Monroe (1974), "The Influence of Adaptation Levels on Subjective Price Perceptions," *Advances in Consumer Research*, 1, 359-369.

Diamond, William D. and Leland Campbell (1989), "The Framing of Sales Promotions: Effects on Reference Price Change," *Advances in Consumer Research*, 16, 241-247.

Diamond, William D. and Robert R. Johnson (1990), "The Framing of Sales Promotions: An Approach to Classification," *Advances in Consumer Research*, 17, 494-500.

Diamond, William D. and Abhijit Sanyal (1990), "The Effect of Framing on the Choice of Supermarket," *Advances in Consumer Research*, 17, 488-493.

Dickson, Peter R. and Alan G. Sawyer (1990), "The Price Knowledge and Search of Supermarket Shoppers," *Journal of Marketing*, 54, 42-53.

Dickson, Peter R. and Alan G. Sawyer (1986), "Methods to Research Shoppers' Knowledge of Supermarket Prices," *Advances in Consumer Research*, 13, 584-588.

Dodson, Joe A., Alice M. Tybout, and Brian Sternthal (1978), "Impact of Deals and Deal Retraction on Brand Switching," *Journal of Marketing Research*, 15, 72-81.

Doob, Anthony, J. Merrill Carlsmith, Jonathan L. Freedman, Thomas K. Landauer, and Saleng Tom, Jr. (1969), "Effect of Initial Selling Price on Subsequent Sales," *Journal of Personality and Social Psychology*, 11, 345-350.

Edell, Julie A. and Richard Staelin (1983), "The Information Processing of Pictures in Print Advertisements," *Journal of Consumer Research*, 10 (June), 45-61.

Einhorn, H. (1970), "The Use of Nonlinear, Compensatory Models in Decision Making," *Psychological Bulletin*, 73, 221-230.

Erdem, Tulin, Glenn Mayhew, and Baohong Sun (2001), "Understanding Reference-Price Shoppers: A Within-and Cross-Category Analysis," *Journal of Marketing Research*, 38 (November), 445-457.

Fishbein, Martin and Icek Ajzen (1975), *Belief, Attitude, Intention, and Behavior ; An Introduction to Theory and Research*, Reading, MA:

Addison-Wesley.

Fisher, R. and W. Ury (1981), *Getting to Yes*, Boston, MA : Houghton-Mifflin.

Fiske, S. T. and M. A. Pavelchak (1986), "Category-based versus Piecemeal-based Affective Responses : Developments in Schema-triggered Affect," in R. Sorrentino & E. T. Higgins (Eds.), *Handbook of Motivation and Cognition : Foundations of Social Behavior*, New York : Guilford Press, 167-203.

Folkes, Valerie and Rita D. Wheat (1995), "Consumers' Price Perceptions of Promoted Products," *Journal of Retailing*, 71 (3), 317-328.

Frankenberger, Kristina D. and Ruiming Liu (1994), "Does Consumer Knowledge Affect Consumer Responses to Advertised Reference Price Claims ? " *Psychology & Marketing*, 11 (3), 235-251.

古川一郎・白井美由里 (1994),「プライシングと競争の非対称性」,『マーケティング・サイエンス』, 3 (1 & 2), 53-76.

Gabor, Andre and C. W. J. Granger (1966), "Price as an Indicator of Quality : Report on an Enquiry," *Economica*, 33, 43-70.

Gabor, Andre and C. W. J. Granger (1964), "Price Sensitivity of the Consumer," *Journal of Advertising Research*, 4 (December), 40-44.

Gabor, Andre and C. W. J. Granger (1961), "On the Price Consciousness of Consumers," *Applied Statistics*, 10 (November), 170-188.

Gensch, D. H. (1987), "Empirical Evidence Supporting the Use of Multiple Models in Analyzing a Population," *Journal of Marketing Research*, 24, 197-207.

Gerstner, Eitan (1985), "Do Higher Prices Signal Higher Quality ? " *Journal of Marketing Research*, 22 (May), 209-215.

Goldman, Arieh (1977), "Consumer Knowledge of Food Prices as an Indicator of Shopping Effectiveness," *Journal of Marketing*, (October), 67-75.

Greenleaf, Eric A. (1995), "The Impact of Reference Price Effects on the Profitability of Price Promotions," *Marketing Science*, 14 (1), 82-104.

Grewal, Dhruv, Kent B. Monroe, and R. Krishnan (1998), "The Effects of Price-Comparison Advertising on Buyers' Perceptions of Acquisition Value, Transaction Value, and Behavioral Intentions," *Journal of Marketing*, 62 (April), 46-59.

Guadagni, Peter M. and John D. C. Little (1983), "A Logit Model of Brand Choice Calibrated on Scanner Data," *Marketing Science*, 2 (3), 203-238.

Hahn, G. J. and S. S. Shapiro (1966), *A Catalog and Computer Program for the Design and Analysis of Symmetric and Asymmetric Fractional Factorial Experiments (Report No. 66-C-165)*, Schenectady, NY: General Electric Corporate Research and Development Division.

博報堂生活総合研究所調査年報,『4つの価格―価格に関する30の生活者法則―』,2001年,精興社。

Hamner, W. C. (1974), "Effects of Bargaining Strategy and Pressure to Reach Agreement in a Stalemated Negotiation," *Journal of Personality and Social Psychology*, 30, 458-467.

Han, Sangman, Sunil Gupta, and Donald R. Lehmann (2001), "Consumer Price Sensitivity and Price Thresholds," *Journal of Retailing*, 77, 435-456.

Hardesty, David M. and William O. Bearden (2003), "Consumer Evaluations of Different Promotion Types and Price Presentations: the Moderating Role of Promotional Benefit Level," *Journal of Retailing*, 79, 17-25.

Hardie, Bruce G. S., Eric J. Johnson, and Peter S. Fader (1993), "Modeling Loss Aversion and Reference Dependence Effects on Brand Choice," *Marketing Science*, 12 (4), 378-394.

Helgeson, James G. and Sharon E. Beatty (1987), "Price Expectation and Price Recall Error: An Empirical Study," *Journal of Consumer Research*, 14 (December), 379-386.

Helson, Harry (1964), *Adaptation-Level Theory*, New York: Harper and Row.

Hock, Stephen J., Xavier Dreze, and Mary E. Purk (1994), "EDLP, Hi-Lo, and Margin Arithmetic," *Journal of Marketing*, 58, 16-27.

Howell, William C. (1973), "Storage of Events and Event Frequencies: A Comparison of Two Paradigms in Memory," *Journal of Experimental Psychology*, 98 (May), 260-263.

Huber, Joel, Morris B. Holbrook, and Barbara Kahn (1986), "Effects of Competitive Context and of Additional Information on Price Sensitivity," *Journal of Marketing Research*, 23 (August), 250-260.

Inman, Jeffery, Leigh McAlister, and Wayne D. Hoyer (1990), "Promotion

Signal : Proxy for Price Cut ? " *Journal of Consumer Research*, 17 (June) 74-81.

Jacobson, Robert and Carl Obermiller (1990), "The Formation of Expected Future Price: A Reference Price for Forward-Looking Consumers," *Journal of Consumer Research*, 16, 420-432.

Jacobson, Robert and Carl Obermiller (1989), "The Formation of Reference Price," *Advances in Consumer Research*, 16, 234-240.

Jacoby, Jacob and Jerry C. Olson (1977), "Consumer Response to Price : An Attitudinal, Information Processing Perspective," *in Moving Ahead with Attitude Research*, Y. Wind & M. Greenberg, eds., American Marketing Association, 73-86.

Jones, J. Morgan and Fred S. Zufryden (1981), "Relating Deal Purchases and Consumer Characteristics to Repeat Purchase Probability," *Journal of Marketing Research Society*, 23, 84-99.

Kahneman, Daniel and Amos Tversky (1979)," Prospect Theory : An Analysis of Decision under Risk," *Econometrica*, 47, 263-291.

Kalwani, Manohar U. and Chi Kin Yim (1992), "Consumer Price and Promotion Expectations: An Experimental Study," *Journal of Marketing Research*, 29, 90-100.

Kalwani, Manohar U., Chi Kin Yim, Heikki J. Rinne, and Yoshi Sugita (1990), "A Price Expectations Model of Customer Brand Choice," *Journal of Marketing Research*, 27, 251-262.

Kalyanaram, Gurumurthy and Russell S. Winer (1995), "Empirical Generalizations from Reference Price Research," *Marketing Science*, 14 (3), Part 2 of 2, G161-169.

Kalyanaram, Gurumurthy and John D. C. Little (1994), "An Empirical Analysis of Latitude of Price Acceptance in Consumer Package Goods," *Journal of Consumer Research*, 21, 408-418.

Kalyanaram, Gurumurthy and J. D. C. Little (1986), "A Pricing Model Based on Perceptions Theories and its Testing on Scanner Panal Data," working paper, Sloan School of Management, Massachusetts Institute of Technology.

Klein, Noreen M. and Janet E. Oglethorpe (1987), "Cognitive Reference Points in Consumer Decision Making," *Advances in Consumer Research*, 14, 183-187.

小嶋外弘 (1986),『価格の心理』, ダイヤモンド社。

Koppalle, Praveen and Joan Lindsey-Mullikin (2003), "The Impact of External Reference on Consumer Price Expectations," *Journal of Retailing*, 79, 225-236.

Koppalle, Praveen K., Ambar G. Rao, and Joao L. Assuncao (1996), "Asymmetric Reference Price Effects and Dynamic Pricing Policies," *Marketing Science*, 15 (1), 60-85.

Kosenko, Rustan and Don Rahtz (1988), "Buyer Market Price Knowledge Influence on Acceptable Price Range and Price Limits," *Advances in Consumer Research*, 15, 328-333.

Krishna, Aradhna and Gita Venkataramani Johar (1996), "Consumer Perceptions of Deals: Biasing Effects of Varying Deal Prices," *Journal of Experimental Psychology : Applied*, 2 (3), 187-206.

Krishna, Aradhna (1994), "The Effect of Deal Knowledge on Consumer Purchase Behavior," *Journal of Marketing Research*, 31, 76-91.

Krishna, Aradhna (1991), "The Effect of Dealing Patterns on Consumer Perceptions of Deal Frequency and Willingness to Pay," *Journal of Marketing Research*, 28 (November), 441-451.

Krishnamurthi, Lakshman, Tridib Mazumdar, and S. P. Raj (1992), "Asymmetric Response to Price in Consumer Brand Choice and Purchase Quantity Decisions," *Journal of Consumer Research*, 19, 387-400.

Kristensen, Henrik and Tommy Garling(1997a), "The Effects of Anchor Points and Reference Points on Negotiation Process and Outcome," *Organizational Behavior and Human Decision Processes*, 71 (1), 85-94.

Kristensen, Henrik and Tommy Garling(1997b), "Determinants of Buyers' Aspiration and Reservation Price," *Journal of Economic Psychology*, 18, 487-503.

Kristensen, Henrik and Tommy Garling (1996), "Adoption of an Initial Offer as Reference Point in Price Negotiations," *Goteborg Psychological Reports*, 25, 5.

Kumar V., Kiran Karande, and Werner J. Reinartz (1998), "The Impact of

Internal and External Reference Prices on Brand Choice : The Moderating Role of Contextual Variables," *Journal of Retailing*, 74 (3), 401-426.

Lattin, James M. and Randolph E. Bucklin (1989), "Reference Effects of Price and Promotion on Brand Choice Behavior," *Journal of Marketing Research*, 26, 299-310.

Leavitt, Clark, Anthony G. Greenwald, and Carl Obermiller (1981), "What is Low Involvement Low In ? " *Advances in Consumer Research*, 8, 15-19.

Lessne, Greg J. and Elaine M. Notarantonio (1988), "The Effects of Limits in Retail Advertisements : A Reactance Theory Perspective," *Psychology & Marketing*, 5 (Spring), 33-44.

Li, Wai-Kwan, Kent B. Monroe, and Darius K-S Chan, (1994), "The Effects of Country of Origin, Brand and Price Information : A Cognitive-Affective Model of Buying Intentions," *Advances in Consumer Research*, 21, 449-457.

Liefeld, John and Louise A. Heslop (1985), "Reference Price and Deception in Newspaper Advertising," *Journal of Consumer Research*, 11 (March), 868-876.

Lichtenstein, Donald R., Scot Burton, and Eric J. Karson (1991), "The Effect of Semantic Cues on Consumer Perceptions of Reference Price Ads," *Journal of Consumer Research*, 18, 380-391.

Lichtenstein, Donald R. and William O. Bearden (1989), "Contextual Influence on Perceptions of Merchant-Supplied Reference Prices," *Journal of Consumer Research*, 16, 55-66.

Lichtenstein, Donald R., Peter H. Bloch, and William C. Black (1988), "Correlates of Price Acceptability," *Journal of Consumer Research*, 15 (September), 243-252.

Lichtenstein, Donald R. and William O. Bearden (1988), "An Investigation of Consumer Evaluations of Reference Price Discount Claims," *Journal of Business Research*, 17, 189-200.

Locke, E. A. and G. P. Latham (1990), *A Theory of Goal Setting and Task Performance*, Englewood Cliffs, NJ : Prentice-Hall.

Lowengart, Oded (2002), "Reference Price Conceptualisation : An Integrative Framework of Analysis," *Journal of Marketing Management*, 18, 145-171.

Luce, Mary Frances (1998), "Choosing to Avoid: Coping with Negatively Emotion-Laden Consumer Decision," *Journal of Consumer Research*, 24 (March), 409-433.

Malmi, Robert A. and David J. Samson (1983), "Intuitive Averaging of Categorized Numerical Stimuli," *Journal of Verbal Learning and Verbal Behavior*, 22 (October), 547-559.

Manrai, Lalita A., Ajay K. Manrai, Dana-Nicoleta Lascu, and John K. Ryans, Jr. (1997), "How Green-Claim Strength and Country Disposition Affect Product Evaluation and Company Image," *Psychology & Marketing*, 14 (August), 511-537.

Mayhew, Glenn E. and Russell S. Winer (1992), "An Empirical Analysis of Internal and External Reference Prices Using Scanner Data," *Journal of Consumer Research*, 19, 62-70.

Mazumdar, Tridib and Purushottam Papatla (2000), "An Investigation of Reference Price Segments," *Journal of Marketing Research*, 37, 246-258.

Mazumdar, Tridib and Purushottam Papatla (1995), "Loyalty Differences in the Use of Internal and External Reference Prices," *Marketing Letters*, 6 (2), 111-122.

Mazumdar, Tridib and Kent B. Monroe (1990), "The Effects of Buyers' Intentions to Learn Price Information on Price Encoding," *Journal of Retailing*, 66 (Spring), 15-32.

McCarthy, Michael (1993), "James Bond Hits the Supermarket: Stores Snoop on Shoppers' Habits to Boost Sales," *The Wall Street Journal : Marketplace*, August 25, B1 & B8.

McGoldrick, Peter J., Erica J. Betts, and Alexandra F. Wilson (1999), "Modeling Consumer Price Cognition: Evidence from Discount and Superstore Sectors," *The Service Industries Journal*, 19 (January), 171-193.

Meyer, R. J. (1987), "The Learning of Multiattribute Judgment Policies," *Journal of Consumer Research*, 14, 155-173.

Mellers, B. A. (1980), "Configurality in Multiple-cue Probability Learning," *American Journal of Psychology*, 93, 429-443.

Mitchell, Andrew A. (1981), "The Dimensions of Advertising Involvement," *Advances in Consumer Research*, 8, 25-30.

Monroe, Kent B. (1999), "Remembering Versus Knowing: Issues in Buyers' Processing of Price Information," *Journal of the Academy of Marketing Science*, 27 (2), 207-225.

Monroe, Kent B. (1990), *Pricing : Making Profitable Decisions*, 2nd edition, McGraw-Hill.

Moore, William L. and Donald R. Lehmann (1980), "Individual Differences in Search Behavior for a Nondurable," *Journal of Consumer Research*, 7 (3), 296-307.

Murphy, G. L., and J.C. Wright (1984), "Changes in Conceptual Structure with Expertise: Differences between Real-world Experts and Novices," *Journal of Experimental Psychology : Learning, Memory, and Cognition*, 10, 144-155.

中村博・佐藤栄作・里村卓也 (1997),「消費者の価格意識 (3) ―消費者の価格に対する記憶―」,『流通情報』, No. 336, 4-17。

Natter, Martin and Harald Hruschka (1998), "Evaluation of Aggressive Competitive Pricing Strategies," *Marketing Letters*, 9 (4), 337-347.

Neale, M. A. and M. H. Bazerman (1991), *Cognition and Rationality in Negotiation*, New York : Free Press.

Neale, M. A., V. L. Huber, and G. B. Northcraft (1987), "The Framing of Negotiations: Contextual versus Task Frames," *Organizational Behavior and Human Decision Processes*, 39, 228-241.

Nelson, Philip (1970), "Information and Consumer Behavior," *Journal of Political Economy*, 78, 311-329.

Neslin, Scot A., Caroine Henderson, and John Quelch (1985), "Consumer Promotions and the Acceleration of Product Purchases," *Marketing Science*, 4 (Spring), 147-165.

小本恵照 (1997),「導入が進むオープン価格」,『ニッセイ基礎研 REPORT』, 1997年8月号, 11-16。

O'Neill, Regina and David R. Lambert (2001), "The Emotional Side of Price," *Psychology & Marketing*, 18 (March), 217-237.

恩蔵直人・守口剛 (1994),『セールス・プロモーション―その理論, 分析手法, 戦略―』, 同文舘。

Ozanne, Julie L., Merrie L. Brucks, and Dhruv Grewal (1992), "A Study of

Information Search Behavior during the Categorization of New Products," *Journal of Consumer Research*, 18, 452-463.

Payne, J. W. (1982), "Contingent Decision Behavior," *Psychological Bulletin*, 92, 382-402.

Petty, Richard E., John T. Cacioppo, and David Schumann (1983), "Central and Peripheral Routes to Advertising Effectiveness: The Moderating Role of Involvement," *Journal of Consumer Research*, 10 (2), 135-146.

Poucke, Dirk Van and Marc Buelens (2002), "Predicting the Outcome of a Two-Party Price Negotiation: Contribution of Reservation Price, Aspiration Price and Opening Offer," *Journal of Economic Psychology*, 23, 67-76.

Progressive Grocer (1980), "Shoppers Cry 'Remember the Price'—But Do They Practice What They Screech?" November, 119-122.

Progressive Grocer (1975), "Then and Now: Shopping Behavior 10 Years Apart," October, 37-41.

Progressive Grocer (1964), "How Much Do Consumers Know About Retail Prices?" February, 104-106.

Putler, Daniel S. (1992), "Incorporating Reference Price Effects into a Theory of Consumer Choice," *Marketing Science*, 11, 287-309.

Puto, Christopher P. (1987), "The Framing of Buying Decisions," *Journal of Consumer Research*, 14, 301-315.

Raghubir, Priya (1998), "Coupon Value: A Signal for Price?" *Journal of Marketing Research*, 35 (August), 316-324.

Raiffa, H. (1982), *The Art and Science of Negotiation*, Cambridge, MA: Harvard University Press.

Rajendran, K. N. and Gerard J. Tellis (1994), "Contextual and Temporal Components of Reference Price," *Journal of Marketing*, 58, 22-34.

Rao, Akshay R. and Wanda A. Sieben (1992), "The Effect of Prior Knowledge on Price Acceptability and the Type of Information Examined," *Journal of Consumer Research*, 19 (September), 256-270.

Rao, Vithala and David A. Gautschi (1982), "The Role of Price in Individual Utility Judgments: Development and Empirical Validation of Alternative Models," *in Research in Marketing*, Leigh McAlister ed., Greenwich, CT: JAI Press.

Rosch, Eleanor (1975), "Cognitive Representations of Semantic Categories," *Journal of Experimental Psychology : General*, 104 (September), 192-233.

Saywer, Alan G., Parker M. Worthing, and Paul E. Sendak (1979), "The Role of Laboratory Experiments to Test Marketing Strategies," *Journal of Marketing*, 43 (Summer), 60-67.

Sherif, Carolyn W. (1963), "Social Categorization as Function of Latitude of Acceptance and Series Range," *Journal of Abnormal Social Psychology*, 67 (May), 148-156.

Sherif, M., D. Taub, and C. I. Hovland (1958), "Assimilation and Contrast Effects of Anchoring Stimuli on Judgment," *Journal of Experimental Psychology*, 55 (2), 150-155.

Shoemaker, Robert W. and F. Robert Shoaf (1977), "Repeat Rates of Deal Purchases," *Journal of Advertising Research*, 17 (2), 47-53.

Shirai, Miyuri and James R. Bettman (2005), "Consumer Expectations Concerning Timing and Depth of the Next Deal," *Psychology & Marketing*, forthcoming.

Shirai, Miyuri (2004a), "Consumer Evaluation of Multiple Internal Reference Prices," *Advances in Consumer Research*, 31, 580-583.

Shirai, Miyuri (2004b), "Internal Reference Price and Its Relationship with the Three Aspects of Dealing Pattern : Frequency, Depth, and Depth Variation," *Asia Pacific Advances in Consumer Research*, 6 (印刷中).

Shirai, Miyuri (2003a), "Effects of Dealing Patterns on Consumers' Internal Reference Price, Deal Expectations, and Price Perceptions," *Proceedings of Hawaii International Conference on Business*, 2003, 1-33.

Shirai, Miyuri (2003b), "An Analysis of Multi-dimensional Internal Reference Prices," *Advances in Consumer Research*, 30, 258-263.

Shirai, Miyuri (2002), "Consumer Response to Volume Display : Product Attribute, Price Evaluation, and Purchase Intention," *Asia Pacific Advances in Consumer Research*, 5, 193-199.

Shirai, Miyuri and Darryl Banks (2001), "Effects of Print Advertisements on Consumers' Price Expectations and Willingness to Pay," 『横浜経営研究』, 22 (1), 23-35.

Shirai, Miyuri and Robert Meyer (1997), "Learning and the Cognitive Algebra of Price Expectations," *Journal of Consumer Psychology*, 6 (4), 365-388.

白井美由里 (2004),「消費者によるセールス・プロモーションのカテゴリー化」,『日経広告研究所報』, 214号, 15-20。

白井美由里 (2003a),「印刷広告における価格表示の効果—オープン価格化の進展を背景として—」,『日経広告研究所報』, 211号, 69-78。

白井美由里 (2003b),「消費者の値引きへの期待と価格の知覚」,『消費者行動研究』, Vol. 9, No. 1 & 2, 1-18。

白井美由里 (2003c),「内的参照価格に関する先行研究の展望」,『横浜経営研究』, 第23巻第4号, 23-57。

白井美由里 (2000),「価格の知覚と購買数量決定」,『流通研究』, 第3巻第1号, 47-68。

白井美由里 (1999),「販売量が内的参照価格に依存するときの小売店の最適価格設定戦略:動的計画法による分析」,『横浜経営研究』, 19 (4), 29-48。

白井美由里 (1998),「消費者の価格の期待に関する実験的研究」,『マーケティング・サイエンス』, 7 (1 & 2), 1-20。

白井美由里 (1997),「多属性商品の期待価格と主観的購入価格」,『消費者行動研究』, 第5巻第1号, 109-124。

Sinha, Indrajit and Michael F. Smith (2000), "Consumers' Perceptions of Promotional Framing of Price," *Psychology & Marketing*, 17 (3), 257-275.

Slonim, Robert and Ellen Garbarino (1999), "The Effect of Price History on Demand as Mediated by Perceived Price Expensiveness," *Journal of Business Research*, 45, 1-14.

Sorce, Patricia and Stanley M. Widrick (1991), "Individual Differences in Latitude of Acceptable Prices," *Advances in Consumer Research*, 18, 802-805.

Sujan, Mita (1985), "Consumer Knowledge: Effects on Evaluation Strategies Mediating Consumer Judgments," *Journal of Consumer Research*, 12, 31-46.

Suter, Tracly A. and Scot Burton (1996), "Believability and Consumer Perceptions of Implausible Reference Prices in Retail Advertisements," *Psychology & Marketing*, 13 (1), 37-54.

鈴木満 (1984),「不当な二重価格表示とオープン価格制度」,『公正取引』, No. 406, 8-14。

高橋郁夫 (1989),「価格と消費者情報処理—価格知識と価格イメージの形成に関する研究—」,『杏林社会科学研究』, 第6巻第1号, 46-63。

高橋郁夫 (1988),「スーパーにおける消費者の価格知識とその規定要因」,『杏林社会科学研究』, 第5巻第1号, 66-83。

Thaler, Richard (1985), "Mental Accounting and Consumer Choice," *Marketing Science*, 4 (3), 199-214.

Tversky, Amos and Daniel Kahneman (1981), "The Framing Decisions and the Psychology of Choice," *Science*, 211, 453-458.

Uhl, J. N. and Harold L. Brown (1971), "Consumer Perception of Experimental Retail Food Price Change," *Journal of Consumer Affairs*, 5, 174-185.

Uhl, Joseph N. (1970), "Consumer Perception of Retail Food Price Changes," paper presented at 1st Annual Conference of the Association for Consumer Research, Amherst, MA.

Urbany, Joel E. and Peter R. Dickson (1991), "Consumer Normal Price Estimation: Market versus Personal Standards," *Journal of Consumer Research*, 15 (June), 95-110.

Urbany, Joel E., William O. Bearden, and Dan C. Weilbaker (1988), "The Effect of Plausible and Exaggerated Reference Prices on Consumer Perceptions and Price Search," *Journal of Consumer Research*, 15, 95-110.

Vaidyanathan, Rajiv and Praveen Aggarwal (2001), "Use of Internal Reference Prices for Deal Evaluations: Decision Structure and Role of Involvement," *Marketing Management Journal*, 11 (2), 108-122.

Vaidyanathan, Rajiv, Praveen Aggarwal, Donald E. Stem Jr., Darrel D. Muehling, and U. N. Umesh (2000), "Deal Evaluation and Purchase Intention: the Impact of Aspirational and Market-based Internal Reference Prices," *Journal of Product and Brand Management*, 9 (3), 179-192.

Vaidyanathan, Rajiv and Darrel D. Muehling (1999), "The Availability and Use of Internal Reference Prices in Evaluation Advertised Deals: A Conceptual Foundation," *Journal of Promotion Management*, 5 (1), 1-14.

Vanhuele, Marc and Xavier Dreze (2002), "Measuring the Price Knowledge Shoppers Bring to the Store," *Journal of Marketing*, 66 (October), 72-85.

Voss, Bristol (1991), "The Green Marketplace," *Sales & Marketing Management*, 143 (8), 74-76.

Walters, Rockney G. and Heikki J. Rinne (1986), "An Empirical Investigation into the Impact of Price Promotions on Retail Store Performance," *Journal of Retailing*, 62 (Fall), 237-266.

Walton, R. E. and R. B. McKersie (1994), *A Behavioral Theory of Labor Negotiations*, New York: McGraw-Hill.

渡辺隆之・守口剛 (1998),『セールス・プロモーションの実際』,日本経済新聞社。

Wason, P. C. (1960), "On Failure to Eliminate Hypotheses in a Conceptual Task," *Quarterly Journal of Experimental Psychology*, 12, 129-140.

Wells, William D. (1964), "EQ, Son of EQ, and the Reaction Profile," *Journal of Marketing*, 28 (October), 45-52.

White, Sally Bolunt and Margaret A. Neale (1994), "The Role of Negotiator Aspirations and Settlement Expectancies on Bargaining Outcomes," *Organizational Behavior and Human Decision Processes*, 57, 91-108.

White, Sally Blount, Kathleen L. Valley, Max H. Bazerman, and Margaret A. Neale, and Sharon R. Peck (1994), "Alternative Models of Price Behavior in Dyadic Negotiations: Market Prices, Reservation Prices, and Negotiator Aspirations," *Organizational Behavior and Human Decision Processes*, 57, 430-447.

Wilkinson, J. B., J. B. Mason, and C. H. Paksoy (1982), "Assessing the Impact of Short-term Supermarket Strategy Variables," *Journal of Marketing Research*, 19 (February), 72-86.

Winer, Russell S. (1989), "A Multi-Stage Model of Choice Incorporating Reference Prices," *Marketing Letters*, 1 (1), 27-36.

Winer, Russel S. (1988), "Behavioral Perspective on Pricing: Buyer's Subjective Perceptions of Price Revisited," in *Issues in Pricing : Theory and Research*, Timothy M. Devinney, Ed., Lexington, MA: Lexington, 35-57.

Winer, Russel S. (1986), "A Reference Price Model of Brand Choice for Frequently Purchased Products," *Journal of Consumer Research*, 13, 250-256.

Winer, Russel S. (1985), "A Price Vector Model of Demand for Consumer Durables: Preliminary Developments," *Marketing Science*, 4 (1), 74-90.

Zeithaml, Valarie A. and William L. Fuerst (1983), "Age Difference in

Response to Grocery Store Price Information," *Journal of Consumer Affairs*, 17 (2), 402-420.

Zeithaml, Valarie A. and Karen L. Graham (1983), "The Accuracy of Reported Reference Prices for Professional Services," *Advances in Consumer Research*, 10, 607-611.

Zeithaml, Valarie A. (1982), "Consumer Responses to In-Store Price Information Environments," *Journal of Consumer Research*, 8, 35-69.

著 者 略 歴

【現　職】
横浜国立大学大学院国際社会科学研究科助教授。博士（経済学）

【略　歴】
1987年カリフォルニア大学サンタクルーズ校卒業（コンピュータサイエンス，応用数学専攻）。1993年明治大学大学院経営学研究科博士前期課程修了。1995年ペンシルバニア大学ウォートン・ビジネススクール博士課程留学。1998年東京大学大学院経済学研究科博士課程単位取得退学。同年横浜国立大学経営学部専任講師を経て2002年より現職。1999年デューク大学フークア・ビジネススクール客員研究員，フルブライト研究員。

【主要業績】
"Consumer Expectations Concerning Timing and Depth of the Next Deal," *Psychology & Marketing*, Vol. 22, No. 6, 2005.

"Learning and the Cognitive Algebra of Price Expectations," *Journal of Consumer Psychology*, Vol. 6, No. 4, 1997.

「消費者の値引きへの期待と価格の知覚」『消費者行動研究』，Vol. 9, No. 1 & 2, 2003年。

他多数。

JCLS ＜㈳日本著作出版権管理システム委託出版物＞
本書の無断複写は著作権法上での例外を除き禁じられています。複写される場合は，そのつど事前に㈳日本著作出版権管理システム（電話03-3817-5670, FAX 03-3815-8199）の許諾を得てください。

『消費者の価格判断のメカニズム』
——内的参照価格の役割——

2005年2月10日　初　版
2007年1月5日　第2刷

著作者 © 白井 美由里
《検印省略》　発行者　千倉 成示

発行所　株式会社　千倉書房　〒104-0031 東京都中央区京橋2-4-12
電話・03（3273）3931（代）
http://www.chikura.co.jp/

印刷・株式会社　シナノ／製本・井上製本所
ISBN978-4-8051-0843-7